上海浦东

康桥工业区志

《康桥工业区志》编纂委员会　编

主　编　童火根

方　志　出　版　社

图书在版编目（CIP）数据

康桥工业区志 /《康桥工业区志》编纂委员会编．— 北京：方志出版社，2013.3
ISBN 978-7-5144-0852-2

Ⅰ．①康… Ⅱ．①康… Ⅲ．①工业区—概况—浦东新区 Ⅳ．①F427.513

中国版本图书馆CIP数据核字（2013）第056176号

康桥工业区志

编　　者	《康桥工业区志》编纂委员会
责任编辑	徐　宏
出 版 者	方志出版社 （北京市东城区夕照寺14号院富瑞苑公寓6层） 邮编　100061 网址　http：//www.fzph.org
发　　行	方志出版社发行部 （010）67120966-6008
经　　销	新华书店总店北京发行所
法律顾问	北京市大禹律师事务所
印　　刷	上海新华印刷有限公司
开　　本	787×1092　1/16
印　　张	19.5
字　　数	299千
版　　次	2013年3月第1版　2013年3月第1次印刷
印　　数	0001-1500册

ISBN 978-7-5144-0852-2/F·94　定价：120.00元

上海浦东康桥工业区区位图

上海浦东康桥工业区交通图

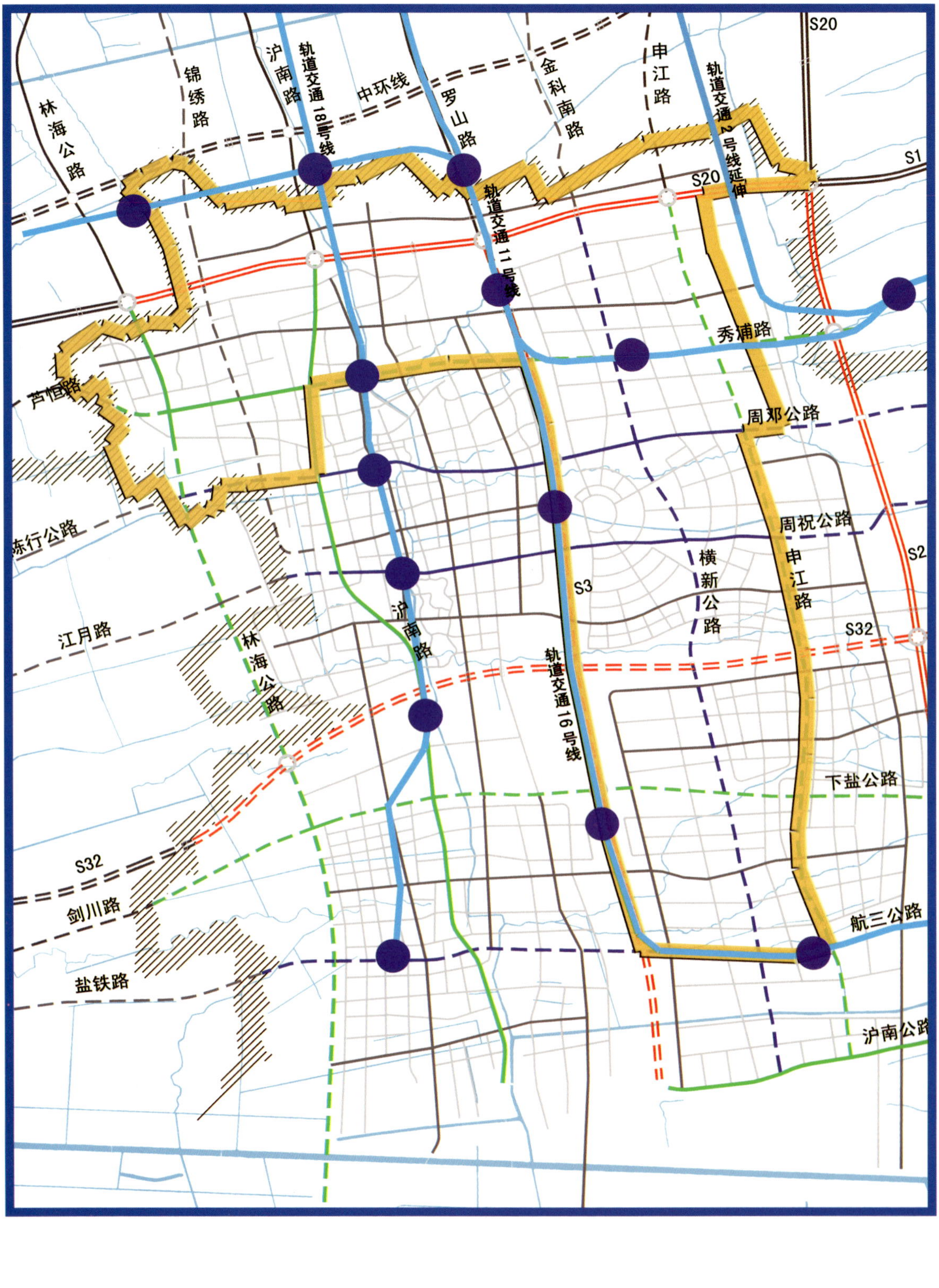

上海浦东康桥工业区规划用地图

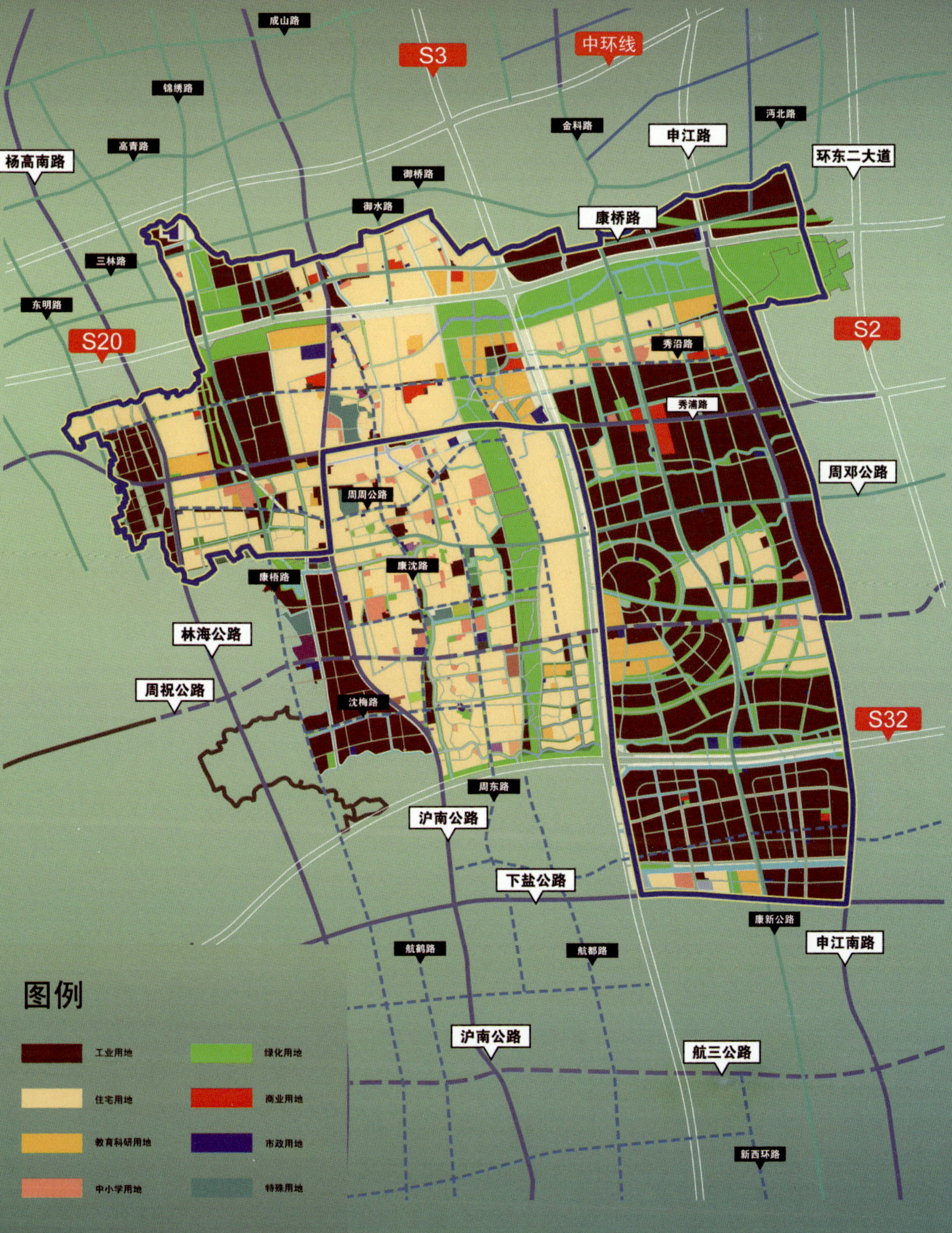

上海浦东康桥工业区产业（企业）分布图

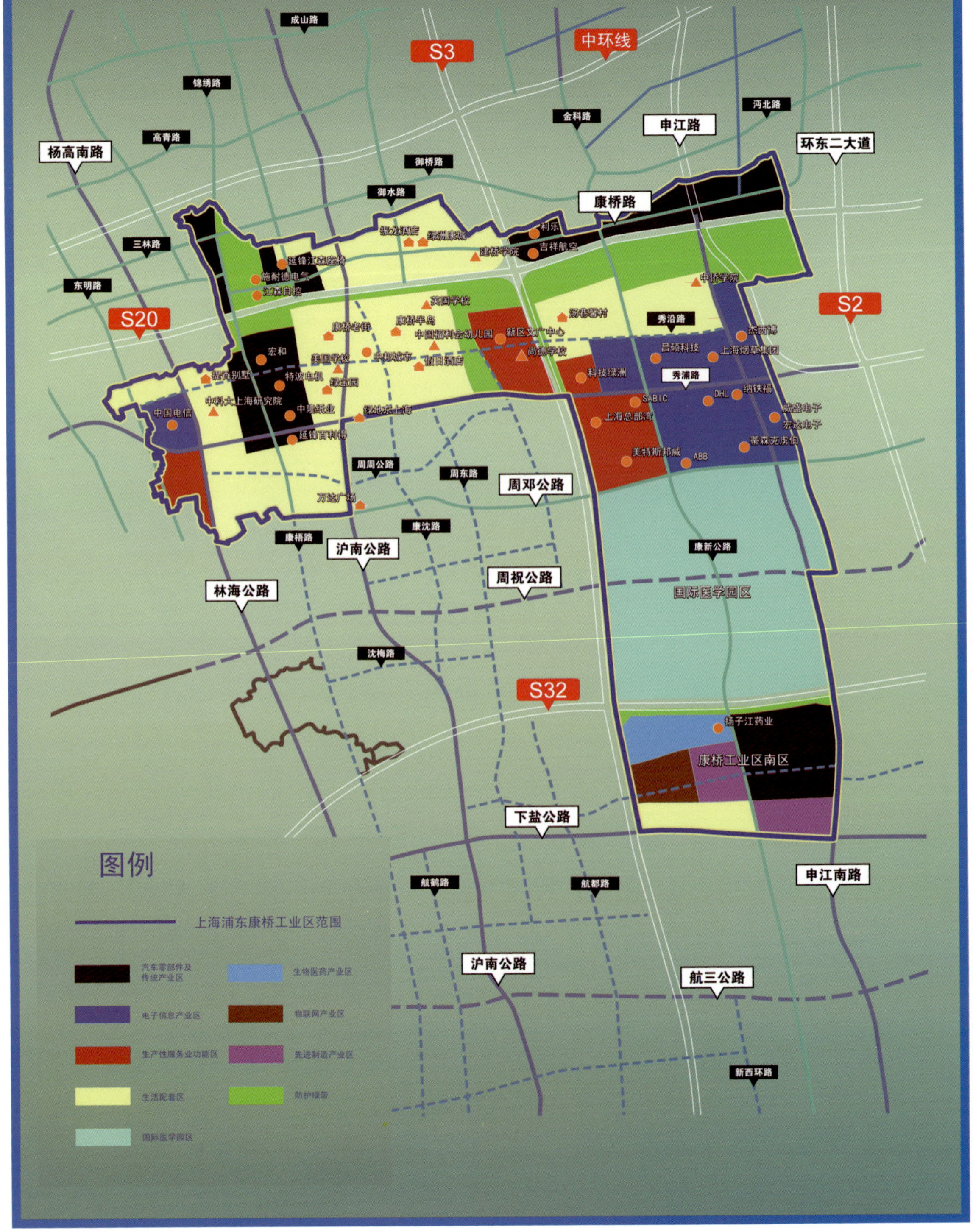

繼續開拓
再鑄輝煌

為康橋工業区五周年題

汪道涵
九九七年四月廿二日

1999年6月2日，上海市政协主席王力平（右二）视察康桥工业区。 （王仲德　摄）

2000年5月11日，中共上海市委副书记龚学平（右三）视察康桥工业区。 （王仲德　摄）

2004年8月5日，中共上海市委副书记殷一璀（左二）视察康桥文化中心。（康桥镇政府办公室　提供）

2005年3月18日，中共上海市委常委、副市长周禹鹏（左二）视察康桥工业区。（王仲德　摄）

1993年6月，上海市副市长赵启正（左四）到上海浦东一汽轿车组装厂视察。

1997年7月16日，上海市副市长蒋以任（右一）视察康桥工业区。（王仲德 摄）

2002年7月10日，上海市副市长周慕尧（右三）视察建桥学院。　（康桥镇政府办公室　提供）

2004年11月18日，上海市副市长胡延照（左三）视察康桥上海延锋江森座椅有限公司。　（王仲德　摄）

1997 年 8 月 21 日，中共上海市委纪委书记张惠新（左三）视察康桥工业区。（王仲德 摄）

2002 年 12 月 18 日，中共上海市委宣传部部长王仲伟（左二）参加中国福利会幼儿园揭幕仪式。
（康管委办公室 提供）

1999年6月15日，上海市人民代表大会常务委员会副主任胡正昌（左）、中国教育国际交流协会顾问吕型伟（右）为中国福利会幼儿园题词揭幕。

（王仲德　摄）

2001年11月15日，全国人民代表大会常务委员会常委、教科文卫委员会主任委员，原国家教育委员会主任朱开轩（中）考察建桥学院。

（康桥镇政府办公室　提供）

2002年6月28日，国家教育部党组副书记、教育部常务副部长周济（右三）到建桥学院调研。（王仲德　摄）

2004年11月11日，国家民族事务委员会副主任杨建强率少数名族代表团访问建桥学院。（王仲德　摄）

1992 年 9 月，中共南汇县委书记许德明（左三）视察康桥路建设情况。（王仲德　摄）

1995 年 4 月 30 日，中共南汇县委书记乔野生（左）到康桥工业区指导工作。（王仲德　摄）

1992年12月10日，南汇县县长陈文泉（左）关心康桥工业区开发进程。（王仲德　摄）

1995年4月11日，南汇县县长汪松年（中）陪同外宾访问康桥工业区。（王仲德　摄）

2001 年 6 月 15 日，南汇县县长陈德昌（前排左一）在康桥工业区指导工作。（王仲德　摄）

2002 年 6 月 6 日，中共南汇区委书记陈策（前右三）在康桥工业区指导工作。（王仲德　摄）

2007年10月12日，中共南汇区委书记戴海波（前排左一）视察康桥工业区。（袁民钦　摄）

2002年5月，南汇区区长白文华（右二）在康桥工业区指导工作。（王仲德　摄）

2004 年 4 月 28 日，南汇区区长万大宁（前排左四）在康桥接见意大利客人。（王仲德　摄）

2008 年 3 月 6 日，南汇区区长张建晨（中）、副区长施小琳（左一）视察康桥工业区。（袁民钦　摄）

2007年4月10日，中共南汇区委常委、副区长朱嘉骏（中）参加康桥工业区投资环境说明会。
（袁民钦　摄）

2007年11月21日，南汇区人大常委会主任董仁义（左五）、政协主席戴群华（右三）视察康桥工业区内企业昌硕科技（上海）有限公司。
（袁民钦　摄）

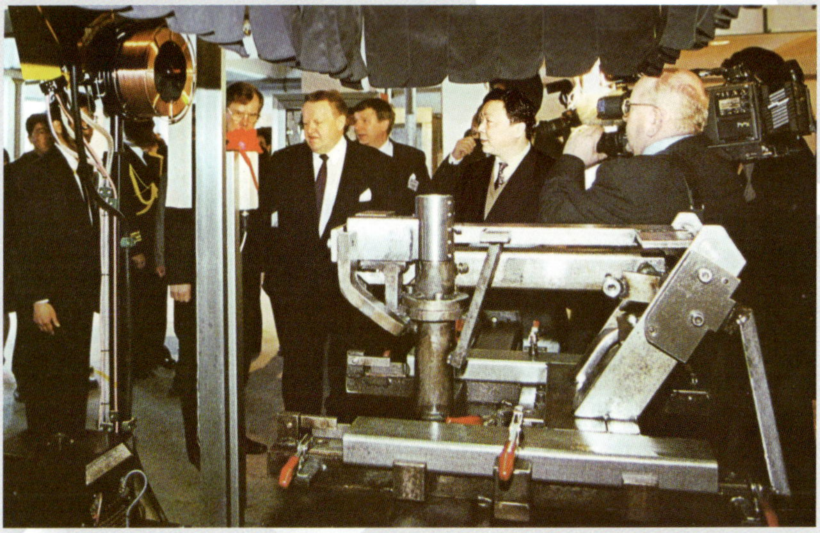

1996年4月18日，芬兰总统马尔蒂·阿赫蒂萨里访问康桥工业区。　（王仲德　摄）

1997年3月29日，澳大利亚总理约翰·霍华德（右前二）访问康桥工业区。（王仲德　摄）

1998年9月5日，国际友人到访。　（王仲德　摄）

1998年9月20日，联合国经济发展署部长（左一）访问康桥工业区。　（王仲德　摄）

2000年9月26日，复旦大学外籍留学生在康桥工业区访问。　（王仲德　摄）

2000年10月23日，美中友协会长布什艾维尔（中）访问康桥工业区。　（王仲德　摄）

2001年6月3日，马来西亚工业部长（左一）访问康桥工业区。（王仲德　摄）

2001年11月13日，前国际足联主席阿维兰热访问上海申花足球学校。（王仲德　摄）

2002年9月22日，国际友人到访。（王仲德　摄）

1997年8月10日，西藏日喀则代表团参观康桥。

（王仲德　摄）

1997年10月13日，重庆市副市长率代表团参观康桥。

（王仲德　摄）

1999年3月21日，黑龙江省齐齐哈尔县、眉县代表参观康桥。　（王仲德　摄）

1992年7月，中共南汇县委书记许德明、美国驻沪领事馆官员莫德伟为中美合资上海南泰电子有限公司开业剪彩。（康管委办公室 提供）

1993年6月，法国驻沪领事梦飞龙（前排左五）出席中法合资上海波洛莱介质材料有限公司签约仪式。（王仲德 摄）

2002年3月21日，上海华源光电材料有限公司（美）（投资额10400万美元）等一批外资项目落户康桥工业区（后右四为上海市委常委、副市长蒋以任，后左二为南汇区副区长徐江）。（王仲德 摄）

中国福利会幼儿园迁建项目签约仪式

项目签约仪式

麦科瑞项目奠基

2004年7月30日，中科大研究生院上海分院落户康桥工业区。（王仲德 摄）

2006年5月26日，上海康桥先进制造技术创业园孵化基地奠基。

2006年10月17日，威盛项目签约。（袁民钦 摄）

2007年1月23日，康桥工业区投资环境说明会。 （袁民钦 摄）

2008年11月27日，上海南汇·临港新城2008投资项目签约仪式。 （袁民钦 摄）

中国电信信息园 （王仲德 摄）

昌硕科技 （王仲德 摄）

中钞油墨 （王仲德 摄）

杰西博工程机械 （王仲德 摄）

上海美特斯·邦威服饰股份有限公司（袁民钦 摄）

中豪纸业 （王仲德 摄）

延锋百利得汽车安全系统 （王仲德 摄）

超科林半导体　（王仲德　摄）

施耐德电器　（王仲德　摄）

乔治费歇尔管路系统　（王仲德　摄）

宏和电子　（王仲德　摄）

欧文斯科宁　（王仲德　摄）

统振电子　（王仲德　摄）

耀华皮尔金顿玻璃　（王仲德　摄）

纳铁福汽车传动轴　（王仲德　摄）

天正机电集团公司
（王仲德　摄）

上海浦东一汽青岛专用车厂
（康桥镇政府办公室　提供）

上海三枪（集团）有限公司
（康桥镇政府办公室　提供）

上海公元建材发展有限公司
（康桥镇政府办公室　提供）

上海红蜻蜓鞋业有限公司
（康桥镇政府办公室　提供）

正在开发建设中的工业小区（一）　　（王仲德　摄）

正在开发建设中的工业小区（二）　　（王仲德　摄）

集体讨论拆迁政策　（王仲德　摄）

实地察看拆迁地块　（王仲德　摄）

调研拆迁进展情况　（王仲德　摄）

动迁基地开工建设　（王仲德　摄）

检查动迁基地安全生产工作　（袁民钦　摄）

视察动迁基地建设进展情况　（王仲德　摄）

衣物打包准备动迁 （王仲德 摄）

新居落成 （王仲德 摄）

农民喜看动迁住宅 （王仲德 摄）

“我们也能上网啦！” （王仲德 摄）

舒适的新居 （王仲德 摄）

安置小区中的图书馆 （王仲德 摄）

安置小区中的健身设施 （王仲德 摄）

安置小区——周康三村　（王仲德　摄）

动迁农民自建房小区——汤巷中心村（王仲德　摄）

安置小区——周康四村　（王仲德　摄）

农民自建房住宅区　（王仲德　摄）

连接市中心和浦东国际机场的外环线康桥段 （王仲德 摄）

罗山路立交 （王仲德 摄）

康桥路 （王仲德 摄）

电信机房　（王仲德　摄）

邮政局　（王仲德　摄）

磁悬浮列车驰过康桥　（王仲德　摄）

高新河　（康管委办公室　提供）

供电 （王仲德 摄）

供水 （王仲德 摄）

排污 （王仲德 摄）

供气 （王仲德 摄）

高档居住小区——绿宝园

高档住宅小区——绿洲康城

高档居住小区——康桥半岛　（王仲德　摄）

商品房小区——罗山绿洲　（康桥镇政府办公室　提供）

商品房小区——美林小城　（康桥镇政府办公室　提供）

商品房小区—康桥老街　（王仲德　摄）

康沈路商业街 （康桥镇政府办公室 提供）

秀沿路商业街 （康桥镇政府办公室 提供）

康叶菜市场 （康桥镇政府办公室 提供）

康周集贸市场 （康桥镇政府办公室 提供）

大润发超市 （王仲德 摄）

康桥大酒店　（王仲德　摄）

四季草堂酒店　（王仲德　摄）

康桥国际乡村俱乐部
（王仲德　摄）

农业银行康桥开发区支行　（康桥镇政府办公室　提供）

建设银行康桥支行　（康桥镇政府办公室　提供）

工商银行康桥支行　（康桥镇政府办公室　提供）

中国银行康桥支行
（康桥镇政府办公室　提供）

中国科学技术大学上海研究院　（康管委办公室　提供）

上海建桥学院　（王仲德　摄）

上海中侨职业技术学院　（王仲德　摄）

上海申花足球学校　（王仲德　摄）

上海尚德实验学校 （康管委办公室 提供）

吴迅中学 （康桥镇政府办公室 提供）

康城学校 （康桥镇政府办公室 提供）

康桥镇第一小学 （康桥镇政府办公室 提供）

康桥镇第一幼儿园
（康桥镇政府办公室　提供）

中福会幼儿园　（康管委办公室　提供）

康桥成人文化技术学校
（康桥镇政府办公室　提供）

上海美国学校　（王仲德　摄）

上海英国学校　（王仲德　摄）

康桥社保中心　（康桥镇政府办公室　提供）

康桥社区事务受理服务中心大厅
（康桥镇政府办公室　提供）

康桥卫生服务中心　（康桥镇政府办公室　提供）

横沔老镇卫生服务站
（康桥镇政府办公室　提供）

上海康桥康心家政服务社　（康桥镇政府办公室　提供）

康桥敬老院
（康桥镇政府办公室　提供）

上海阳光城福利院（康桥镇政府办公室　提供）

亲和源养老公寓　（康桥镇政府办公室　提供）

康桥文化中心　（康管委办公室　提供）

美丽的康桥工业区夜景（2002 年摄）

（王仲德　摄）

1992年工业区初建时的情景　（王仲德　摄）

外环线康桥段美景

（王仲德　摄）

1986年工业区内的周川公路　　（康桥镇政府办公室　提供）

20世纪90年代初的农村河道 （王仲德 摄）

整治一新的工业区咸塘港

（王仲德　摄）

工业区世界 500 强企业集聚带

（王仲德 摄）

20 世纪 80 年代的乡、村企业工人加工水貂皮

（康桥镇政府办公室 提供）

动迁农民入住的周康四村住宅区

（王仲德　摄）

1992年横沔沿北村傅氏农宅　（康桥镇政府办公室　提供）

中侨学院校区

(王仲德　摄)

横沔人民公社初级中学旧址　　(康桥镇政府办公室　提供)

2007 年 3 月 29 日，康管委举办建区十五周年大型演唱会。　　（王仲德　摄）

女员工演唱自己创作的联曲——“康桥有支创业的歌”　　（王仲德　摄）

京剧票友一起登台演唱　（王仲德　摄）

全民健身　（王仲德　摄）

齐心协力　（王仲德　摄）

足球比赛　（王仲德　摄）

敬老爱老　（王仲德　摄）

文明单位

"我们身边的共产党员"活动报告会 （王仲德 摄）

纪念中国共产党成立八十周年党史知识竞赛 （王仲德 摄）

向党旗宣誓 （王仲德 摄）

“颂歌献给党”活动　（王仲德　摄）

参观党的“一大”会址　（王仲德　摄）

朝气蓬勃的共青团员　（王仲德　摄）

2008年度主要经济指标占南汇区比重

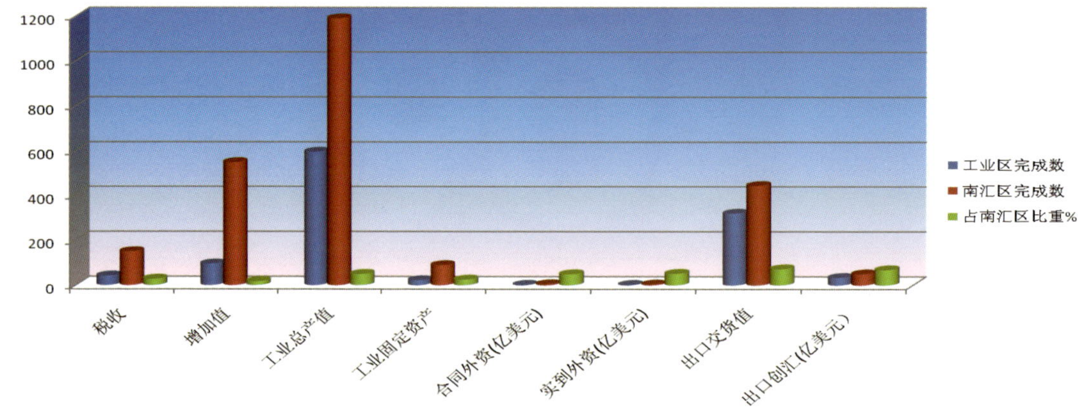

历年工业总产值情况（单位：亿元）

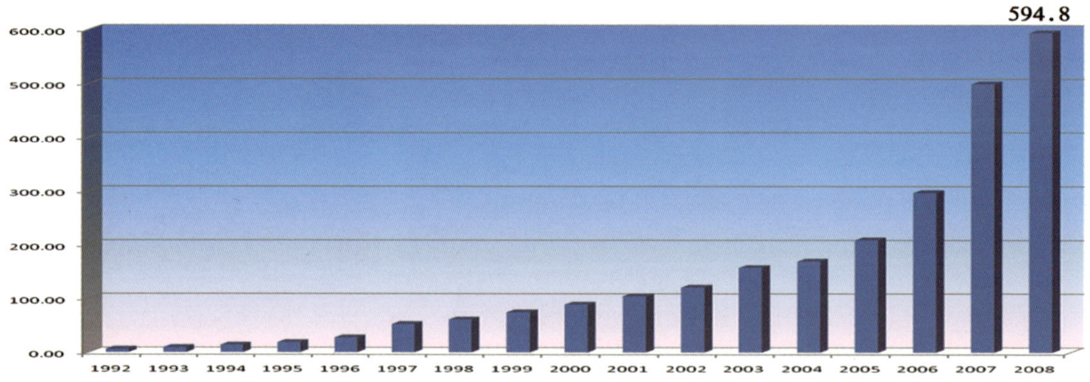

历年税收情况（单位：亿元）

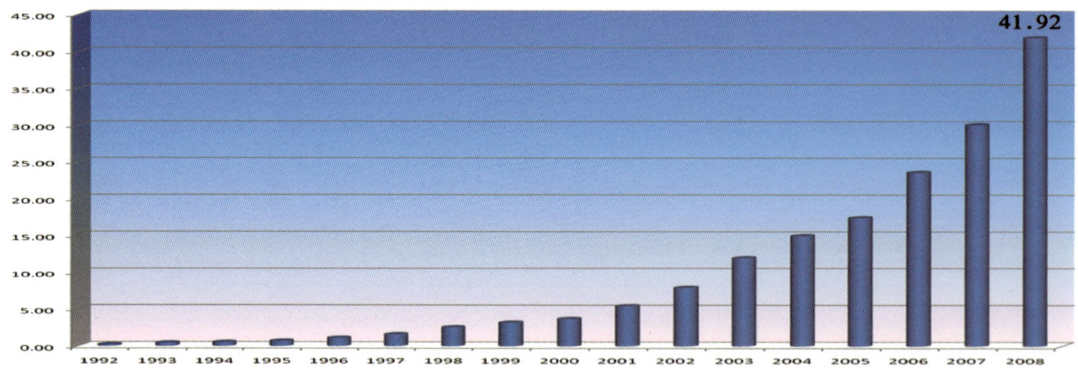

《康桥工业区志》编纂人员名录

编纂委员会

主　　任：张　龙

副 主 任：许才明　陈　鹰　沈志兰　夏　多　黄　平　乍大兕　舒廷飞
张国樑　盛宝珊

委　　员：薛　明　张桂福　张　宏　沈　荣　毛宜军　艾　辉　吴晓丹
杨　骅　吴依平　沈　燕　简　文　邵自红　杨昌硕　李建华

编委会办公室

主　　任：陈　鹰　盛宝珊

副 主 任：薛　明　吴晓丹　杨　骅　吴依平

编纂工作人员

特约编审：吴才珺　金达辉

主　　编：童火根

副 主 编：顾绍耕　薛　明　吴晓丹　杨　骅　吴依平

编　　辑：强敏恒　黄　嘉　赵　莉　汪燕萍　张大磊

文　　印：汪燕萍　邬莺蕾　俞　杰

摄　　影：王仲德　赵　莉　袁民钦

审稿单位：上海市浦东新区地方志办公室

审定人员：葛方耀　吴才珺　金达辉　冯秉锐　孟　渊　邵　微

采稿人员：刘　渊　张旭红　张　宏　杨昌硕　朱烈勇　杨世村　强继斌
方杰华　孙瑜真　李建华　沈安妮　姚春军　包文斌　赵永红
曹宇杰　唐　弟　孙庆峰　沈　燕　沈晓翔　陈彩虹　郑雪良
桂龙妹　杨　峥　苏宝明

凡　例

一、本志为记录上海浦东康桥工业区创立和发展的专志，定名为《康桥工业区志》，上限为1992年，下限至2008年。

二、本志以马列主义、毛泽东思想、邓小平理论、“三个代表”重要思想、科学发展观为指导，力求实事求是、全面准确地反映工业区在改革开放的形势下，从无到有，从小到大，从弱到强，政治、经济、社会等各方面快速发展的历史轨迹。

三、本志产生于中国改革开放取得丰硕成果的年代，旨在充分反映康桥工业区开发建设16年发生的巨大变化，取得的辉煌成果，叙述的是在特定年代、特定地区、特定工作中的人和事。

四、本志结构采用章节体。述、记、志、图、表、录综合运用，以志为主体，图表穿插其中，照片集中于志首。

五、志书编写采用现代语体文，力求体现可读性、资料性的完整统一。

六、本志统计资料以统计部门的数据为准，统计部门未作统计的，采用主管部门的数据。数据使用国家规定的计量单位。

七、本志数字使用阿拉伯数字，文字用国务院公布的简化汉字。

八、本志中叙述的机构名称，第一次出现时使用全称，以后出现时采用被广泛使用又力求规范的简称。

目　录

序 ……………………………………………………………………………………(1)
总　述 …………………………………………………………………………………(1)
大事记 …………………………………………………………………………………(6)

第一章　地理环境

第一节　区位环境 ……………………(29)
一、区　域 ……………………(29)
二、气　候 ……………………(29)
三、地质、地形、地势 …………(30)
四、水系、河流 …………………(30)
第二节　交通条件 ……………………(32)
第三节　经济　人口 …………………(34)
一、解放前康桥地区经济 ……(34)
二、新中国成立初康桥地区经济发展 ……………………(35)
三、改革开放后康桥地区经济发展 ……………………(36)
四、人口劳动力资源 …………(37)

第二章　规划　用地　环保

第一节　规　划 ……………………(39)
一、建设范围的首次划定 ……(39)
二、规划的前期编制 …………(40)
三、结构规划的重新编制 ……(42)
四、规划控制范围的调整 ……(42)
五、开发范围的国家认定 ……(44)
六、申江路以东区域的规划突破 ……………………(44)
七、"两规合一" ………………(45)
第二节　土地利用 ……………………(46)
一、土地征用和出让 …………(46)
二、土地开发模式沿革 ………(47)
三、土地利用战略方向 ………(47)
第三节　环境保护 ……………………(48)
一、环境规划 …………………(48)
二、环境监测与整治 …………(48)
三、环保创建活动 ……………(50)

第三章　拆迁　安置

第一节　拆迁机构 ……………………(51)
一、领导小组 …………………(51)
二、上海浦东康桥拆迁有限公司 ……………………(52)
三、上海周康拆迁有限公司 ……………………(52)
第二节　拆迁政策 ……………………(53)
第三节　安置工作 ……………………(55)
一、住房安置 …………………(55)
二、征地劳动力安置 …………(58)

第四章 基础设施建设

第一节 道路桥梁 ……(61)
一、道 路 ……(61)
二、桥 梁 ……(64)
第二节 供电设施 ……(65)
一、电网建设 ……(65)
二、区内变电站……(66)
三、各重要时期用电量 ……(67)
第三节 邮政 电信 ……(69)
一、邮电机构 ……(69)
二、设施建设 ……(69)
三、邮电业务 ……(69)
四、有线电视工程 ……(71)
第四节 给排水 天然气 ……(72)
一、给水工程 ……(72)
二、排水工程 ……(72)
三、天然气工程 ……(74)
第五节 绿 化 ……(75)
一、发展概况 ……(75)
二、重点工程 ……(76)

第五章 招商引资

第一节 招商机构 ……(78)
一、机构沿革 ……(79)
二、工作职责 ……(80)
第二节 招商政策 ……(81)
一、企业扶持政策 ……(81)
二、招商奖励政策 ……(89)
第三节 招商机制 ……(90)
一、招商流程 ……(90)
二、招商服务 ……(92)
第四节 招商活动 ……(92)
一、招商方式 ……(93)
二、重大招商活动简介 ……(94)
第五节 招商成果 ……(97)
一、引进外资及港台资项目 ……(97)
二、引进内资实体型项目 ……(98)
三、招商引税 ……(99)

第六章 工业经济

第一节 决策与发展变革 ……(100)
一、论证决策 ……(100)
二、发展历程 ……(101)
三、工业经济变革 ……(103)
第二节 国有和集体企业 ……(104)
一、发展概况 ……(104)
二、主要国有企业选介 ……(105)
第三节 三资及台、港、澳资企业 ……(108)
一、概 况 ……(108)
二、主要“三资”及台、港、澳资工业企业选介 ……(110)
第四节 民营企业 注册型企业 ……(113)
一、概 况 ……(113)
二、主要民营企业选介 ……(114)
三、注册型工业企业 ……(116)
第五节 产业结构 ……(117)
一、产业构成与发展 ……(118)
二、电子信息产业 ……(120)
三、汽车及零部件产业 ……(123)
四、电器电缆产业 ……(127)
五、服装产业 ……(128)
六、造纸及机械制造业 ……(131)
七、新型建材业 ……(133)
八、生产性服务业 ……(137)

第七章 房地产业

第一节 发展历程 ……(141)
第二节 商品房开发和销售 ……(143)
一、概 况 ……(143)
二、商品房楼盘选介 ……(144)
第三节 动迁安置房 ……(147)
一、概 况 ……(147)
二、主要安置房小区选介 ……(148)
第四节 房地产开发公司 ……(150)
一、概 况 ……(150)
二、主要房地产开发公司选介 ……(151)
第五节 物业管理 ……(153)
一、概 况 ……(153)
二、康桥工业区物业管理公司名录 ……(155)
三、康桥工业区主要物业公司选介 ……(158)

第八章 商业 金融

第一节 商业经济 ……(160)
一、概 述 ……(160)
二、商业经济的成分构成 ……(161)
三、主要行业 ……(164)
四、商业街与商业区 ……(171)
第二节 金融 税收 工商 ……(174)
一、金 融 ……(174)
二、税 务 ……(177)
三、工 商 ……(180)

第九章 教育 卫生

第一节 教 育 ……(182)
一、发展历史 ……(182)
二、教育管理和教育经费 ……(183)
三、各类学校选介 ……(184)
第二节 医疗 卫生 ……(192)
一、发展历史 ……(192)
二、康桥社区卫生服务中心 ……(193)
三、卫生服务站 ……(195)

第十章 开发管理机构

第一节 工业区管理委员会 ……(197)
一、领导机构 ……(197)
二、康桥工业区管理委员会内设机构 ……(200)
三、运行机制 ……(204)
四、主要工作 ……(205)
第二节 上海浦东康桥（集团）有限公司 ……(211)
一、上海康桥实业总公司 ……(211)
二、上海浦东康桥（集团）公司 ……(212)
三、上海浦东康桥（集团）有限公司 ……(213)
四、运行体系和议事规则 ……(216)
五、各子公司简介 ……(217)

第十一章　中共组织　群众社会团体

第一节　中共组织建设 ……(223)
一、党组织的机构沿革 ……(223)
二、党员发展和党员管理 ……(224)
三、党员教育 ……(224)
四、党员活动 ……(227)
五、“两新”党组织建设 ……(231)
第二节　群众组织　社会团体 ……(233)
一、工　会 ……(233)
二、共青团 ……(236)
三、妇工委 ……(237)
四、商　会 ……(238)

第十二章　精神文明建设

第一节　机构与活动 ……(240)
一、机构设置 ……(240)
二、精神文明建设活动 ……(240)
三、康桥精神 ……(244)
第二节　精神文明典型事例选编 ……(245)
一、爱心，在康桥奉献 ……(245)
二、韩国客商丢失钱款，聂明锋专程送还 ……(246)
三、小学生遭遇车祸，众员工热心相助 ……(246)
四、为了延锋江森落户康桥 ……(246)
五、众员工热心捐助，帮助四川灾民渡难关 ……(247)

第十三章　荣　誉

康桥工业区在精神文明建设方面所获荣誉 ……(249)
康桥工业区管理委员会荣誉录 ……(250)
康桥工业区党工委荣誉录 ……(251)
上海浦东康桥（集团）有限公司荣誉录 ……(251)
康桥工业区管委会个人荣誉录 ……(252)
康桥工业区部分单位获奖荣誉录 ……(252)

第十四章　宣传报道

一、报纸新闻 ……(255)
二、杂志文章 ……(270)
三、书籍文章 ……(280)

附　录 ……(281)
后　记

序

在邓小平南方谈话精神鼓舞下，为充分利用浦东开发开放的辐射效应，1992年5月，上海浦东康桥工业区诞生了。在风风雨雨、坎坎坷坷中，工业区走过了十六个年头。记录这一地区十六年开发建设历史的第一部专业志——《康桥工业区志》也即将同大家见面了。这里记述的是康桥工业区的建设者们在各级党政组织的领导和关心帮助下取得的辉煌成果以及工业区发生的沧桑巨变。

康桥工业区从一个名不见经传的小地方，变成南汇西北角的一颗璀璨明珠，经济快速增长、社会稳定发展、文化繁荣兴旺。康桥工业区的工业总产值由1992年的6.3亿元增加到2008年的594.77亿元，增加了93倍，占南汇全区的50%。国内生产总值由1992年的1.3亿元增加到2008年的95.47亿元，增加了72倍，占南汇全区的17.4%。税收由1992年的2206万元增加到2008年的41.92亿元，增加了189倍，占南汇全区的27.7%。2008年实现出口创汇34.24亿元，占南汇全区的68.2%。康桥工业区的成果使人鼓舞，康桥工业区的发展变化令人自豪，康桥工业区的成功经验值得总结。

盛世修志，功在当代，利在千秋。根据南汇区地方志办公室的意见，从2008年4月起，上海浦东康桥工业区管理委员会着手编志工作。2009年4月24日，国务院批准，上海市南汇区并入浦东新区，康桥工业区在大浦东发展蓝图上又迎来了新一轮发展机遇。同时，工业区志编写工作得到浦东新区地方志办公室一如既往的关心支持。

在三年多时间里，全体编纂人员广集资料，伏案笔耕，从照片到文字，从地图到表格，仔细推敲，反复修改，付出了辛勤的劳动。在编志过程中，得到了区地方志办公室领导和专家的悉心指导和热情帮助，康桥工业区的历任老领导和有关同志也提了很好的意见和建议，保证了志书的质量。在此，我代表康桥工业区管委会和上海浦东康桥（集团）有限公司向所有为志书作出奉献的同志们表示由衷的感谢！

在《康桥工业区志》的编写过程中，我们坚持以马列主义、毛泽东思想、邓小平理论、"三个代表"重要思想、科学发展观为指导，坚持实事求是、求实存真的原则，重点突出工业区建设者在十六年中，秉持"全局的观念、开拓的意识、奉献的精神"以及"励精图治，一以贯之；艰苦创业，一如既往；无私奉献，一腔热诚"的康桥精神，艰苦奋斗，改革创新，无私奉献，把工业区建成南汇一流的工业新高地的感人事迹，是一部既有时代特征，又有专业特色的新方志。

"以史为鉴可以知兴替，以志为鉴可以明事理"。我真诚地希望工业区的新老建设者熟悉历史，珍惜历史，认真开展读志、用志工作，从中汲取宝贵的精神财富。随着浦东新区新一轮综合配套改革的深入开展和国际机场二期工程的建成，洋山深水港和临港新城建设的全面启动，康桥工业区迎来了新一轮发展机遇。让我们继续发扬康桥精神，开拓进取，乐于奉献，谱写更加美好的康桥工业区开发建设新篇章。

上海张江高科技园区管理委员会副主任
上海浦东康桥（集团）有限公司党委书记、董事长、总经理
张龙

2012年5月

总　述

1990年4月18日，党中央、国务院决定开发开放上海浦东。为了充分接收浦东开发开放的辐射，积极参与服务浦东的开发建设，中共南汇县委、南汇县人民政府审时度势，紧紧抓住这千载难逢的良好机遇，经过反复酝酿、充分论证，于1992年5月决定创立上海浦东康桥工业区（以下简称康桥工业区），规划面积8平方公里。1994年8月，经上海市人民政府批准，康桥工业区列为市级工业区，被明确为上海市重点发展的工业新高地之一，规划面积扩大至26.88平方公里。

康桥工业区位于南汇区的最西北端，与浦东新区仅一河之隔，城市外环线从中间穿越而过，距杨浦大桥17公里、卢浦大桥15公里、南浦大桥12公里、徐浦大桥9公里、浦东国际机场22公里、市中心人民广场15公里，洋山深水港70公里。

区域内有上海城市外环线、罗山路（原罗南大道）、沪芦高速、磁悬浮列车及杨高南路、沪南公路、周南公路等市、区骨干道路相互联结，有451、581、639、992、974、975、沪南线、周南线、塘南线、龙大线、周康1路到周康6路等40多条公交线路在此经过。

一

1992年5月8日，中共南汇县委常委会召开专题会议，讨论研究康桥开发的具体事项，最后作出决定：建立康桥工业区管理委员会（以下简称康管委），开辟开发康桥工业区。5月12日，县委、县政府联合发出成立康桥工业区管理委员会的通知。5月15日，徐江、邱学国等第一任康管委8名专职委员和5名兼职委员到任。新班子成员向周西乡铝制品厂借用3间办公室作临时用房。6月1日康管委成立了规划处、项目处、综合处和办公室4个工作部门，并配备了工作人员。随后，筹集开发资金，引进各类人才，制定建设规划，各项工作有序开展起来。

1992年下半年开始，基础设施先后按“四通一平”和“六通一平”的要求进行建设。高标准的基础设施要求为大规模进行招商引资打下扎实基础。主要市政工程有：道路、电站、水厂、邮电局等各项配套设施建设。

从1992年下半年起，康桥工业区投资1.6亿元，按城市式道路建设东西横贯全区的四车道、水泥路面的康桥路，全长9.13公里，历时一年三个月，于1993年11月竣工通车。随后，由县政府统一部署，实施沪南公路、上南路拓宽，康桥西路接通浦三路、康意路至康士路的建设，并相继完工，使康桥工业区的交通状况得到初步改善。

1993年4月，由上海康桥实业总公司和浦东供电局合作兴建的康桥小区3.5万伏变电站开工兴建。1994年11月，康桥工业区220千伏变电站规划通过专家论证，总投资1亿元，地址在周浦乡吴桥村。该电站于1995年动工，1996年下半年建成，使康桥工业区用电紧张的状况得到根本缓解。

1993年3月，由南汇县自来水公司承建康桥泵站，总投资400万元，建筑面积2020平方米，建5000立方米清水库和吸水井各1座，日供水能力达12万吨，供水压力稳定，水质符合GB5749－85国家饮用水标准。康桥邮电支局同时建成，配备程控电话15万门，可为客户提供数据通讯等各类业务，确保企业信息与外界畅通无阻。

1992年7月，由海东房地产开发经营公司和南汇县建筑材料设备成套公司联合建造“海东大厦”，高12层，建筑面积5000平方米。1992年12月，由长江经济联合发展有限公司与上海康桥实业总公司共同投资开发长发标准厂房，占地2.67公顷，总投资3000万元，建筑面积4.2万平方米。1994年3月，由上海周康房地产公司与周浦房地产开发经营公司联合投资开发康桥花园商品房，建筑面积9.88万平方米，为康桥工业区业主提供商品房。

1995年12月，由康桥实业总公司投资建设的康桥大酒店正式开张，建筑面积2918平方米，集餐饮、住宿、会务为一体，成为工业区的一个招待服务窗口。同时，中国银行、建设银行、工商银行、农业银行等金融机构纷纷在区内开设支行，为中外投资者提供资金服务。

1995年，在大规模的市政基础设施建设基本完成后，康管委、康桥集团公司花大力气，开展招商引资工作。

一是落实招商引资力量。康管委成立了以康管委主任徐江为组长，副主任邱学国为副组长的招商引资领导小组，从各处、室抽调部分骨干，建立

5个招商引资小组，各小组明确招商任务。除项目处主要负责外，2001年，为进一步加强招商引资力量，康管委成立招商中心，专职从事招商引资的各项具体工作。

二是开展形式多样的招商活动。康管委注重大力推介康桥工业区，努力引进技术含量高、规模大的外资项目。1995年，康管委举办“’95重点项目建设新闻发布会”；1998年，康管委参加市外资委赴日本的招商活动；1999年康管委专程赴温州举办招商活动；2005年，康桥集团公司参加中国国际投资贸易洽谈会，还参加“两港”南汇迈向海洋2005投资说明会。国内外一系列招商活动，扩大了工业区的影响，取得了很好的成效。

三是争取和宣传投资优惠政策。1995年10月，经多方努力，市外国投资工作委员会和市财政局联合发出“关于康桥工业区外环线以北地区可享受浦东新区政策”的文件，南汇县政府及南汇县税务局根据这一文件制定了对康桥工业区的具体实施意见。使康桥工业区成为上海郊区各市级工业区中享受优惠政策最具优势的一个工业区。

此外，康管委还下发了《关于康桥工业区征地劳动力安置的暂行办法》、《康桥工业区房屋拆迁实行货币化补偿安置的试行办法》。这些配套措施，为项目顺利落户创造了十分有利的条件。

经过不懈努力，施耐德电器有限公司、延峰江森座椅有限公司、康桥半岛房地产有限公司、宏和电子有限公司、宏联电子有限公司等国内外著名企业都相继落户康桥工业区。至2001年，康桥工业区先后引进工业项目500多个，其中“三资”项目260多个，合同外资近20亿美元。

2001年，随着企业的竣工投产和新住宅的建成，康桥工业区管委会进入了开发建设和服务管理并举的阶段。

初创时，康管委设置的项目处承担着招商引资和为落户企业服务的双重职能。由于人手少，事务多，服务企业的工作常处于应接不暇、疲于应付的状况。进入21世纪，为加强企业服务，搞好招商引资，康管委除了设置招商中心外，原有的项目处专职从事企业服务工作。2008年10月，康管委又专门成立了由9个班子成员带队的企业服务工作小组，与工业区内50多家重点企业挂钩联系，帮助他们解决在筹建、生产、发展过程中遇到的困难和问题。这一系列措施，保障了区内企业较快地投入建设和生产，受到了投资商的欢迎。

随着大批动迁居民迁入新住宅区，康桥工业区管理委员会与康桥镇人民政府联手，在各小区内组建居民委员会，落实管理机构，加强社区管理。2000年初，建立周康居民委员会。至2008年底，康桥工业区已建立了18个居委会，同时相应建立了18个社区工作站。在社工站和居委会的指导帮助下，各住宅区组建了业主委员会，聘请了物业管理公司，各小区进入正常管理阶段。社区组织的建立为加强社区管理奠定了基础，也提高了业主的居住质量，有效维护了社会的和谐稳定。

随着工业区单位迅速增多，党员队伍的日渐壮大，党的建设已成为中共上海浦东康桥工业区工作委员会（以下简称工业区党工委）的一项重要工作。在区委组织部的帮助指导下，党工委成立了党群工作部，加强党的建设，在工业区内建立“两新”组织。至2008年已建立“两新”党总支和党支部52个，所辖党员718个，另外，还有49个“两新”党组织属康桥镇党委管理，其中，美特斯邦威公司建立了党委，其余48个为总支和支部。党工委还指导各基层党组织开展各类活动，发展新党员，使党的建设走上健康发展的道路。

二

至2008年，康桥工业区从原来的普通农村，发展成为南汇地区经济最发达和城市化程度最高的地区，成为全国首批50个乡镇工业示范区之一。

康桥工业区的经济快速、持续、稳定增长。工业总产值由1992年的6.3亿元增加到2008年的594.77亿元，增加了93倍，占南汇全区的50%。国内生产总值由1992年的1.3亿元增加到2008年的95.47亿元，增加了72倍，占南汇全区的17.4%。税收由1992年的2206万元增加到2008年的41.92亿元，增加了189倍，占全区的27.7%。2008年实现出口创汇34.24亿元，占全区的68.2%。2008年底，工业区单位面积工业产出水平达86.1亿元/平方公里，单位面积工业税收产出水平达2.33亿元/平方公里，单位面积土地投资强度达32.79亿元/平方公里。

至2008年底，工业区共引进外资企业364家，总投资41.97亿美元；

累计引进内资企业1836家，总投资125.84亿元；累计固定资产投入324.47亿元，其中工业固定资产投入190.16亿元。工业区已形成电子信息和汽车及零部件两大主导产业。其中，随着昌硕科技、威盛电子、宏达电子、中国电信信息园等重点项目入驻，已基本形成以手机、电脑等电子消费类终端产品为重点，融集成电路设计生产和信息服务为一体的电子信息产业链，以延峰江森、纳铁福、耀皮玻璃等项目为代表的汽车及零部件产业，涵盖了汽车电子系统、传动系统、控制系统、安全系统、车用内饰等领域，成为上海市重要的汽车配套产业基地。2008年，园区主导产业工业总产值达到388.68亿元，占园区工业总产值的66.1%。园区汽车及零部件产业园与电子信息产业区均被列入“上海市重点特色产业示范区”。园区同时大力发展生产性服务业，并已吸引了15家世界五百强公司前往投资兴业。

康桥工业区坚持以工业化推动农村城市化，逐步形成了比较完善的城市要素体系，涵盖了工业体系、教育体系、市政设施体系和包含房地产、商业、金融业在内的服务业体系。

经过多年的建设，基础设施日臻完善，金融、购物、休闲、娱乐和文化等社区功能也不断扩展。区内拥有大、中、小、幼及基础教育、职业教育、业余教育和公办、民办、合资办的形式多样、内容完备的教育体系。

城市化进程加快。至2008年底，工业区已征用土地2000余公顷，撤销生产队建制142个，撤销村建制11个，动迁农民8430户，拆迁面积151.7万平方米，全镇所有农民户籍都实现了“农转非”，2.2万多名农民解决了非农就业问题，地区的城市化率提高到90%以上。农民人均收入从2000年的3986元增长到2008年的11429元，近八年中就增长了1.9倍。农民居住条件普遍改善，2100多户农民住上了别墅式洋房，1万多户农民住进了公寓式楼房。社会保障实现了全覆盖，全镇2.5万名16周岁以上未落实社会保障的农民全部实现了“镇保”，成为南汇区唯一实现社会保障全覆盖的乡镇和工业区。

2005年，经国家有关部门对各项经济指标，人民生活指标及社会事业建设指标的综合考核，工业区所在的康桥镇获得“中国十佳小康镇”。至2008年底，康桥工业区初具规模，市政设施配套齐全、众商云集、经济繁荣、环境优美，已成为南汇和上海郊区又一经济和社会和谐发展的新亮点。

大事记

1992年

5月8日　中共南汇县委常委召开专题会议，研究康桥开发的具体事项，作出建立康桥工业区管理委员会，开辟开发康桥工业区的决定。

5月12日　县委、县府联合发出关于成立康桥工业区管理委员会的通知。

5月15日　县长陈文泉召开康管委成员第一次会议，18日，康桥工业区管理委员会第一批工作人员开始办公。

6月1日　康桥工业区管委会明确机构设置为：规划处、项目处、综合处和办公室。

6月18日　由12家企业出资入股组建的上海浦东康桥实业总公司成立，公司注册资金3500万元，徐江任公司董事长兼总经理。

6月22日　周西乡成立第一个动拆迁领导小组。

6月30日　康桥实业总公司建立3个下属公司：上海康桥实业总公司工程建设公司、上海康桥实业总公司股份投资公司，以及上海康桥实业总公司综合经营公司。

7月2日　经南汇县机关工会批准，康桥工业区管委会首家工会正式建立。工会委员会有五人组成。

7月23日　南汇县政府成立康桥工业区领导小组，县长陈文泉任组长，常务副县长徐麟、工业副县长顾正明任副组长。

7月28日　由海东大厦房地产开发经营公司和县建筑材料设备成套公司合资建造的“海东大厦”开工建设。大厦高12层，建筑面积5000平方米。

8月2日　康管委参加县政府举办的人才招聘活动，向全社会招用财务主管、项目主管、金融、民用建筑、市政建设、施工管理等专业人才。

8月4日　康桥工业区总体规划基本形成，并经县人民政府批准。康管委向县土地局、环保局、邮电局、供电所、周西乡政府、横沔乡政府进行规划交底。

8月5日　康桥路首批农户估价动迁工作进行。

8月8日　注册在康桥的“谢晋——恒通影视有限公司”在上海奥林匹克俱乐部举行开业典礼。市委、市府等有关领导陈至立、刘振元、张瑞芳、金炳华、吴贻弓等出席挂牌仪式，工业区管委会徐江、李德文应邀参加。

9月10日　南汇县人民政府发布《康桥工业区房屋拆迁管理办法（试行）》（南府〔1992〕17号），对康桥工业区内的房屋拆迁安置的政策作了明文规定。

11月1日　上海康桥实业总公司第一次股东会议在浙江舟山普陀商业大厦举行。县供销社等10家股东单位的法人代表参加了会议。

11月14日　康管委在周浦乡政府举办“政策报告会”。到会的100多位企业界领导听取了管委会主任徐江、县委政研室副主任顾绍耕、税务局副局长吴惠平作的政策介绍。

11月26日　市委书记吴邦国在市府副秘书长孟建柱，市委副秘书长陈祥麟、周禹鹏，市农委书记范德官等陪同下，到建设中的康桥工业区视察。吴邦国应康管委主任徐江之邀，挥毫为工业区题词：“建设好浦东南大门”。

12月11日　长江经济联合发展有限公司与上海康桥实业总公司共同投资开发的标准厂房项目在长发公司签约。长发标准厂房总投资3000万元，征用土地2.67公顷，建造标准厂房4.2万平方米。

1993年

1月1日　县委调整康桥工业区管委会组成成员，同时确定管委会机构编制。

1月8日　上海城市规划设计院五位专家到康管委，就康御总体规划向副县长鞠佳国、管委会副主任邱学国等有关领导沟通交底。

2月1日　原国务院农村政策研究室主任杜润生到康桥工业区检查工作，并应康管委主任徐江之邀为工业区题词：“为农村工业化、城市化开路”。

2月6日　市长黄菊在市府副秘书长孟建柱、市农委主任张燕、县委书记许德明、县长汪松年陪同下，视察了康桥工业区。

2月12日　县委、县政府召开康桥建设工作会议。

3月1日　由南汇县自来水公司承包建造的康桥泵站开工。

3月2日　康桥实业总公司与上海高砂鉴臣香料有限公司签订第一块土地批租协议。

3月27日　中共上海市委副书记王力平在市农委副主任朱颂华、市农委秘书长金精良、南汇县委书记许德明、县长汪松年的陪同下，冒雨视察康桥工业区。

4月14日　中共南汇县委组织部发文，同意建立中共康桥工业区管委会支部委员会。其组织关系隶属于县机关党委，支委有5人组成。

4月27日　由上海康桥实业总公司和浦东供电局合作兴建的康桥小区3.5万伏变电站举行签约仪式。副县长顾正明、浦东供电局局长刘纪平、康管委主任徐江等参加了签约仪式。

6月15日　市人大常委会副主任孙贵璋在市人大常委会副秘书长许祖雄、县人大常委会主任计厚福的陪同下到康桥视察。

7月5日　周浦地区总体结构性规划在康桥工业区通过论证。来自县各建设单位、有关乡镇的领导40多人参加论证会。

7月6日　市农委组织各县县委书记、县长及农口系统的党政负责人100多人，在康桥工业区召开现场会，探讨郊县工业区开发和经济发展问题。范德官、张燕、朱颂华等市农村党委、农委领导参加会议。

7月20日　县政府召开康桥路路面工程会战誓师大会，要求各建设单位按时按质完成康桥路路面工程。

8月13日　康桥实业总公司出资30万元，设立康桥教育奖励基金，用于奖励在第一线辛勤耕耘的南汇优秀教师。

10月1日　康桥建立税务所。

10月12日　工业区领导小组在康达酒家隆重举行康桥路路面工程会战总结表彰大会。许德明、徐麟、徐江、严林楼、鞠佳国、范兴隆、方厚贤等领导出席并讲话。

11月4日　上海市检察院检察长倪鸿福在康管委主任徐江、副主任邱学国的陪同下视察康桥工业区。

11月5日　南汇县人民政府在新建的梓康河大桥隆重举行康桥路通车

典礼。市农委主任张燕、浦东新区管委会副主任胡炜、市委、市人大、市府、市政协以及近百家大型企业的领导300多人参加通车仪式。

11月13日　副市长蒋以任在市经委副主任周文玄、县委书记许德明、副县长顾正明陪同下到康桥视察。

11月29日　国内第一家专业生产轴承的企业——上海钢球厂厂长、党委书记一行到康桥工业区参加该厂落户康桥的征地签约仪式。

12月14日　上海康桥实业总公司下属的第四个子公司——周康房地产公司正式成立。

1994年

1月17日　安徽省安庆市经济技术开发区考察团一行10余人到康桥工业区考察。双方签订缔结友好开发区意向书。

2月8日　由上海服装总公司与意大利纺织服装公司合资组建的圣人梦服装有限公司项目正式签约。县委副书记吴岭、副县长顾正明、康管委主任徐江、上海服装总公司党委书记徐跃中、总经理张荣申等20余人参加签约仪式。

2月12日　在职工大会上，康管委主任徐江提出：建设康桥要发扬一种“康桥精神”，这就是：“全局的观念，开拓的意识，奉献的精神”。

3月7日　由上海周康房地产公司与周浦房地产开发经营公司联合投资开发的康桥花园商品房项目正式开工建设。

3月17日　康管委召开和合工商园区总体结构规划调整审定会。县计委、县建设局、土地局、供电局、邮电局、环保局、自来水公司、周西乡、恒和公司诸汉青、杨伯雄和上海城市规划设计院的黄富厢、黄永根、包意星等专家参加会议。

4月22日　康桥西路与浦三路连接段工程竣工验收。

5月6日　为落实市长黄菊关于南汇经济重心要北移的指示，县委、县政府决定成立南汇县周浦地区管理委员会，负责区域内重大市政基础设施的协调建设。

6月10日　上海市建委主任华建敏、市农村党委书记范德官、市规划管理局局长夏丽卿到康桥指导工作。

7月14日 市委书记吴邦国在浦东新区管委会副主任胡炜陪同下，再次到康桥视察，对工业区的前期开发给予肯定，并对今后的建设提出要求。

7月28日 “上海康桥实业总公司”改制为“上海浦东康桥（集团）公司”。

8月1日 康管委办公楼落成，工业区管委会、康桥（集团）公司办公机构迁入新楼。

8月5日 经上海市人民政府批准，康桥工业区被列为市级工业区，定名为“上海浦东康桥工业区”。规划面积为26.88平方公里。

9月25～26日 ’94上海海外华商投资洽谈会在市展览馆举行，康管委副主任邱学国率团参加。

11月16日 由东风汽车集团公司和横沔镇工业公司合资建办的上海神汇汽车转向器公司开工建设。该项目总投资9000万元人民币，计划1995年建成。

11月18日 总投资1800万美元的澳大利亚布罗肯希尔项目，在规划厂区内举行奠基仪式。县委书记乔野生、县长汪松年、澳大利亚驻沪领事任格瑞以及新闻界朋友150余人参加奠基仪式。

11月18日 康桥工业区220千伏变电所建设规划通过有关专家论证，变电所总投资愈1亿元，选址在周浦乡吴桥村。

11月20日 副市长沙麟在市外资委、外经委领导及县委书记乔野生、县长汪松年陪同下视察康桥。沙麟对康桥开发表示满意，并要求引进更多的外资项目。

12月 康管委成立社会发展处，负责区内的征地、动迁、劳力安置工作。

12月31日 副市长华建敏在市农村党委书记范德官、市农委主任张燕、县委书记乔野生、县长汪松年陪同下，第二次考察康桥。

1995年

1月7日 康桥（集团）公司同下属的工程建设公司、恒康公司、欣康绿地公司、康欣公司签订承包协议。

1月12日　中英合资耀华皮尔金顿玻璃深加工项目在康桥签约。该项目总投资4480万美元。

1月27日　中德合资上海纳铁福传动轴有限公司等速万向节传动轴第四期项目、上海新新机器厂无氟冰箱压缩机项目、上海材料试验剂厂迁建项目，同时在康管委签约。

1月29日　经国务院农业部批准，康桥工业区被列为全国乡镇企业示范区，是全国首批50个乡镇企业示范区之一。

2月16日　由上海电器股份有限公司与美国通用汽车公司零部件集团合资建办的德科国际蓄电池公司项目签约。该项目占地5万平方米，总投资7000万美元。

3月11日　新疆生产建设兵团乡镇企业管理局局长柴峻茂、副局长任建中等一行考察访问康桥，双方按照平等互利、优势互补、加强联系、共同发展的原则，就缔结友好区一事达成协议。

3月28日　由上海服装（集团）有限公司和意大利英杰拉米集团下属圣人梦男装股份有限公司合资组建的上海圣人梦服装有限公司开业。该项目投资800万美元，主要生产男式西装。

4月30日　市委书记黄菊，在市农村党委书记范德官、农委主任张燕及县委书记乔野生、人大常委会主任计厚福、政协主席吴岭、副县长顾正明陪同下，考察康桥工业区。

7月14日　经县总工会批准，康桥工业区组建工会工作委员会。

8月11日　副市长蒋以任参加康桥工业区’95重点项目建设新闻发布会。

10月16日　上海市外国投资工作委员会和上海市财政局联合发出“关于康桥工业区外环线以北地区享受浦东新区政策的通知”。康桥工业区中地处外环线以北约8平方公里的区域，属于浦东新区规划红线内，投资该地区的中、外资项目，可享受浦东新区的优惠政策。

11月3日　由上海大众汽车有限公司、南汇县惠南镇工业公司与德国凯密特尔化学技术有限公司合资组建的上海凯密特尔化学品有限公司新厂房落成。县委书记乔野生、县长汪松年、康管委主任徐江等参加落成典礼。

11月6日　上海东风莫尔斯控制索有限公司落户康桥。

12 月 20 日　市政协副主席毛经权率 50 名市政协代表到康桥考察，县委副书记吴岭、副县长郑时芬陪同。

1996 年

1 月 3 日　施耐德配电电器有限公司落户康桥。

1 月 5 日　康桥花园获九五首届上海商住楼房点评活动金奖。

2 月 5 日　康桥（集团）公司建设的康桥大酒店落成开业。该酒店坐落在康桥路和康士路交叉口，集餐饮、会务、娱乐、住宿于一体。

4 月 18 日　芬兰总统阿赫蒂萨里在康桥工业区实地考察区内的菲曼特医疗器械有限公司，并观看公司一项设备的点火仪式。县委书记乔野生，县委常委、康管委主任徐江，副主任邱学国陪同考察。

5 月 24 日　康管委组建信息联络员网络。信息联络员队伍由镇、村、组的干部及村民组成，共 16 人。

5 月 27 日　正在上海参加格致中学校庆的全国政协副主席吴学谦，在市政协主席陈铁迪陪同下到康桥视察。吴学谦听取了县委书记乔野生、康管委主任徐江的汇报，参观了保康大厦、和合药物厂，并欣然题词：“开发建设康桥，迎接廿一世纪”。

5 月 28 日　康管委建立精神文明建设领导小组。

6 月 18 日　康桥工业区第一条公交专线——633 路正式通车营运。633 路自康桥路至南码头，沿线设 10 个双向站位。

6 月 28 日　中意合资上海马瑞利汽车零部件有限公司通过扩初论证。该项目总投资 2992 万美元，主要生产轿车、轻型汽车、摩托车等车辆的仪表、传感器等零部件。

7 月 1 日　康管委和康桥（集团）公司近百名干部员工举行庆祝建党 75 周年纪念活动。

8 月 29 日　市委书记黄菊视察康桥工业区。

10 月 31 日　南汇职业介绍所在康桥设立康桥分所。

12 月 30 日　市纪委书记张惠新视察康桥工业区，听取康管委领导的情况汇报。

1997年

3月29日 澳大利亚总理约翰·霍华德到落户康桥的澳大利亚独资布罗肯希尔建筑钢品（上海）有限公司了解生产和销售情况。陪同访问的有南汇县委书记乔野生、县长汪松年，县委常委、康管委主任徐江，副主任邱学国。

4月15日 在县委、县政府召开的精神文明建设工作会议上，康管委被县政府命名为县级文明单位。

4月22日 上海市原市长、海峡两岸关系协会会长汪道涵一行到康桥视察并指导工作，在听取康管委主任徐江的汇报后，汪道涵兴致勃勃，挥毫题词："继续开拓，再铸辉煌"。在县委书记乔野生、县长汪松年、康管委主任徐江等陪同下，汪道涵一行还参观上海汇豪木门制造有限公司等一批区内企业。

5月7日 由市规划管理局召集的工业区结构规划论证会在康管委召开，市、县领导和规划建设部门的专业人员参加论证。

5月8日 康管委在康桥大酒店举行开发五周年座谈会，县委书记乔野生、县人大常委会主任计厚福、县政协主席吴岭等四套班子领导以及周浦地区管理委员会等50多位领导参加会议。

6月9日 康管委主任徐江在上海人民广播电台990千赫向全市人民介绍康桥工业区的开发建设情况。

7月16日 副市长蒋以任在县委书记乔野生、县长汪松年等领导陪同下，到康桥工业区视察上海裕安智盈显示设备有限公司。

8月21日 市纪委书记张惠新，在南汇县委书记乔野生，县委副书记陈晓中、赵永清陪同下视察康桥工业区。

9月 由上海延锋汽车饰件有限公司与美国江森自控国际有限公司合资建办的上海延锋江森座椅有限公司项目，由市外资委正式批准，落户在康桥工业区。

10月13～14日 在沪参加"'97京、津、渝、沪农村工作座谈会"的四个直辖市农口系统领导先后到康桥参观考察。重庆市人大常委会主任于汉卿、副市长陈光国等50多人，在市农委副主任潘龙清、县委书记乔野生、县长汪松年、康管委主任徐江的陪同下，参观汇豪木门、纳铁福、耀皮玻璃、圣人梦等区内企业。

10月15日　由英国摩根坩埚有限公司在区内建办的摩根热陶瓷公司开工投资800万美元，生产和销售隔热耐火产品。

11月28日　上海周康房地产公司与香港远东发展中国投资有限公司联合开发的浦东康桥半岛房地产项目的原则协议正式签约。县委书记乔野生，县政协主席吴岭，副县长陈德昌，县委常委徐江，香港远东集团主席，全国政协委员邱德根，远东发展中国投资有限公司总经理欧阳治宁等出席签约仪式。

11月30日　台湾正隆股份有限公司投资1亿多美元的正隆纸业项目选址意向书正式签订。

12月　康管委出台新政策以妥善安置征地工。

1998年

4月5日　环南一大道前期工程开工。这条城市快速干道全长20.2公里，路幅宽100米，双向10车道。

5月19日　环南一大道动迁工程全面完成。

6月15日　上海宏和、宏联电子有限公司落户康桥工业区。

9月15日　根据康桥工业区开发建设的需要，康管委决定增设市政管理处。其主要职能是：负责区内自建工程的建设管理；区内重大项目的配套服务；区内市政、市容的管理；规范区内物业管理和有偿服务等。

10月8日　中共中央政治局委员、市委书记黄菊先后到康桥花园和上海德科国际蓄电池有限公司考察。黄菊强调：南汇是上海21世纪的宝地，从1999年起要大张旗鼓地宣传南汇，让南汇在上海经济建设和社会发展中发挥更大的作用。市委副书记孟建柱、副市长冯国勤陪同考察。

10月　上海浦东康桥（集团）公司改制为上海浦东康桥（集团）有限公司。

1999年

1月15日　环南一大道绿化工程正式启动。

2月9日　国家建材局领导一行到康桥参观视察，参观了中英合资的耀华皮尔金顿康桥工厂和沪港合资的浦安玻璃纤维有限公司。

3月5日　副市长蒋以任到康桥工业区调研，先后视察上海德科国际蓄电池有限公司、上海汇丽—塔格板材有限公司和正在建设中的宏和电子有限公司，听取县长白文华、副县长倪耀明和康管委主任徐江汇报。

3月28日　经上海市农村党委批准，康桥工业区管委会被评为农口级文明单位。

4月20日　由温州天正集团投资的“天正机电（集团）有限公司”项目签约。该项目征地10公顷，总投资1亿元，生产成套电器设备。

5月12日　康管委举行开发七周年情况汇报会。

6月2日　市政协主席王力平与60多位市政协委员，在县长白文华、县委副书记陈德昌、县政协主席吴岭等县领导陪同下，视察康桥工业区。

6月9日　由市经委牵头，市医药、建材、纺织、电气四大集团负责人汇集康桥，就与工业区结成“战略联盟”事宜进行认真深入探讨。

6月18日　县政府在南园宾馆召开“康桥半岛新城”总体规划及首期工程详细规划评审讨论会。

8月10日　由温州民营企业家、教育界资深人士周星增、陈章浩先生投资建办的上海建桥学院举行签约仪式。建桥学院占地20公顷，投资1.5亿元，年计划招生1000人。

8月16日　经机关党委批准，康桥工业区党的总支部委员会正式成立。党总支为满足区内企业和住宅区零星党员挂靠组织关系的需要，特组建党的联合支部。

8月28日　上海红蜻蜓鞋业有限公司项目正式签约。项目征地6.67公顷，总投资5030万元，生产男女各式皮鞋。

9月17日　民建上海市委副主委、全国政协委员顾宗棠到康桥工业区，了解温州企业在康桥的投资情况。

9月底　为欢庆建国五十周年，康管委党支部组织员工积极参加上级党组织举办的文艺活动，获得多个奖项。

10月　在庆祝建国五十周年的日子里，康管委员工王仲德的《选地》等三幅摄影作品，选编进中华人民共和国建国五十周年大型画册。同年1

月，王仲德的摄影作品《我们的公司在这里》等十幅照片，被中国革命博物馆收藏，并在历史的丰碑——纪念改革开放二十年展览中展示。

10月20日 罗南大道破土动工。

10月23日 上海市副市长、浦东新区党工委书记、浦东新区管委会主任周禹鹏一行，由县委、县府领导白文华、陈德昌陪同视察延锋江森座椅有限公司。周禹鹏希望南汇、浦东新区两地携手共进，共同发展。

12月15日 市政协副主席俞云波等50余人，视察了耀华皮尔金顿康桥工厂和瑞铝阿鲁克邦复合材料有限公司。

12月16日 中共中央政治局委员、市委书记黄菊，市人大常委会主任陈铁迪等市领导，由县委书记白文华、县长陈德昌等陪同，视察延锋江森座椅有限公司、康桥花园东园、横沔汤巷中心村。

12月30日 中国均瑶集团有限公司落户康桥项目签约仪式在金茂凯悦大酒店隆重举行。

2000年

1月18日 康管委召开企业界新千年茶话会。白文华、陈德昌、徐江、倪耀明等县委、县府领导出席，县长陈德昌、康管委主任徐江发表讲话。

3月9日 市委副书记孟建柱、市委组织部长罗世谦，在县委书记白文华、县长陈德昌、康管委主任徐江陪同下视察康桥工业区。市领导在横沔中心村听取了县、镇负责人汇报后，就处级单位领导开展“三讲”问题作重要讲话。

3月23日 专程为南汇撤县建区到南汇县考察的民政部区划司副司长戴均良，在市民政局副局长谢黎明陪同下，参观考察德尔福蓄电池有限公司、圣人梦服装有限公司和康桥半岛样板房。

4月5日 县四套班子领导到康桥调研。

5月8日 康桥工业区开发八周年庆祝大会在横沔剧院举行。康管委领导和康桥、横沔两镇机关以及村、企事业单位干部800多人参加庆祝活动。

5月11日 市委副书记龚学平，市委宣传部部长金炳华，副市长韩正、冯国勤，市政协副主席黄跃金，在县委书记白文华、县长陈德昌陪同下，视察宏和电子材料有限公司、康桥半岛样板房和建桥学院工地。

6月15日 康桥、横沔两镇合并，建立新的康桥镇。

6月22日 民政部副部长李宝科在县长陈德昌、政协主席吴岭陪同下，参观宏和电子材料有限公司。

7月7日 三枪工业城在康桥工业区奠基。副市长冯国勤、市建委主任张惠民、市经委副主任俞国生等市领导以及南汇县四套班子领导出席庆典活动。

8月23日 副市长周慕尧、市体委副主任姚颂平、市足协副主席卢申一行，在县委书记白文华、县长陈德昌、县委常委徐江的陪同下，视察位于环南一大道南侧的申花足球训练中心和申花足球学校基建工地。

9月18日 南汇县委决定建立中共上海浦东康桥工业区工作委员会。

10月12日 上海建桥学院开学典礼举行。中科院院士、原同济大学校长李国豪，全国政协常委、上海市政协常委黄关从，浙江省政协副主席陈炜，南汇县县长陈德昌，县委常委徐江，著名电影表演艺术家秦怡等1500多人参加典礼。

11月24日 上海市市长徐匡迪在南汇县委书记白文华，县长陈德昌，县委常委、康管委主任徐江，康桥镇党委书记邱学国的陪同下，首次考察康桥工业区，并到宏和电子材料有限公司、绿宝园指导工作。

2001年

2月5日 康管委颁布拆迁安置实行市场化的试行办法。

2月16日 申江路康桥段工程动工建设。

2月22日 德国夏特公司与康桥（集团）有限公司达成协议。夏特公司在工业区批租土地56224平方米，投资2000万美元，生产新型建材。

2月24日 康管委开展“三个代表”重要思想学习教育活动，徐江提出“载体”、“阵地”、“家园”目标。

3月22日 市委副书记孟建柱等领导由南汇县委书记白文华、副书记赵永清陪同，视察区内的上海宏和电子材料有限公司、上海宏联电子材料有限公司。

3月23日 区委书记白文华率四套班子领导到康桥调研。

3月26日　康管委成立招商中心。

4月16日　康管委被评为市级文明单位。在县精神文明建设工作会议上，市文明委为康管委颁发市级文明单位的铜牌和证书。

4月20日　原上海市委老领导胡立教到康桥工业区，并在中共南汇县委副书记赵永清和县委常委、康管委主任徐江的陪同下，参观工业区内的建桥学院和圣人梦服装有限公司。

4月25日　工业区内华阳手套有限公司、宏和电子材料有限公司、西岱尔电子有限公司、申花足球学校建立中共党支部的事宜，获县委组织部批准。

5月31日　工业区内“巴金儿童文学幼儿园”举行揭牌仪式，县委书记白文华、县长陈德昌、人大常委会副主任鞠佳国、副县长郑时芬以及著名电影表演艺术家乔琦等出席揭牌仪式。

6月15日　中共中央政治局候补委员、书记处书记、中组部部长曾庆红，中央有关部门领导华建敏，在市委副书记、组织部长罗世谦，市郊区党委书记范德官等陪同下视察康桥工业区，陈德昌、赵永清、闵卫星、徐江等县领导一起陪同视察。

6月29日　中共康桥工业区委员会举行建党八十周年庆祝活动。

8月3日　中国福利会幼儿园迁建项目签约仪式在康桥大酒店举行。中福会副主席许德馨、副秘书长邹蔚、南汇县委书记白文华、县委常委徐江、康桥镇党委书记邱学国参加签约仪式。中福会幼儿园是宋庆龄基金会所建项目，占地3.33公顷。

8月29日　市委副书记龚学平考察申花足球学校。

9月13日　市政协主席王力平，副主席朱达人、谢丽娟，副市长左焕琛，在区四套班子领导陈策、白文华、郭天成、吴岭的陪同下，视察申花足球学校的训练场、健身房、游泳池等场馆。

9月18日　秀沿路工程正式启动。

9月20日　市外资委颁发〔2001〕第1404号文件，同意上海电器股份有限公司与法国阿尔斯通投资有限公司合资建立“上海阿尔斯通电力自动化有限公司”。

9月22日　在上海社区“党的光辉照我心”群众歌咏比赛中，康管委的女声小组唱“辉煌的浦东”、“南湖红船扬起风帆”获三等奖。

10月26日　党工委举办首届“康桥杯”歌咏比赛。

11月3日　原国际足联主席阿维兰热在中国足协常务副主席阎世铎的陪同下，访问申花足校。

11月8日　市委常委、市纪委书记张惠新，在区委书记陈策，副书记张才莲，副区长、康管委主任徐江的陪同下，视察汤巷中心村、康桥半岛。

11月30日　康桥工业区团工委成立。

12月10日　南汇区委调整康桥工业区党政领导班子。

2002年

1月8日　中国科技大学与南汇区政府签订合作协议，确定中国科技大学研究生院上海分院落户康桥工业区。

2月26日　澳大利亚联邦议员、工党贸易及旅游事务发言人史蒂文·马丁博士在澳大利亚驻沪总领事萨姆先生的陪同下，访问布罗肯希尔建筑钢品（上海）有限公司。

3月18日　在市外资委组织的“2002年上海市外资新项目签字及颁发证书仪式”上，康桥工业区的中美合资光纤棒项目、中英合资耀华皮尔金顿汽车玻璃项目签约。市委常委、常务副市长蒋以任出席了签约颁证仪式。南汇区副区长、康桥工业区管委会主任徐江与项目方代表签订投资协议。

3月27日　中央电视台《中国报导》栏目组摄制人员在市外国投资促进中心有关人员陪同下，分别采访落户在康桥工业区的德尔福国际蓄电池有限公司和施耐德配电电器有限公司的外方总经理。

4月　庆祝康桥工业区开发十周年系列活动拉开序幕。

4月27日　开发建设德国工业园区签约仪式在康桥工业区举行。

5月16日　上海凯密特尔化学品有限公司增资项目协议在康桥签订。该项目用地约1公顷，总投资150万美元。

5月25日　中钞油墨有限公司的油墨生产项目在康管委签约。该项目位于梓康河西、康溪路东，占地66811平方米，总投资1.2亿元，主要生产印刷人民币的各种油墨。

7月 教育部一行5人在市教委主任张伟江、副主任薛喜民的陪同下，观看建桥学院的规划模型、电子电路实验室、网络中心和计算机房。建桥集团董事长周星增和黄清云院长汇报两年来学院办学的情况。

8月 首届“康桥杯”足球邀请赛圆满结束。经过4天共8场的激烈角逐，上海浦东康桥（集团）有限公司足球队获得首届“康桥杯”足球邀请赛的冠军。

8月26日 位于康桥半岛新独院生活城二期的上海英国学校经过半年的筹备，正式开学。

9月1日 上海申花SVA足球学校2002～2003年开学典礼在学校礼堂举行，教职工和学生500多人参加会议。

10月15日 由上海市人民政府发展研究中心举办的周康地区发展战略研讨会，在康桥半岛俱乐部会议室召开。中共南汇区委书记陈策，市政府发展研究中心主任王战，南汇区副区长徐江，市规划院院长叶贵勋和市、区有关委、办、局的负责人，康管委、康桥镇、周浦镇有关领导共40余人出席会议。

11月22日 康桥工业区继绿宝园之后的又一豪华别墅楼盘——绿洲康城举行开盘庆典。南汇区人民政府副区长朱铁民、康桥工业区管委会副主任、康桥镇党委书记邱学国、项目投资商大洋集团董事长陈榕生及中外客人300余人出席庆典。

12月17日 康桥工业区党工委召开第一届党员代表大会。

12月18日 中福会幼儿园迁至康桥。全国政协副主席胡启立，中共上海市委副书记殷一璀，市委常委、宣传部长王仲伟，中共南汇区委书记陈策，南汇区人大常委会主任郭天成，南汇区政协主席吴岭，南汇区副区长徐江、赵雯等领导出席新址落成仪式。

12月26日 中科大校长、中科院院士朱清时，微软亚洲研究院院长张亚勤，香港科技大学商学院院长陈家强，康桥正阳集团公司总裁陈玮以及中共南汇区委书记陈策，副区长徐江，管委会副主任邱学国等参加中科大上海研究生院董事会首次会议，就双方合作事宜达成初步意向。

12月27日 中科大上海研究生院在国际会议中心召开新闻发布会，南汇区人民政府、上海康桥正阳投资公司将5把“中科大学村”别墅钥匙赠送给中国科技大学校长中科院院士朱清时，用于奖励首先加盟的五位首席科学家。中共南汇区委书记陈策、副区长徐江、康管委副主任邱学国参加赠送仪式。

2003年

2月18日　上海耀皮康桥汽车玻璃有限公司举行项目开工典礼。中共南汇区委书记陈策、上海建材集团、上海耀华皮尔金顿玻璃股份有限公司董事长朱佰安、康桥工业区管委会副主任邱学国等各界宾客共100多人出席庆典仪式。

2月28日　负责德国园区整体规划、市政基础设施和招商工作的上海达科斯科技开发有限公司在康桥工业区招商中心举行开业庆典。南汇区副区长徐江、朱嘉骏，上海市外商促进投资中心副局级巡视员赵抗美，康管委副主任邱学国，德国经济部官员，德国驻沪领事，德国投资方及德国、澳大利亚和香港的企业界人士共150人出席。

3月17日　澳大利亚布罗肯希尔钢铁有限公司首席执行官柯彼达一行首次到康桥工业区。上海市副市长唐登杰在市府接待厅会见柯彼达一行。

4月16日　康桥工业区商会正式成立。

5月29日　上海延康汽车零部件项目签约仪式在康桥工业区招商中心底楼会议室举行，中共南汇区委常委、常务副区长郭奕侃，延锋伟世通汽车饰件系统有限公司常务副总经理、上海延锋江森汽车座椅有限公司董事长李永炎，中共康桥工业区工作委员会书记、康管委副主任井剑平等出席签约仪式。

6月30日　康桥工业区党工委下属各支部干部党员共100余人在上海康桥申花足球学校小礼堂举行纪念建党八十二周年暨学习“十六大精神”交流大会。

7月6日　康桥工业区举行“走到一起来”大型广场文艺演出。

9月11日　康桥工业区举行海内外华商中秋联谊会。副区长朱嘉竣参加联谊会，茅善玉、孙徐春、唐元才、傅腾龙等一批演员表演精彩节目。

12月　康桥工业区“两新”组织党建工作取得新成效。至此，康桥工业区党工委共成立9个基层党组织，扩大工业区党建工作的覆盖面。

2004 年

2 月　上海大润发有限公司在康桥半岛会所举行隆重的签约仪式。南汇区副区长丁大恒、中共康桥工业区党工委书记井剑平、康桥半岛房地产公司管理层及大润发有限公司管理层等领导出席签约仪式。

3 月 5 日　康桥工业区全面启动创“双优”工作。

4 月 12 日　康桥工业区举行“科学发展观专题学习交流会”，康管委所属规土、市政、项目、社发、财务、房产公司等 6 个部门（单位）的代表就科学发展观如何在工业区加以贯彻落实进行发言。

7 月 30 日　中国科学技术大学上海研究院揭牌暨高等数理研究中心开典仪式在康桥工业区内的研究院内举行。中国科技大学校长、中科院院士朱清时，中共南汇区委书记陈策，南汇区区长万大宁，康桥工业区管委会主任井剑平等有关领导参加开典仪式。参加仪式的还有著名数学家谷超豪、诺贝尔物理学奖获得者特霍夫特教授等国内外数十名专家教授。

9 月 12 日　全球金融家论坛暨中科大上海研究院金融工程研究所开典仪式在位于康桥的中科大上海研究院内隆重举行。中共南汇区委书记陈策、南汇区副区长郭亦侃、康管委主任井剑平等领导出席开典仪式。

9 月 12 日　中国人民银行行长周小川、美国贝尔斯登全球风险管理总裁鲍勃等数十位海内外金融界政要、专家、学者，就金融工程的创新、资产管理、金融工程前沿课题等作了 20 余场主旨演讲。

11 月 18 日　上海市副市长胡延照，市农委主任袁以星，市经委副主任陈海刚在南汇区委书记陈策，区长戴海波及副区长朱嘉骏、唐海东的陪同下视察康桥工业区。1

2005 年

5 月 19 日　华硕公司上海南汇科技园区开工典礼在康桥工业区隆重举行，上海市政协副主席俞云波，市有关委办局负责人，区相关领导以及华硕上下游厂商等出席庆典。南汇区区长戴海波、华硕公司董事长施崇棠、上海市政协副主席俞云波在庆典仪式上致词。

6 月 15 日　区委中心组与康桥工业区党工委中心组举行以“重要战略

机遇期与南汇可持续发展”为主题的联组学习会。参加会议的有市督导组领导、区委中心组成员、康桥工业区党工委中心组成员、区各委办局领导以及有关乡镇和园区的领导。

6月29日　为庆祝中国共产党诞生84周年，康桥工业区党工委直属支部的党员及团员、员工近200人，在康桥文化中心举行隆重的“颂歌献给党”主题联谊会。

7月11日　工业区开展保持共产党员先进性教育活动。

8月16日　中共康桥工业区工委举行“我们身边的共产党员”主题实践活动报告会。

9月22日　区长张建晨和副区长朱嘉骏一行6人到康桥工业区调研、指导工作。

9月24日　中环联合（北京）认证中心有限公司审核小组根据ISO 9001和ISO 14001标准对上海浦东康桥（集团）有限公司首次进行审核。

11月29日　英国杰西博公司在康桥的项目——杰西博工程机械（上海）有限公司举行开工仪式。上海市投资促进中心副主任刘锦屏、南汇区政协主席吴岭、南汇区副区长朱嘉骏等领导以及英国驻沪总领事毕晓善（Sue Bishop）女士等出席典礼。

12月2日　康桥工业区保持共产党员先进性教育活动总结大会在申花足球学校小礼堂隆重召开。康桥工业区党政班子成员，区督导组组长徐桂珍及督导组成员出席会议。

2006年

2月21日　《上海浦东康桥工业区突发公共事件应急预案》在经过预案讨论、征求意见、报审、送审等程序后，由南汇区应急办正式批准生效。同时，工业区应急办将通过后的应急预案下发工业区内各相关企业，即时实施执行。

2月28日　《康桥工业区保持共产党员先进性教育活动成果汇编》编辑出版。

3月27日　麦科瑞（上海）仓储有限公司举行奠基仪式。副区长朱嘉骏参加奠基仪式。

3月30日　陈良宇、韩正、刘云耕、杨雄等市委、市政府领导视察中国电信信息园和美特斯邦威公司。区委书记戴海波、区长张建晨陪同参观，并介绍康桥工业区开发建设的有关情况。

4月14日　工业区管委会部分青年党团员创办名为《康桥》的内刊，作为展示年轻人风采的阵地和康桥人眼观八方的窗口。

4月　上海浦东康桥（集团）有限公司被评为“上海市2004～2005年安全单位”，信访科被评为“南汇区2004～2005年综合治理先进集体”。

5月26日　上海康桥先进制造技术创业园孵化基地的奠基仪式在上海浦东康桥工业区隆重举行，上海市科学技术委员会主任李逸平、中共南汇区委书记戴海波发表讲话。南汇区政协主席吴岭、中共南汇区委副书记周平、南汇区人大常委会副主任顾正明以及其他市、区相关部门的领导出席开工仪式。

6月1日　区长张建晨、副区长朱嘉骏以及区政府相关部委领导一行到康桥工业区进行调研，了解康管委当前的工作情况和“十一五”期间的主要目标，并就工业区目前遇到的一些问题进行指导。

6月21日　台湾华硕电脑在全球最大的生产基地——上海南汇科技园一期项目竣工投产、二期项目开工建设的庆典活动在康桥工业区隆重举行。市委常委、副市长周禹鹏为华硕二期奠基剪彩。中共南汇区委书记戴海波、华硕集团董事长施崇棠、上海市人民政府台湾事务办公室主任杨建荣、上海市对外经济贸易委员会主任周波分别致辞。

6月23日　山东省外经贸厅和山东邹平经济开发区到康桥工业区考察，双方就招商引资、项目落地、产业集聚等话题进行交流。

7月3日　编制工作为期半年的《上海浦东康桥工业区国民经济和社会发展第十一个五年规划》编制完成。

7月25日　工业区参加区委区政府组织的“南汇—新加坡日”活动，并在会上介绍了康桥的投资环境和发展规划，赢得与会各方的广泛关注。

7月31日　上海浦东（康桥）集团有限公司与星月集团上海投资有限公司签订联合开发康桥“上海总部湾”A区地块的项目合作协议书。南汇区政府副区长朱嘉骏率区各相关部门负责人出席签约仪式。

9月12日　工业区领导班子调整。

9月　工业区开展党风廉政建设教育月活动，中共康桥工业区党工委召开党风廉政建设教育大会，区各党支部书记和管委会科级以上干部参加会议。

10月17日　南汇区人民政府、上海浦东康桥（集团）有限公司以及威盛电子股份有限公司举行签约仪式。南汇区副区长朱嘉骏率区各相关部门负责人出席。

10月26日　副市长胡延照视察康桥，并参观昌硕科技（上海）有限公司等工业区内的重点企业，对康桥近年来的发展成就表示赞赏。

11月1日　以“发展南汇海洋经济、打造康桥主导产业”为主题的上海浦东康桥工业区电子信息产业投资环境说明会在江苏吴江隆重举行。

12月5日　区长张建晨率领区政府有关部委领导到康桥工业区进行调研，听取工业区当年各项工作的汇报和下一年主要经济指标的预测，并对工业区目前所面临的问题进行指导和解决。

12月19日　上海海关驻南汇办事处与上海浦东康桥工业区管理委员会签订协议，共同探索一条“共识、共建、共享、共进”的创建新路。

2007年

1月23日　由康桥工业区管理委员会、市外国投资促进中心联合主办的“打造总部基地 发展服务经济——2007上海浦东康桥工业区投资环境说明会”在上海国际会议中心隆重举行。大会邀请市、区有关部门的领导、海内外知名企业、驻沪领事及商务机构一千多人。南汇区委书记戴海波、区长张建晨、区人大常委会主任郭天成、区人大常委会党组书记董仁义、区政协主席吴岭、区政协党组书记戴群华等区四套班子的领导出席大会。市委常委、副市长周禹鹏出席大会并发表讲话。

3月29日　上海桃花节暨康桥工业区成立十五周年大型演唱会在工业区内的申花足球学校隆重举行，刘欢、周杰伦等众多歌星，相声表演艺术家姜昆光临现场表演节目。

4月3日　中共宏仁企业集团上海厂区支部委员会成立，上海厂区的8名党员怀着激动的心情参加成立仪式。

4月6日　国家计算机网络与信息安全管理中心上海分中心奠基仪式

在中国电信信息园区举行。国家信息产业部蒋耀平副部长、国家计算机网络与信息安全中心王秀军主任、上海市信息委主任傅文彪、上海市通信管理局局长张枢、南汇区副区长陆鸣、上海市公安局、安全局及各大电信运行商的领导出席奠基仪式。

4月26日　中共昌硕科技（上海）有限公司总支委员会成立揭牌仪式在昌硕公司举行。市社会工作党委副书记兼市社会服务局副局长陈明、区委组织部副部长徐雯、区社会工作党委书记赵海彬、康桥工业区党工委书记许才明及有关方面领导出席揭牌仪式。

4月28日　区人大常委会主任董仁义、副主任郑时芬一行在区台办、康管委、康桥镇有关领导陪同下，赴昌硕科技（上海）有限公司进行调研，了解区内重点台资企业的发展情况，并听取台企对政府服务工作的意见和建议。

6月1日　在区委统战部副部长周象超的陪同下，全国政协常委、前民革中央副主席李赣骝一行访问康桥工业区，并实地考察中国电信信息园最新建设情况。

6月27日　区长张建晨，副区长朱嘉骏、施小琳及区相关部门负责人一行到康桥工业区调研康桥地区第三产业（商业商贸）发展情况。

7月18日　华泰财产保险股份有限公司和上海电信创世纪建设有限公司项目合作协议签约仪式在中国电信信息园区隆重举行。上海市金融办公室副主任马弘、上海市保险监察局局长陈国栋、南汇区副区长朱明福等领导出席。

9月12日　南汇区委书记戴海波，区委常委、政法委书记丁大恒，副区长施小琳及发改委等有关委办局领导一行约20人到康桥地区调研。

10月29日　中共康桥工业区党工委特邀南汇区委党校副校长赵勤敏为工业区党团员作题为《中国和平发展面临的机遇与挑战》的“中共十七大”时代背景专题讲座，工业区党政班子和全体党团员参加讲座。

11月15日　美国超科林公司（UCT）在巨硕标准厂房的新项目——超科林微电子设备（上海）有限公司开业，副区长施小琳前往会见超科林董事长兼首席执行官克劳伦斯，并参观该公司的新厂房。

11月21日　世界500强公司ABB与康桥工业区签订意向性合同。

2008年

3月19日　美国华美半导体协会代表团一行10余人访问康桥工业区，双方就吸引电子信息产业研发企业落户康桥进行探讨。华美半导体协会创立于1991年，是跨越太平洋两岸美国及亚太五个区域最大的华人半导体专业团体。

5月26日　“5·12”四川汶川地震发生后，康管委干部员工积极组织爱心捐助活动。至5月26日，园区企业通过康管委捐献至区红十字会的钱款有87.01万元，宏和电子、延锋江森、施耐德配电电器、江森自控、正阳集团、正隆集团等也进行捐款。来自英国的挖掘机生产企业杰西博工程机械（上海）有限公司在第一时间将捐赠的6台挖掘装载机和相关操作人员投入到灾区第一线。

6月22日　四川汶川大地震的消息，牵动着周康房地产有限公司每个干部员工心，公司两次发动员工向灾区人民捐款。为了帮助灾区人民重建家园，公司决定取消庆典活动，将周年庆的50万元活动经费全部捐献给灾区。

7月　为配合康桥镇创建国家卫生城镇，康桥工业区加强绿化养护和管理工作。

8月22～23日　上海浦东康桥（集团）有限公司第四届董事会第五次股东代表会议在宁波召开，副区长施小琳、区国资委主任陈仑、原区财政局局长储野元以及公司新老董事、监事和股东代表出席会议。全体股东一致同意将注册资本金从4.75亿元增加至7.75亿元，并通过相关的增资扩股方案。

9月　康桥工业区被上海市开发区协会和上海市商标协会评为“2008年度上海品牌建设优秀园区”。

10月　为进一步加强和区内落户企业的沟通联系、切实做好企业服务工作、帮助入驻企业发展壮大，康管委在工业区内成立由9个班子成员带队的企业服务工作小组，与工业区内昌硕科技、威宏电子、ABB等50多家重点落户企业主动对接，及时解决企业在生产、发展过程中遇到的困难和问题。

11 月 27 日　由临港新城管委会、南汇区人民政府、上海外国投资促进中心主办，康桥工业区管委会等多家单位协办，以“新城市、新产业”为主题的2008 投资环境说明会在南汇区政府行政中心召开。会上，康管委共邀请外国驻沪办事处、区内企业代表80 人。康桥工业区生产性服务业集聚区、钧硕电子科技等8 个项目参加了签约仪式，协议投资1.54 亿美元和7.3 亿元。

12 月 12 日　市委调研组专家分别走访工业区内的昌硕科技和延锋江森等龙头企业，并与电子信息业和汽车零部件制造业的代表进行座谈。区委办、区政府发展研究中心以及经委、外经委的有关领导参加调研。

12 月 18 日　浙大网新正式签约康桥工业区。浙大网新德维创业投资有限公司隶属于浙江浙大网新集团有限公司，其软件外包业务高居全国次席。这次公司在康桥的项目总投资1.2 亿元，主要经营软件外包出口、信息技术产品开发和销售，高科技项目与企业的投资、培育和孵化，学术交流和科研活动等。

第一章　地理环境

第一节　区位环境

一、区　域

上海浦东康桥工业区地处黄浦江东岸，位于南汇区西北端、康桥镇境域的上海城市外环线两侧，北与浦东新区三林镇、北蔡镇、孙桥镇为邻，西与闵行区浦江镇（原陈行镇）接壤，属南汇区、浦东新区和闵行区接合部。

康桥工业区最初涉及外环线以北周西乡的康桥、和合、花墙、秀南、三角和原横沔乡的沿北、汤巷、人西、高西、沔青10个村，首期开发面积约8平方公里。

1994年8月5日，根据时任上海市市长黄菊的意见，并报上海市规划局批准，康桥工业区向城市外环线南侧拓展，除原规划的10个村外，又将康桥镇（原周西乡）的梓潼、营房、秀龙、太平、百曲、礼西和横沔乡的人南、沿南、火箭、叠桥、怡元、新苗、石门13个村，划归康桥工业区。至此，康桥工业区规划面积达26.88平方公里。

二、气　候

上海浦东康桥工业区属于北亚热带南缘季风气候，处于东亚季风盛行地区。冬夏长，春秋短，四季分明。夏季盛行东南风，冬季盛行西北风，平均风速3.5米/秒左右。最大风速20米/秒左右，主要集中在7至9月。

康桥境内常受寒暖空气交替影响，且受海洋气温的调节，出现特殊的高温和低温机会极少。全年平均气温为15.3℃，历史上最低气温为-12.10℃（1893年1月19日），最高气温42℃（1934年7月12日）。年平均温度变化较平稳，但月平均气温变化较大。冬半年比夏半年变化大，特别是11月至次年1月变化更大，同月间的平均气温冷暖差异也较大。

因受南北冷暖气流交替接触影响，康桥境域雨量充沛，常年平均降雨量为1061.9毫米，平均降雨日131.6天，年相对湿度为82%，年平均蒸发量为1256.6毫米。雨量集中于5月至9月的汛期，达613.6毫米，占年降雨量的57.8%，主要分布在春雨、梅雨和秋雨三个阶段。春季连绵阴雨一般出现在4月上旬至5月上旬，最大雨量可达140毫米以上。初夏季节往往出现梅雨（也称“霉雨”），一般从6月上旬至7月上旬，雨量约200毫米左右，占全年降雨量的20%。秋季阴雨主要发生在8月下旬至11月中旬，与台风的侵袭影响有很大关系，容易造成暴雨或连续阴雨天气，雨量最大可超过100毫米。

三、地质、地形、地势

据地质普查资料表明，康桥工业区境域深层基岩由老到新，有前震旦系金山群、震旦系灯影组、侏罗系劳动组等火山岩组成第三系，第四系松散层直接覆盖，埋深于220米～320米以下。康桥工业区属地层第四系、底界埋深为169米～210米，地质时代在0.73百万年，已见厚度24米～62米。表土层岩性以褐黄色亚黏土为主，厚度1.0米～4.6米，天然地基承载力9.0吨/平方米～13.0吨/平方米。

康桥工业区境域水文地质单元隶属长江三角洲平原水文地质大区河口——滨海平原亚区，系淡潜水分布区，属第IV承压含水组，富水性较强，且地下水补给来源充沛，地下水矿化度小于1克/升，为HCO_3-NaCa型淡水，总硬度一般为16德国度～25德国度，局部地段小于8德国度，水温一般为23℃～24℃，具有水量丰富、水质优良的特点，十分有利于地下水的贮存和开发利用。地貌属第十位长江三角洲冲积平原，形态单一，地势平坦，地面标高平均4米左右。全境河网交错，植被丰富，四季常青。

四、水系、河流

上海浦东康桥工业区系长江口黄浦江水系，是平原河网咸潮区，河港纵横交叉，长短宽窄不等。河道一般深度在吴淞0米，宽15米～25米左右。水路交通便捷，灌溉水源充足。

横沔港、高新河、咸塘港、梓康河、八灶港、沿船港、陆家浜等河道流经康桥工业区，并可直通黄浦江，具有良好的调节生态环境、蓄水、泄水的能力。

横沔港：南北流向。北起浦东新区孙桥镇，南接周浦镇界浜村，是康桥工业区东部区域南北向最大的河道。中间穿越沔青、人西、人南、石门等村。

高新河：南北流向。南通七灶港，北至三八河后直通川杨河，是1975年和1976年开挖的人工河，共挖土22.6万立方米。中间穿越高西、人西、人南、火箭、叠桥、怡园、新苗等村。河流全长约5公里，河宽22米，深吴淞0米。

咸塘港：南北流向。原是捍海塘的护塘港，因水咸得名，是南汇区西部地区南北向的主要水上交通要道，也是南汇区通往黄浦江的航道之一。咸塘港南通大治河，北抵黄浦江，全长16公里。途经梓潼、营房、康桥、三角、和合5个村。境内3.5公里，通航等级6级。1958年疏浚后，港底宽6米，深吴淞0米，能通行60吨船只。枯水时能通25吨以下船只。

梓康河：南北流向。南通周浦塘，北与康花河汇合，途经梓潼、秀龙、营房、康桥等村，全长3.45公里，河面宽20米，深吴淞0米，能通20吨以下船只。

陈村浜：南北流向。南起周南公路，向北贯穿太平村，直达三林镇，与三林塘港相接流入黄浦江。全长4.25公里，河面宽20米，是康桥地区水上运输的传统交通要道，1993年建设康桥路时填断。

新百曲港：南北流向。1973年，百曲港人工挖直后称新百曲港，南自周浦塘，北接三林镇朱塘港。途经太平村、百曲村、礼西村，全长3.37公里，河面宽20米，深吴淞0米。

八灶港：东起浦东新区浦东运河，西至咸塘港，中间穿越康桥工业区的新苗、怡园、石门、叠桥、沿南等村，在工业区境内的长度约5.7公里，是工业区南部区域一条东西向的主要水道和引水的主要源流。

沿船港：东起横沔港，西至咸塘港，流经沔青、人南、人西、汤巷、火箭、沿南、沿北7个村。河流全长6.5公里。为康桥工业区中部地区的主要水上通道和引水源流。

陆家浜：东西流向。东起咸塘港，流经梓潼、秀龙、太平、百曲4个村，与百曲港汇合。全长3.24公里，河面宽20米，深吴淞0米。1977年疏浚，是境内沟通南北向河道的主要河道。

康花河： 原名大圣港，东西流向。地处康桥镇最北端，是南汇区与浦东新区的交界河。康花河东起咸塘港，途经康桥村、花墙村，汇合陈村浜。1975 年疏浚后，河面宽 16 米～20 米，深吴淞 0.5 米，全长 2.09 公里。

第二节　交通条件

上海浦东康桥工业区地处上海市近郊，区域位置优越，具有陆、海、空交通的综合优势。

康桥工业区距市中心人民广场 15 公里，距卢浦大桥 15 公里，距徐浦大桥 9 公里，距南浦大桥 12 公里，距杨浦大桥 17 公里，距上海国际航运中心——洋山深水港 70 公里，距上海浦东国际机场 22 公里。

（一）道　路

康桥工业区各级道路四通八达：杨高南路、沪南公路、申江路、秀沿路、秀浦路穿越工业区全境，其中四车道的沪南公路是工业区连接上海市区的重要纽带；横穿工业区的八车道城市外环线是连接浦东国际机场和虹桥机场的快速干道。

杨高南路： 杨高南路南起上南路，北与杨高中路相接，康桥段全长 2.1 公里，1998 年春开始修筑，1999 年底建成通车，为双向 4 快 2 慢车道。路中央有绿化隔离带，路两侧各有 20 米绿化带。

沪南公路： 原称浦建路，民国 22 年（1933 年）修筑。是年由夏履之创办"浦东长途汽车公司"，用碎砖铺路，到塘桥，全长 42.18 公里。抗日战争时，日本侵略军强令民工修筑周浦至航头段，用石子铺路。抗日战争胜利后，大团镇人王艮仲发起筹建浦东地方建设公司，继续出资修筑浦建路，全线用石子铺路。民国 36 年（1947 年），浦建路通车。解放后，浦建路改称沪南公路。1972 年、1980 年、1983 年，沪南公路经 3 次拓宽，改为双车道沥青路面。1983 年，建成二级公路，路面宽 14 米。1994 年，全线拓宽为 27.5 米，成为 4 快 2 慢 6 车道混凝土路面。原沈庄至康桥路段西移，旧道称康沈路，新道称沪南公路。

申江路： 申江路康桥段南起七灶港，与瓦屑镇段相接，北跨城市外环线（A20）与康桥路相通。1999 年春开始修筑，2000 年底建成通车。工业区境内长 4.2 公里，宽 16 米，双向 4 车道，两旁各有绿化带。

康桥路：1992 年 9 月开始修筑，东起横沔港，西至浦三路，全长 9.8 公里，路面宽 16 米，为双向 4 车道混凝土路面，两旁各有绿化带。全线分为康桥西路（沪南公路—浦三路）、康桥中路（罗南大道—沪南公路）、康桥东路（横沔港—罗南大道）。1993 年 11 月，康桥西路和康桥中路建成通车，1995 年 10 月，康桥东路建成通车。康桥路是康桥工业区自行修筑的第一条公路，是先期招引企业的集聚带。

城市外环线（A20 康桥段）：1998 年春开始修筑，1999 年 10 月建成通车。西与浦东新区三林镇段相接，东与浦东新区黄楼路段相连，为双向 8 车道，路中央有绿化隔离带，两侧有绿化带。

秀沿路：东起申江路，西至杨高南路，全线长 9.5 公里，路面宽 16 米，为双向 4 车道混凝土路面，两旁各有绿化带。沪南公路至浦三路段，1995 年开始修筑，1996 年通车。沪南公路至康沈路段，1997 年开始修筑，1998 年通车。康沈路至申江路段，2001 年开始修筑，2002 年通车。申江路至立新路段，2002 年开始修筑，2003 年通车。

秀浦路：东起立新路，西至杨高南路，全线长 9.5 公里，路面宽 16 米，为双向 4 车道沥青路面，两旁各有绿化带。杨高南路至沪南公路段，2002 年开始修筑，2003 年通车。康沈路至罗山路段，2004 年开始修筑，2005 年通车。罗山路至立新路段，2005 年开始修筑，2007 年通车。至 2008 年底除沪南公路至康沈路段尚未建成外，其余路段均已通车。

工业区内其他道路还有：

东西向道路：康花路，全长 1801.5 米，宽 10.5 米，道路面积 20396 平方米。秀康路，全长 912 米，宽 12 米，道路面积 10944 平方米。水产路，全长 429 米，宽 10.5 米，道路面积 4504.5 平方米，现更名为秀康路。

南北向道路：康凌路，全长 308 米，宽 12 米，道路面积 3696 平方米。康意路，全长 690 米，宽 12 米，道路面积 8280 平方米。康安路，全长 409 米，宽 14 米，道路面积 5726 平方米。康杉路，全长 414 米，宽 7.5 米，道路面积 3105 平方米。康士路，全长 434 米，宽 15 米，道路面积 6510 平方米。康梧路，全长 600 米，宽 16 米，道路面积 9600 平方米。康柳路，全长 1200 米，宽 12 米，道路面积 14400 平方米。康溪路，全长 403 米，宽

12 米，道路面积 4836 平方米。康巴路，全长 680 米，宽 7 米，道路面积 4760 平方米。

（二）公共交通

途径康桥工业区的主要公交线路有：451、581、624、639、974、975、988、992，沪南线、张南线、周南线、塘南专线、塘四线、塘祝线、东周线、南新线、浦卫线、惠松线、惠嘉线、龙大线、龙滨线、龙芦线、龙平芦线、龙临专线、龙泥果线等。2008 年，周康地区实现村村通，贯通了周康一至六线 6 条公交专线。各主要公交线路始发和到达站点情况如下：451：周东路—南京西路西藏中路；581：周浦—普安路；624：南码头—祝桥；639：周浦—台儿庄路；974：关岳路—高平路交城路；975：广灵四路广粤路—周东路；988：南码头—御青路；992：周东路—陆家嘴地铁站；沪南线：东昌路渡口—南汇区汽车站；张南线：南汇科教园区—张江地铁站；周南线：南码头—南汇汽车站；塘南专线：南汇汽车站—塘桥渡口；塘四线：塘桥—奉城新车站；东周线：周浦医院—世纪公园东陆村；南新线：南汇大学城车站—上海火车站；浦卫线：塘桥—石化；惠松线：南汇汽车站—松江火车站；惠嘉线：南汇汽车站—嘉定客运中心；龙大线：龙阳路地铁站—大团镇；龙滨线：龙阳路地铁站—滨海度假村；龙芦线：龙阳路地铁站—海事大学；龙平芦线：龙阳路地铁站—芦潮港；龙临专线：龙阳路地铁站—古棕路沪城环路。

第三节　经济　人口

一、解放前康桥地区经济

康桥工业区地处上海市近郊、周浦镇北侧，交通便捷，市场繁荣。该地区古时为盐场，南宋（1127～1279 年）以后，随着海岸线东移、盐场废而农垦兴，加之随宋室南迁的部分豪门贵族以及大批民众定居在康桥地区，加快了垦殖业的发展。至元代（1271～1368 年），原有盐场均改造为农田，以种植杂粮、棉花为主。

相传元元贞年间（1295～1297 年），黄道婆将海南岛纺织技术传于此，植棉盛行，“男耕女织”风气形成。家家户户植棉、纺纱、织布。康桥地区的棉布以质地细软、手艺精良而闻名。明、清时期，康桥地区农民织造的“杜布”（土布）远销中国东北、华北及南方各地，久负盛名，官方曾设土布收购处，专事收购，棉花种植与纺织业盛极一时。

由于棉花种植与纺织的兴盛，缝衣、刺绣、制鞋等相关小手工业逐渐形成，磨面粉、榨油、酿酒、碾米、制作砖瓦等也先后兴起，带动了区域的繁荣。同时，由于横沔港是南汇县东南部地区到上海市区的水上运输主要航道，手工业者逐渐从各村宅集中到横沔集镇和怡园村船舫街、汤巷村张胜桥等处。清道光二十六年（1846年），吴炳记成衣铺开业，光绪十六年（1890年），祥隆顺榨油碾米厂开业，其他作坊、工场等也先后开张，标志着康桥地区民营工业的创始和崛起。

辛亥革命后，康桥地区仍以种植杂粮、棉花为主，水稻种植较少，且产量很低。水稻一年一熟，亩产150公斤～200公斤。棉花以散播小籽棉为主，亩产籽棉30公斤～35公斤，折皮棉10公斤左右。油菜亩产40公斤～50公斤。三麦以大麦品种“火烧头”、“六柱头”为主，亩产100公斤左右。蔬菜以民间自由种植、自食为主，多余部分上市交易，补充家庭收入。而在养殖业方面，解放前，康桥仅横沔地区有数量较少的农户专业饲养蛋鸭，其余农户饲养猪、牛、鸡、鸭，也多为劳役和自食用，没有形成上规模的商品经济。

民国29年（1940年），横沔电器公司架设三相低压交流线路，为祥隆顺榨油碾米厂等安装首批电动机，标志着康桥地区首次出现现代工业。但总体而言，康桥地区的现代工业很少，仅限于少数私营企业，如1941年1月在西城隍街84号创办的大新袜厂；1948年9月在西城隍街55号创办的王顺兴成衣铺。

二、新中国成立初康桥地区经济发展

新中国成立后，经过土地改革、农业合作化，农民走上了集体化道路，成了土地的主人，生产力有了很大发展。特别是人民公社建立后，康桥地区大力兴建水利，改革耕种制度，革新生产技术，发展农业机械，推广农业科技，增加农业投入，农业生产有了很大发展，粮、棉、油产量不断提高。

1958年，周浦人民公社成立，康桥地区隶属于周浦人民公社。1959年6月，从周浦人民公社中划分出横沔人民公社，建立了公社畜牧场、公社兽医站，全公社12个生产大队都建立了中心场，养殖业发展迅速。60年代初，横沔各生产队开始建造副业场。同时，横沔地区的粮食耕种全面推广了“三熟制”，粮食、棉花、菜子产量不断提高。70年代以后，横沔人民公社加大农业基础投入，实行科学种田，发展农业机械，大搞农田水利建设。1973年，建立农业科技站，1974年创办种子场、农机管理站等，积极革新耕作技术，推广优良品种，农业生产有了很大发展。

1962年，从周浦人民公社中又划分出周西人民公社，为粮、棉、菜夹种地区。1964年，农业生产得到新的发展。粮食推行一年三熟制种植，亩产增加到767公斤；棉花亩产53公斤；油菜亩产94公斤。粮食首次超过《全国农业发展纲要》(40条）规定的400公斤的要求，实现“粮超千、棉超百”的目标。1965年，周西人民公社由以种粮为主逐步转向以种植蔬菜为主。同年，全公社蔬菜复种面积为801公顷，占全公社总面积的78.31%。1966年，受“文化大革命”的影响，蔬菜面积大量减少。至1975年，全公社蔬菜复种面积只有333公顷。

康桥地区的现代工业解放初开始发展，1950年10月在吴家行桥15号创办立盛染织厂；1951年4月在吴家行桥1号创办海昌织造厂；1952年11月在西城隍街110号创办周浦织袜生产社。工业、手工业企业在1956年都走上公私合营的道路。1964年初，康桥地区开始镇（乡、公社)、村（大队）开办工业企业。随着农业和工业的发展，1962年，康桥地区恢复集市贸易，允许农民将自产的农副产品上市交易，允许小商小贩作短途贩卖，市场一度活跃。

三、改革开放后康桥地区经济发展

1978年中共十一届三中全会后，周西人民公社恢复了以蔬菜种植为主，成为上海市27个蔬菜专业公社之一，亦是南汇县唯一以蔬菜种植为主的专业公社。1985年，周西乡蔬菜复种面积达1412.86公顷，总产33402吨；粮田面积压缩到373公顷，总产3263吨。蔬菜种植的品种从单一的萝卜、青菜、葱、韭菜、大蒜，发展到芋艿、雪菜、雪笋、花菜、茭白等上百个品种，许多村还种出了特色品种，包括梓潼村的大白菜，花墙村的火青菜，康桥村的花菜，和合村的茭白等，这些特色蔬菜在上海市市场上享有一定的声誉。

在中共中央“农村以农为主，因地制宜，多种经营，全面发展”方针的指引下，康桥地区的畜、禽、渔各业齐头并进，猪、禽、蛋、奶、鱼产量大幅提高，养貂、养鹌鹑等特种养殖也开始迅速发展。1988年，为稳定城市副食品供应，上海市人民政府实施“菜篮子”工程计划，由原来的计划经济向社会主义市场经济体制转变。康桥地区也进行养殖业结构调整，逐步形成养殖规模化，产（生产）、加（加工）、销（销售）一体化的生产格局。

1980年，南汇县第一家社办公司——横沔工业公司正式成立。1981年，横沔公社有社队工业企业31家，职工5160人，完成工业总产值3453.2万元，创利润1008.13万元，成为南汇县首个、上海市郊第二个工业利润超千万元的公社。1984年，周西乡有乡办企业15家、村办工业企业14家，乡、村两级工业企业实现产值3138.23万元，创利润总额520.75万元，就业职工5500人。工业门类涵盖了服装、轻纺、刺绣、五金等。

改革开放后，康桥地区逐步形成国营商业、集体商业、个体商业等多种经济成分并存的商业体系。20世纪80年代起，随着横沔新镇的建设，该地区的商业经济开始繁荣，商店迅速增加，并开始从原横沔集镇中大街向川周公路横沔集镇车站搬迁，形成新兴的商业集散地。

20世纪90年代以后，康桥地区进入了历史性的转折点。1992年5月，中共南汇县委员会、南汇县人民政府作出重大决策：在原周西乡、横沔乡所在地建立康桥工业区，并制定《康桥开发的总体规划》。康桥从一个典型的普通乡村，逐渐由农业向工业转移，农村向城市转移，经济结构发生了显著变化，城市化进程不断加快。

四、人口劳动力资源

1992年，康桥工业区成立初期，工业区范围内常住人口约30000人，绝大部分为农业人口，文化程度较低，以农业、蔬菜生产为主，劳动技能较为单一。后不断导入人口，2001年工业区所在康桥镇户籍常住人口

40877 人。

2007 年，常住人口 52100 人，比 1992 年时增长了 70%，比 2001 年时增长了 27.5%。其中 18～59 岁具有劳动能力的人口有 35680 人，占户籍总人口的 67%；中专以上文化的有 10940 人，占户籍总人口的 21%。同年，外来人口数达到将近 90000 人，其中 18～59 岁具有劳动能力的人口占了绝大部分，外来人口与户籍常住人口比达到了 1.73：1。

至 2008 年底，康桥镇常住人口增加至 53098 人，其中 18～59 岁具有劳动能力的人口有 37070 人，占户籍总人口的 69.8%，比 2007 年增长了 2.8 个百分点。外来人口数更是达到了 120385 人。其中，18～59 岁有劳动能力的人口占了绝大部分。劳动人口中以产业工人为主，大多掌握一些专业技能。同时，随着产业结构调整和产业能级提升，总部、研发项目入驻渐成趋势，加之商业、商务等城市功能的提升，人口教育文化平均水平逐年提高，人口素质逐步得到改善。

第二章 规划 用地 环保

第一节 规 划

1992年，康桥工业区开始启动开发时，开发范围涉及南汇县域范围内周西乡和横沔乡，两个乡共有人口40313人（其中周西乡19081人，横沔乡21232人），有24个村委会（其中周西乡12个，横沔乡12个）和一个居委会，含村民小组247个（其中周西乡127个，横沔乡120个）。两乡共有耕地2197公顷（其中周西乡1045公顷，横沔乡1152公顷）。当时的周西乡是上海重要的蔬菜生产基地，横沔乡则以生产粮棉为主，两乡均为农村自然乡村，基本上处于以种植业为主的自然经济状态。1949年至1992年产业经济在改革开放前处于计划经济状态，改革开放初期仍处于无序和低层次发展之中。2000年7月，康桥镇（原周西乡）和横沔镇（原横沔乡）合并建立新康桥镇。至2008年底，康桥工业区规划控制范围的主体部分位于康桥镇为主的镇域范围内。

1992年后，借浦东新区开发开放政策的优势，康桥工业区从城市外环线以内的8平方公里开始规划建设，至2008年底基本完成了26.88平方公里的总体规划；从完善各片区产业规划及各项专业规划，到逐步实现控制性详细规划全覆盖，工业区的规划工作在广度和深度上不断提高，为康桥地区的城市化和经济发展发挥了重要的推动作用。

一、建设范围的首次划定

1992年5月，中共南汇县委常委会研究决定开辟开发康桥工业区。首批开发范围主要位于南汇县与浦东新区的接合部，即上海城市外环线北侧的南汇县区域的10个村，涉及周西乡的康桥、和合、花墙、秀南、三角5个村，以及横沔乡的沿北、汤巷、人西、高西、沔青5个村，开发面积约8平方公里。

同年7月，南汇县政府成立南汇县康桥工业区管理委员会领导小组，确定工业区附近地区项目布局控制范围为：（1）二环线（即外环线）南侧

500米；(2) 梓康河以西，杨南路（即杨高南路）以东，二环线以南，周南、周横公路以北地区。

同年8月，在县建设局支持配合下，康桥工业区总体规划基本形成，并获得县人民政府批准。该规划涉及周西乡、横沔乡十个村，开发总面积12平方公里，包括康桥、和合、横沔三个工业小区和两个公建区。

1992年康桥工业区规划图（北至原界河，南至外环线，西至陈春港，东至横沔港）

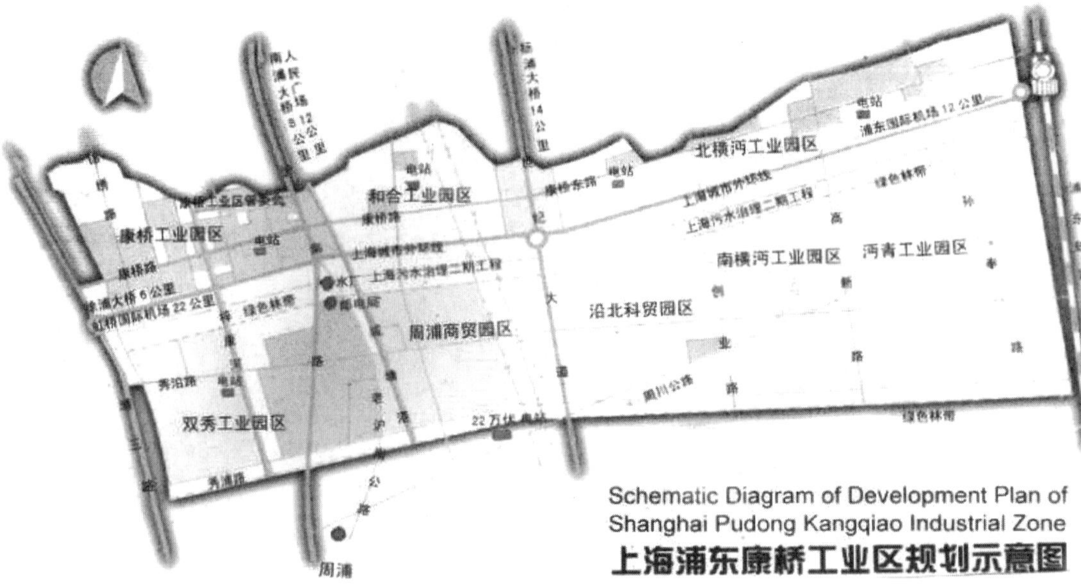

图 2-1-1

二、规划的前期编制

1993年1月，上海市规划局在康桥工业区就康御总体规划（南汇县康桥工业区和浦东新区的御桥地区的总体规划）向副县长鞠佳国、上海浦东康桥工业区管理委员会（以下简称康管委）副主任邱学国等有关领导沟通交底。该规划拟在康桥工业区及相邻的御桥地区辟建5平方公里的综合性开发区。

1993年7月5日，周浦地区总体结构性规划通过论证。按照该规划的发展目标，周浦地区将通过10年～15年的努力，建设一个人口在15万人到

20万人，面积达22平方公里，外向型、多功能、现代化的新型卫星城镇。

1994年3月17日，康管委召开和合工商园区总体结构规划调整审定会。南汇县计委、建设局、土地局、供电局、邮电局、环保局、自来水公司、周西乡及恒和公司和上海城市规划设计院等单位参加会议。会议原则通过该规划调整方案，并对规划区的定名，以及水、电、通讯的规划建设提出了意见。

1994年6月，南汇县人民政府申报的“上海市浦东康桥开发区详细规划”获得市主管部门论证通过。8月5日，经上海市人民政府批准，康桥工业区被列为市级工业区，定名为“上海浦东康桥工业区”，规划面积26.88平方公里，规划范围北至浦东新区区界，南接周浦镇环城北路（秀浦路），东至横沔港，西邻浦三路。规划定位为一个以大型工业为主，集工贸、商贸、科技、住宅开发等面向21世纪，外

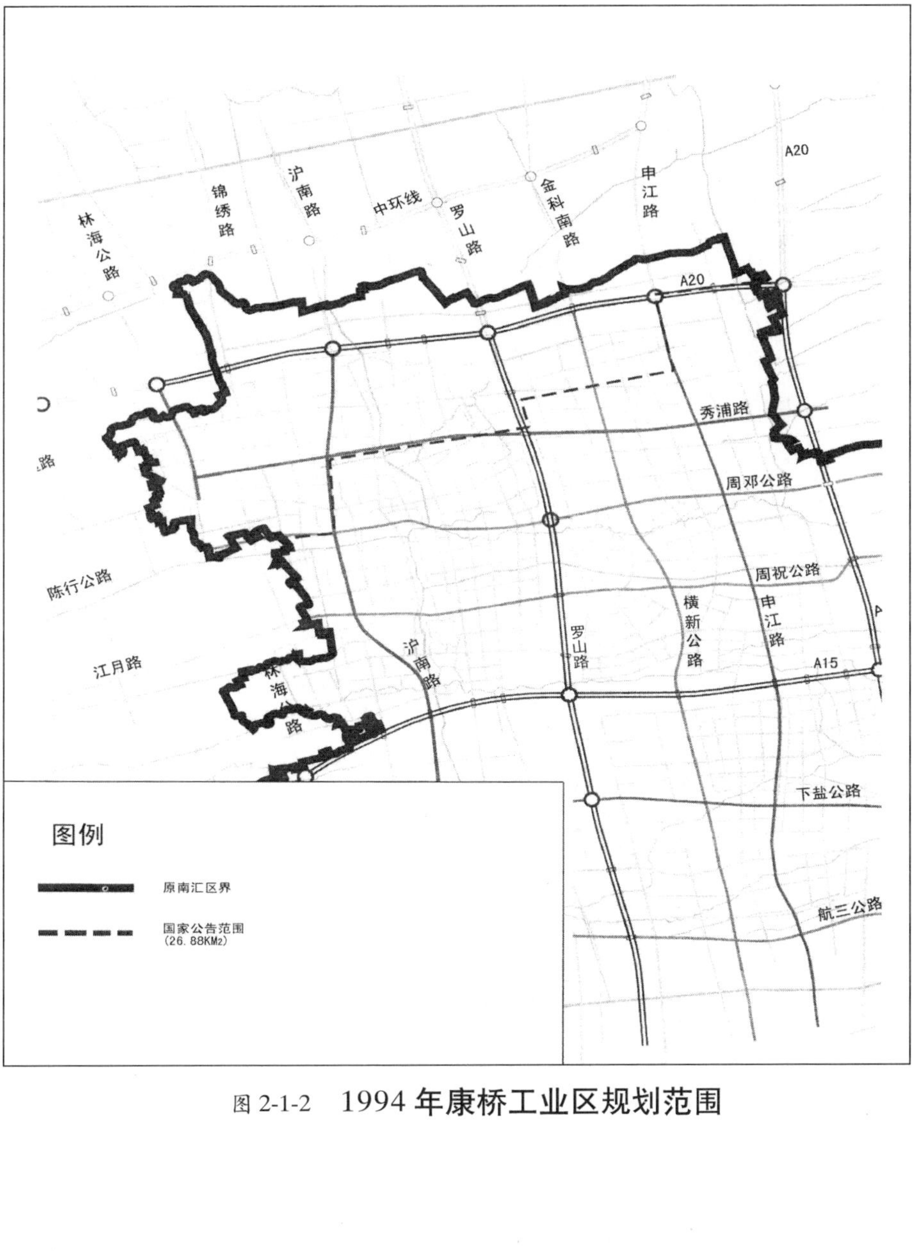

图2-1-2　1994年康桥工业区规划范围

向型、多功能、现代化的综合园区。全区以城市外环线为东西轴线，新世纪大道（即罗山路）为南北轴线，划分为康桥工业园区、和合工商园区、北横沔工业园区、周浦商贸园区和规划发展用地。

自1992年工业区成立，至1994年列为市级工业区并确定规划面积及范围，园区各功能片区得以基本划分确定，结合当时“分片实施、滚动开发”的开发指导思想，至1994年底，工业区累计引进外资项目24个，协议总投资1.40亿美元，三年实现工业总产值29.84亿元，国内生产总值7.91亿元，上缴税金1.21亿元，为康桥工业区的后续发展打下了坚实的基础。

三、结构规划的重新编制

1997年5月7日，市规划管理局召集召开康桥工业区结构规划论证会，指出工业区应适当控制用地规模，坚持相对集中、分阶段开发的原则，确定康桥工业区近期开发的规划范围为：西至浦三路、东至新世纪大道（即罗山路）、北至南汇县界、南至规划的周浦镇环城北路，用地面积约15平方公里，新世纪大道以东作为规划备用地，总规划面积26.88平方公里。

为适应新的发展需要，康桥工业区重新编制了结构规划。全区以上海城市外环线为界，分为两大区域、八个园区。全区道路框架主要为二横四竖，二横为城市外环线和周浦环城北路，四竖即浦三路、沪南公路、城市5号线和孙奉公路。主要规划河道有梓康河及咸塘港。

1994～2002年，耀华汽车玻璃、纳铁福传动轴、施耐德配电电器、延锋江森汽车座椅、正隆纸业、宏和宏联、三枪集团等大型企业相继落户康桥，康桥半岛、建桥学院等生产及生活配套项目也先后在工业区内扎根，工业区“以汽车零部件及传统制造业为基础、综合发展各类产业项目、同时兼顾生产及生活配套设施的综合性工业开发区”的形态初步确立。

四、规划控制范围的调整

2003年6月，康管委编制《关于上海浦东康桥工业区拓展区规划方案的说明》。该说明指出，1997年市规划局批准的康桥工业区可以利用的建设用地虽然有16.45平方公里，但由于上海市重大市政项目——城市外环线、磁悬浮列车、外环线绿带和高压走廊的辟建，占去了约5平方公里土地，康桥工业区实际可以利用的土地面积只有11平方公里左右。新世纪大道以东的10.43平方公里规划发展备用地范围内，外环线500米林带占去3.4平方公里，剩余的7平方公里土地处于外环线以外5公里生态敏感带内，受到规划控制难以启动。至2003年，工业区实际可用的11.45平方公里内基本完成建设，处于饱和状态。

为促进招商引资，满足项目用地的迫切需要，康桥工业区向市规划局提出了调整规划控制范围的方案。方案原则是紧密结合周康地区总体规划结构调整，将康桥镇（含原横沔镇）、周浦镇（含原瓦屑镇）纳入二次开发范围，将二镇规划进行整合重组，同时考虑到政策的延续性和市政基础设施的有效辐射，提高现有的市政基础设施的利用率，计划将康桥工业区区域向南、向东两个方向拓展。具体方案为：在周浦镇的东面（原瓦屑镇的区域内）规划11.6平方公里土地纳入康桥工业区的开发范围。其四至位置为：东至沪芦高速公路，南至规划中的沈祝公路（即S32高速公路），西至创业路，北至周邓路。调整采用一次规划，分期实施的原则。具体实施分近期与远期两个阶段，近期发展区域面积为5.6平方公里，规划区域的四至位置为：东至沪芦高速公路，南至周祝公路，西至创业路，北至周邓路，利用现有的申江路和周祝公路，结合工业区已有的产业优势，引进电子电器、汽车零部件、新型建材等污染少、投入产出比高的项目，同时结合瓦屑镇区，发展一些住宅配套产业；远期发展区域面积为6平方公里，规划区域的四至位置为：东至沪芦高速公路，南至规划中的沈祝公路，西至创业路，北至周祝公路，将根据周康地区的整体规划进行产业布局。

2005年6月28日，上海市规划局以沪规划〔2005〕580号文下发《关于上海浦东康桥工业区规划范围调整的批复》，同意康桥工业区规划范围调整方案。明确原批准康桥工业区规划总用地面积26.88平方公里，由于外环绿带、建设敏感区用地控制、周浦镇城镇发展等因素，共约12平方公里土地被控制或无法使用，在保留现有康桥工业区产业用地基础上，将上述12平方公里工业区用地调整至秀浦路以南，罗南大道（即罗山路延伸段，又名S3公路）、申江路之间区域，由康桥工业区东区、医学园分区和南区三部分组成（图2-1-3），调整后康桥工业区可用面积仍为26.88平方公里。

五、开发范围的国家认定

2006年9月，国土资源部按照国务院“各开发区四至范围由国土资源部另行公布”的要求，根据规划审核确定的开发区边界和面积（或规划审核确定面积减去非工业用地后的面积），通过对各省、自治区、直辖市上报的开发区四至范围文字表述和边界拐点坐标进行核对，包括康桥工业区在内的114个省级开发区在开发区四至范围图上标示的开发区边界形状及按边界拐点坐标计算的开发区面积与规划审核确定的开发区边界形状和规划审核确定的面积一致，故对上述开发区列入第十二批落实四至范围的开发区予以公告（国土资源部2006年第25号）。

公告发布后，康桥工业区土地利用总体规划相应完成，明确开发面积为26.88平方公里，明确开发四至范围为东至浦东新区界河、申江路、罗南大道、沪南公路，南至环南一大道、秀沿路、秀浦路南、周祝公路，西至闵行区界河，北至浦东新区界河。

六、申江路以东区域的规划突破

2006年11月，南汇区人民政府请示上海市规划局，提出根据康桥工业区建设和项目规划情况，在用地面积不变的前提下，对工业区范围进行局部调整。市规划局会同相关部门研究后认为，康桥工业区的规划面积、四至范围等已经国家发改委、国土资源部审核通过，并纳入《中国开发区四至范围公告目录（2006年版）》。根据开发区管理相关规定，康桥工业区的调整应由主管开发区审核的发改委部门牵头，开展相关部门会审，核定调整方案。

2007年5月10日，上海市发展改革委员会牵头召开了关于威宏电子、宏达电子项目规划选址协调会。南汇区人民政府、市规划局、房地局等部门领导出席会议。会议认为威宏电子、宏达电子项目符合上海产业发展方向，属于上海重点支持的领域，但在康桥工业区批准范围内为该项目提供工业地块的难度较大，因此建议将该项目选址调整至申江路以东区域。

2007年7月24日，上海市城市规划管理局以沪规区〔2007〕649号下发《关于威宏电子、宏达电子（上海）有限公司厂房建设工程项目规划选址的复函》，核定威宏电子及宏达电子项目符合上海产业发展方向、属于上海重点支持领域，因此原则同意威宏、宏达电子项目近期作为工业园区以外的零星工业项目，在取得市发改委项目立项认可及市房地局对南汇区土地利用总体规划（送审方案）同意的前提下继续办理规划相关手续，同时将该项目选址规划调整纳入正在编制的《南汇区区域规划纲要实施方案》，并按规定程序报批。

七、“两规合一”

2008年，在南汇区经委牵头下，南汇区“两规合一”方案编制工作启动，将原市规划局批准的城市总体规划范围与原市房地局编制的土地利用总体规划中的工业区范围进行了调整合并，同时并入了申江路以东400米范围内的威宏、威上、神火铝箔，杰西博等项目。该方案调整解决了长期以来由于土地利用规划与城市总体规划之间的差异所造成的矛盾，对工业区的产业分布进行了梳理并重新排布，对于工业区未来的发展有着十分积极的影响。

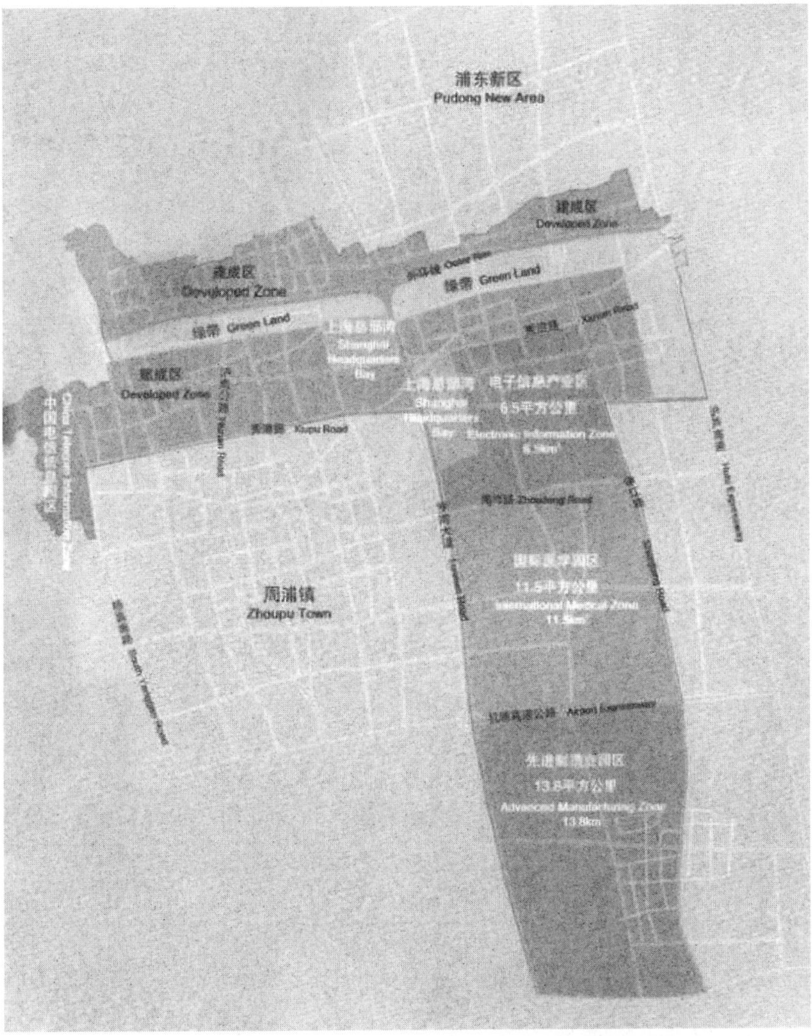

图 2-1-3 上海浦东康桥工业区开发范围图（2008年）

第二节 土地利用

康桥工业区的土地利用，从开发之初依靠建设用地不断投入和扩张的粗放式用地，到依据产业发展战略，合理分配土地资源的集约式用地，土地开发方式持续进步，土地管理和使用效益水平不断提升，园区土地资源得到了有效的开发利用。

一、土地征用和出让

1992～2008年，由康桥集团公司征用的土地总面积约1516.58公顷。因土地征用而撤销的生产队有142个，配合康桥镇完成撤村11个（康桥镇原周西乡部分已基本完成土地征用）。在南汇区的土地利用总体规划控制和指导下，康桥工业区通过将集体土地转变为新增建设用地，既推动了招商引资工作，同时也加速推动了康桥地区的城市化进程。

1992～2008年康桥工业区土地征用使用情况统计表

表2-2-1

年份	征地情况（公顷）			用地分类		
	耕地	非耕地	合计	工业	住宅	综合
1992	29.18	7.46	36.64	36.64	0	0
1993	26.80	11.17	37.98	0	5.40	32.58
1994	18.65	7.57	26.22	9.39	7.44	9.39
1995	58.66	49.80	108.46	87.53	16.71	4.22
1996	29.67	13.54	43.21	0	43.21	0
1997	2.34	5.42	7.76	0	0	7.76
1998	57.61	31.35	88.96	31.76	14.79	42.41
1999	71.83	44.94	116.76	3.68	23.91	89.17
2000	127.41	84.26	211.67	127.91	70.30	13.46
2001	5.21	2.27	7.49	0	7.49	0
2002	113.78	58.80	172.58	0	92.38	80.20
2003	131.46	75.82	207.27	66.94	115.54	24.79
2004	0	0	0	0	0	0
2005	192.21	94.99	287.20	143.79	98.14	45.27
2006	62.02	28.88	90.90	64.51	26.39	0
2007	17.11	8.48	25.59	20.59	0	5.0
2008	30.81	17.08	47.89	47.89	0	0
合计	974.75	541.83	1516.58	640.63	521.70	354.25

二、土地开发模式沿革

康桥工业区开发初期，土地开发模式主要是土地一级开发。当时工业用地尚未执行储备、竞拍、出让程序，土地开发模式主要是：签订土地批租协议→协议款+银行融资→投入土地前期开发→土地出让→企业税金形成财力结算收入→土地收支平衡→滚动开发。

2007年1月，工业用地开始采用土地储备→招拍挂→出让的土地新开发模式，康桥集团于2007年被上海市人民政府批准为第一批53家有土地储备资格的园区开发类公司。工业区土地开发模式调整为：自有资金+银行融资→完成征地、安置、拆迁、市政配套→设置出让地块产业类型、项目建议、规划条件、环保要求等出让条件→公开挂牌竞标→土地出让→出让金的财政结算+企业税金形成的财力结算→土地收支平衡→滚动开发。

三、土地利用战略方向

1．优化土地利用，促进产业结构升级

产业结构和产业发展水平决定着土地利用结构与方式。按照产业发展战略对土地资源进行科学分配，提高土地利用率和效益，合理利用土地，是土地利用结构调整与优化的方向。

康桥工业区一方面通过调整产业结构，优先满足先进制造业、总部经济的用地需求，另一方面通过建立完善的开发区土地利用评价指标体系（土地开发进度评价指标、土地投入与产出评价指标及工业用地效益评价指标）对入园项目设置准入门槛，提高了现有土地的利用效率及可持续发展的能力，同时确保了土地供应在引导工业区产业发展中的重要杠杆作用。

2．盘活存量用地，挖掘土地利用潜力

康桥工业区按照“控制总量、用好增量、盘活存量、提高质量”的用地原则，坚持“节流”与“开源”并举，并把“节流”放在首位来“控增逼存”，努力挖掘土地利用潜力，进一步推进工业用地的集聚化、规模化和集约化，淘汰工业区早期引进的一些能耗大、污染重、环境和社会效益差的劣势产业，引进高科技企业和先进制造业，大力发展生产性服务业，提高产业能级。通过“腾笼换鸟”、盘活闲置厂房、提高建筑物密度和容积率等方式对低效土地进行二次开发利用，切实有效盘活存量土地，提高土地集约利用度。

第三节 环境保护

康桥工业区开发建设坚持以经济建设为中心、着力提高群众的物质生活水平，也十分重视环境保护，努力营造安全、优美、洁净的园区环境。

康桥工业区管委会和康桥（集团）有限公司坚持工业区的发展决不以影响环境为代价，认真落实ISO 14001国际环境质量体系的标准，采取多种举措加强环境保护和治理。工业区所在的康桥镇历年多次被评为国家卫生镇、全国创建精神文明先进村镇、全国安全社区和全国环境优美乡镇。工业区的各项环境要素在市、区有关环保管理部门的测评中，全部符合国家规定标准。

一、环境规划

康桥工业区以围绕构建发展集约型、资源节约型、环境友好型社会为目标，结合工业区总体发展规划，科学合理地制定了工业区环境保护“十五”、“十一五”计划。以遵守法律法规、加强污染预防、节约能源资源、不懈追求人与自然的和谐统一的环境方针，落实推进工业区环境规划工作。

康桥工业区历年来在环境规划方面开展的主要工作有：1994年12月12日，康桥工业区环境保护规划获得批复（南府复〔1994〕277号）；2006年4月13日，康桥工业区区域环评审批（沪环保许管〔2006〕454号）获通过，该环评规划对工业区未来发展在环境保护方面提出了框架性指导要求。2005年8月10日，中国电信信息园区通过区域环评审批（南环保〔2005〕83号）。

二、环境监测与整治

康桥工业区建立起较为完善的环境监测系统，并落实整治工作。

在完善环境监测系统方面，持续委托上海市南汇区环境监测站对整个工业区进行了区域环境监测，至2008年底，康桥工业区大气质量达到了二级标准，水质基本达到了V类水的标准，声环境状况达到了二类区的标准。

工业区建立了日常环境监察管理规则，定点定期对工业区内大气、水、声环境质量状况进行监测，内容主要包括：园区大气、水、噪声污染状况。工业区同时委托南汇区环境监测站每年年中进行监测。主要监测项有空气环境、声环境、水环境质量现状。其中，空气监测设三个监测点；声环境监察方面，布设8个监测点位（N1～N8）；水环境监察方面，共设置6个监测点。

康桥工业区空气环境质量现状监测点位表

表2-3-1

序号	采样点位置	代表功能区	监测项目
A1	三航局（康花路与康安路交汇）	工业区	SO_2、NO_2、PM_{10}
A2	中侨学院	文教、居住混合区	SO_2、NO_2、PM_{10}
A3	周浦镇	居住、交通混合区	SO_2、NO_2、PM_{10}

康桥工业区声环境监测点位表

表2-3-2

序号	位置	功能区
N1	康花路与康安路交叉口	工业区
N2	中科大研究生院	文教区
N3	中侨学院	文教区
N4	康桥半岛	居住区
N5	营房驻军	居住区
N6	周浦镇	居住混合区
N7	怡园村	居住混合区
N8	横沔处环东二大道西侧	交通干线两侧

康桥工业区水环境质量现状监测点位表

表2-3-3

序号	地点	所在河流
W1	八灶港创业路	八灶港
W2	沿船港创业路	沿船港
W3	治龙河创业路	治龙河
W4	创业河秀沿路	创业河
W5	横沔港秀沿路	横沔港
W6	高新河秀沿路	高新河

康管委环保部门每年分批提取园区重点企业水、气、渣排放数据，进行汇总、统计，确保各企业相关污染因子达标。每年定期向公司领导及各部门通报康桥工业区环境质量现状的调查报告与分析报告。

21世纪后，工业区围绕环境质量体系建设要求，成立推行ISO 14000标准工作领导小组，确定了总体工作目标和管理方案，制定了由空气、水质、土壤、固体废气物等指标组成的目标管理和监测体系。按照“合法、合理、效能、责任、监督”的原则，全面规范程序，提高办事效率，及时完成了三轮“三年环保行动计划”的指定任务。在具体实践中，康桥工业区把循环经济和ISO 14000、清洁生产三者有机结合，充分发挥三者的作用，以促进工业区企业环境行为的改善。至2007年上半年度，工业区共有5家企业通过ISO 14000环境认证。

在落实整改工作方面，康管委于2005年成立黑臭河道综合整治工作领导小组，通过科学规划、系统梳理，累计投入3亿元用于治水，共整治24条段、50余公里河道，新开发的东区水面率增至11%以上，改善了园区环境。工业区执行严格的水资源管理制度，打造了人水和谐的新园区；同时，制定工业区污水系统专业规划，不断完善污水管网，污水管网总长度近50公里，总投资近5000万元，推进污水纳管工作。到2008年底，工业区污水纳管率达到93%。

三、环保创建活动

工业区自成立以来，围绕改善环境质量这一中心工作，积极开展环保创建及环保宣传教育力度。康桥工业区围绕“世界环境日”等重要宣传节点，结合环境保护的中心任务和重点工作，在整个工业区范围内开展声势浩大的“污染减排与环境友好型社会”“滚动实施环保三年行动计划，加快生态型城市建设步伐”，“让上海的天更蓝，水更清，地更绿，居更佳”等活动，深入宣传环保理念，引导群众自觉参与环境保护。

21世纪后，康桥工业区环保创建和宣传加大力度，具体包括：定期召开工业区内的年度环保工作会议，由区环保局进行年度排污申报等培训，加强了企业的环保意识；2003年周康地区完成“基本无燃煤区”创建；2006年，开展人人动手清洁家园活动；2007年12月完成第一次全国污染源普查工作；2008年6月，通过了市、国家污染源核查组的验收；完成了康桥工业区烟尘控制区的创建工作，协助纳铁福、中隆等重点企业的脱硫技术实施改造建设。

第三章　拆迁　安置

康桥工业区成立后，随着规划、招商和基建工作的相继展开，拆迁、安置也列入重要的议事日程。康桥工业区的拆迁、安置工作自1992年6月沪南公路沿线公建区第一期的动迁正式开始，至2008年，涉及公益事业、市政建设、厂房建造、房产开发等项目，拆迁基地达100多个，拆迁范围覆盖康桥镇的24个村，拆除居住房屋9000多户，拆除单位用房、个体企业用房、集体用房300多户，拆除房屋建筑总面积150余万平方米。康桥村、三角村、礼西村三个村的房屋已全部拆除，秀南、花墙、和合等村拆迁接近尾声，其他村落拆除的房屋超过半数。拆迁后，动迁居民住房经过产权互换、批租土地自建、市场化安置等形式得到妥善安置。失地农民通过单位吸劳、一补二保、自谋职业、提前养老等各种方式得到安置，加上康桥地区农村陆续普遍实行了小城镇保险，房屋动迁后，农民的生活有了基本保障。

第一节　拆迁机构

康桥工业区启动开发后，就组建专职的拆迁机构和人员进行动迁安置。康管委和相关镇政府根据各个阶段的开发需要，设置专门机构，安排精干人员，完成各个阶段动迁安置的任务。

一、领导小组

1992年6月22日，康管委和周西乡政府联合成立动拆迁领导小组和工作小组。领导小组由副乡长丁富灵、土地所所长周龙宝、派出所所长严林初、建筑总公司经理杨文棋等人组成，丁富灵任组长。工作小组由王根香、赵应春、乔志荣、陈月珍等人组成，王根香任总指挥。

初期的房屋拆迁工作时间紧，要求高。1992年9月，康管委与周西乡人民政府协商，抽调两单位的十几名干部，建立拆迁办公室，负责处理拆迁事宜。初始期聘请闵行区闵华拆迁公司负责具体实施拆迁工作。同年9

月底，康桥路沿线29户动迁户和9家企业完成签约，大部分老房拆除，为康桥路施工创造了条件。

二、上海浦东康桥拆迁有限公司

随着工业区开发建设的快速发展，拆迁体量逐年递增。为服务好康桥开发，经市房屋土地资源管理局批准，1995年7月，康管委正式成立上海浦东康桥拆迁有限公司。公司资质为3级，注册资金100万元，工作人员12人，法人代表汪铭。为尽快熟悉拆迁业务，公司成立后抽调人员去市房地局参加拆迁业务培训，童火根、慕国兴、叶林龙通过培训取得了拆迁上岗证，成为康桥地区第一批持证上岗的人员。同时，周西乡拆迁办公室与康桥拆迁公司合署办公，协同工作，负责人为赵应春。

1999年，由于业务发展的需要，上海浦东康桥拆迁有限公司将注册资金增至300万元，工作人员增至17人，资质仍为3级。2001年，公司注册资金又增至500万元，工作人员增至22人，张剑平任总经理，赵建华任副总经理，并兼任办公室主任。至2001年，经过培训，大部分工作人员已取得了拆迁上岗证。同年，上海浦东康桥拆迁有限公司将拆房业务分离出来，由新成立的上海南康拆房工程合作公司负责，法人代表张桂福，并兼任拆迁公司副总经理。

三、上海周康拆迁有限公司

随着开发建设步伐的加快，康桥工业区的房屋拆迁量剧增，周康地区拆迁公司、拆迁工作人员也相应增多。为规范拆迁工作，更好地管理拆迁队伍，2003年，上海市房屋土地资源管理局发文，要求对全市房屋拆迁公司归并整合。根据市局精神并报请上级批准，原上海浦东康桥拆迁有限公司和周浦镇的上海汇周拆迁工程有限公司，整合归并为上海周康拆迁有限公司，资质为3级，注册资金增至1300万元。公司属股份合作制企业，出资比例为：康桥相关单位出资650万元，占注册资本的50%，其中上海浦东康桥（集团）有限公司出资150万元，上海南康拆房工程合作公司出资250万元，上海欣康物业管理经营有限公司出资100万元，上海康秀企业管理咨询有限公司出资150万元。其余50%由周浦镇有关单位出资，其中上海繁荣置业有限公司出资250万元；周浦资产管理有限公司出资250万元；上海汇周投资咨询有限公司出资150万元。

新公司由张剑平任董事长兼法人代表，沈继宝任总经理，赵建华、陆新华、张桂福任副总经理。新公司制定了相应的章程。公司下设经理室、办公室、财务部、拆迁部、工程部五个部门。为公司工作运作方便，周浦和康桥各设立分公司，人事、财务基本独立。

至2008年，康桥地区的拆迁工作仍由周康拆迁有限公司康桥分公司和康桥镇动迁管理办公室协同实施，两单位合署办公，总人数30余人，其中分公司人员8人。公司副总经理兼康桥镇动迁管理办公室主任赵建华主持日常业务。公司董事长和法人代表自2007年下半年由夏多兼任，2008年改由黄平兼任。

第二节　拆迁政策

在康桥工业区拆迁安置过程中，康管委执行上级政府的政策规定，联系实际制定工业区当地的拆迁法规，在动迁实践中做好耐心细致的宣传解释工作，使各个阶段的拆迁得以顺利完成。

康桥工业区开发建设过程中，康管委为加快拆迁速度，服务康桥开发，拆迁政策曾多次调整、不断趋于完善，使相关政策、规定更具针对性和可操作性，拆迁工作也逐步做到规范化、法制化、公开化。

一、起步摸索阶段（1992～1995年）。1992年9月4日，副县长徐麟召集县计委、土地局、建设局、法院、周西乡、横沔乡、康管委等有关单位，讨论康桥工业区的拆迁安置政策初稿。1992年9月10日，南汇县人民政府发布《康桥工业区房屋拆迁管理办法（试行）》（南府〔1992〕17号），这是康桥开发建设过程中，为解决房屋动迁难题，由地方政府颁发的第一个文件。1992年9月4日，周西乡康桥村六组村民徐友龙与周西乡政府签订了房屋动迁安置协议书，成为康桥工业区开发中第一个签订协议的动迁户，为康桥西路、康桥中路建设所涉的动迁户签约带了个好头。

这一阶段的动迁安置由于追求速度，强调整体利益，具体行政行为多于政策行为。拆迁安置实行以户计算，旧房拆迁后，一户拿一套政府造的安置房，或公拆自建加补贴，即房屋照估价款结算，另加一定的补贴，在规划的地块内自己建房。

二、逐步成熟阶段（1995～2000年）。康管委和康桥镇政府按照国务院〔1991〕第78号《城市房屋拆迁管理条例》和上海市人民政府〔1991〕4号《上海市城市房屋拆迁管理实施细则》两个指导性文件实施，既考虑“人头”（户口）又考虑“砖头”（房屋），按户结算，以每人24平方米计算（独生子女凭证照顾4平方米）。有房屋面积（以下称有房）有人头平方（以下称有户）的部分，按三分之一成本价订购安置房；有房无户或有户无房部分以成本价订购安置房；二者的超过部分，按市场价订购安置房（即1700元/平方米），俗称“三部曲”。

三、基本完善阶段（2000～2008年）。拆迁安置按上海市人民政府〔1993〕第38号令《关于修改（上海市城市房屋拆迁管理实施细则）的决定》实施，取消了上述“三部曲”的第二部分，即有房无户或有户无房部分，均按市场价订购安置房；如放弃产权互换，选择批租土地自建房，则按房屋估价款奖励50%。为了减轻拆迁户的订房困难，规定人头平方多的拆迁户可以将多余的平方面积自由调节、有偿转让给人头平方少的拆迁户，拆迁公司在动迁户购房时予以认可。

2001年4月起增加了货币化安置政策。2000年初期市场房价比较便宜，与安置房价格相差不大，拆迁户选购安置房地块以外的商品房也开始增多，同时为适应康桥、横沔两镇撤二建一后形势需要，统一康桥镇的拆迁安置政策，康管委颁发了《关于房屋拆迁安置实行市场化的试行办法》（沪康管〔2001〕041号）作为对以前实施政策的补充，对有户有房、有户无房、有房无户的三种情况作出了补偿规定。对放弃产权外购商品房的，按实际人口每人24平方米（独生子女另照顾10平方米）、每平方米1700元计算补偿。

2003年开始取消了公拆自建的政策，安置房价格随着市场行情也定期调整。根据沪府发〔2002〕13号文《上海征用集体所有土地拆迁房屋补偿若干规定》，调整了购买安置房的补偿，其补偿标准是按有证或实际人口每人45平方米计算，每平方米补贴1700元（土地使用权基价1400元加价格补贴300元），过渡费和搬场费也适当调高。

对放弃产权外购商品房的，按《上海市南汇区人民政府关于调整新建多层商品住房土地使用权基价及价格补偿标准通知》办理。从2002年7月至2004年4月先后调整三次，由810元加300元，调至1010元加300元，再调至1400元加300元。从2006年起，对选择外购商品房的，按每宅基证（或核准面积）另外增加奖励每平方米1300元。公司在实施拆迁的具体操作上，同时充分考虑了农户的实际情况和具体利益，规定了不少奖励政策，独生子女和已到婚龄的青年也得到应有照顾。

除了认真执行国家、上海市、南汇的拆迁安置政策外，康管委和康桥镇政府一同对拆迁安置中一些具体问题作了进一步规定，如企业、单位动迁时设备搬迁如何补偿，员工因动迁而停工的如何补偿，拆迁基地内的坟地迁移如何补偿等等，都有相关的规定，使动迁安置工作操作更加方便。

为了让被拆迁人了解国家和地方的拆迁安置政策，每项政策实施前，康管委总要编引相关的宣传材料，1992～2008年，康管委编印过三本政策法规汇编，发到动迁居民家中，让大家了解政府的政策。每项新政策执行前，或每个基地动迁前，康管委都要举办拆迁人员培训班，让他们先理解和熟悉政策。跟动迁户签约前，详细地对他们进行宣传解释，直至动迁户理解满意才签约。由于宣传解释工作做得到位，工业区的动迁工作总体比较顺利。

第三节　安置工作

一、住房安置

1．安置形式

1992～1995年，安置方式有两种：一是一户一房，每拆迁一户房屋，分一套安置房，具体得哪一套由抽签决定；二是公拆自建，房屋估价款照得，另外给予一定补贴。康管委征用一片土地作为安置基地，在统一规划、统一设计的前提下，每户划定地块和面积，由被拆迁人自己建房。

从1995年起，安置方式主要是两种：一是产权互换。在2001年之前按市府〔1991〕4号令精神执行，按“三部曲”结算，订购安置房。2001年以后，按市府〔1993〕38号令精神执行，按“两部曲”结算，订购安置房。二是放弃产权。即被拆迁人放弃安置房产权，拆迁部门按房屋估价款的50%予以奖励，被拆迁人按康管委规划的地块和统一的图纸在居民小区自建新房。

2000年中期开始，除上述两种安置办法以外增加了市场化安置办法，即拆迁居民按沪康管〔2001〕041号文件精神，结算拆迁补偿款，拆迁户可以任意在市场上购买新房。

2003年起，安置方式中取消了放弃产权后公拆私建这一形式，只实行两种形式：一是产权互换，二是市场化安置。产权互换方式中，以权证面积或以核准应居面积（面积核准时，考虑到原横沔镇、康桥镇批件政策的差别，略有不同）为准，每一权证以居住人口每人45平方米，每平方米1700元计算，另加房屋估价款和附属物款，按三款之和订购安置房。在市场化安置（或称货币化安置）办法中，动迁户以动迁结算拆迁补偿款去房产市场自己选购居住房，补偿款按核准面积计算后，另加每平方米1300元，但由于从2003年后房产市场居高不下，选择该安置办法的动迁户很少。

2．安置成果

至2008年，工业区内共有8430户拆迁户选择产权互换；有999户选择公拆自建（主要分布于营房、秀龙、和合、太平、花墙等村，共15个居住区）；有200多户选择市场化安置。但由于安置房建造相对滞后于快速开发带来的大量动迁，尚有1500多户在外过渡。

1992～2008年康桥工业区主要动迁住宅建设和安置情况表

表3-3-1

序号	小区名称	项目地址	安置套数（套）	总建筑面积（平方米）	安置面积（平方米）
1	周康一村	水产路	543	42626.96	30527
2	周康二村	康沈路400弄	740	69016.63	45698
3	周康二村四期	康沈路400弄	24	3149.68	2216
4	周康三村	秀沿路505弄	430	35764.55	28411.18
5	周康四村一期	康沈路465弄	370	31478.26	2048.63
6	周康四村二期	康沈路465弄	410	45299.49	41367.49
7	康花新村	康花路	444	34010.59	161.68
8	和合新村	御青路918弄	150	12308.17	4958.73
9	和合二街坊	御青路1051弄	672	65535	11384.55
10	双秀家园	沪南公路3150弄	1052	114815.62	51699.17
11	双秀32#	沪南公路3150弄	60	9902.02	6887
12	安康新村	川周公路4005弄	550	55481.18	13949.99
13	双秀西园	上南路	2500	205153	205153
14	汤巷馨村一期	秀沿路2688弄	711	90000	69532

康桥工业区农民自建房小区分布情况表

表3-3-2

序号	小区名称	所处位置	户数	建造年份
1	秀龙2组小区	沪南公路3161弄	113	2003
2	营房1组	康沈路868弄	58	2000
3	营房1组	康沈路1044弄	56	2000
4	和合小区一期	御青路918弄	53	2001
5	和合小区二期	御青路901弄	47	2003
6	和合小区东区	御青路901弄	19	2001
7	太平小区（1组）	上南路2260弄	225	2003
8	秀龙小区	康巴路250弄	85	2001
9	沿南小区一期	周川公路3333弄	34	2003
10	沿南小区二期	周川公路3333弄	81	2003
11	营房4组	秀浦路866弄	50	2003
12	秀龙4组	秀浦路656弄	50	2003
13	秀龙2组	秀浦路789弄	61	2003

注：按规划规定，农民自建房A型的宅基面积为：178.1平方米，建筑面积：103.5 × 2平方米；B型的宅基面积191.04平方米，建筑面积：105.74 × 2平方米

二、征地劳动力安置

工业区在开发建设过程中大量征地，产生了众多征地劳动力，康管委认真贯彻“谁征地，谁负责安置”的原则，采取多种渠道进行安置。

1992年6月至1994年，通过各种渠道，如单位吸劳、自找门路、外单位招工等，安置征地劳动力755人，自谋职业449人。劳动力安置政策依据南府〔1993〕18号文件，主要方式有：

自找门路——凡已被全民、集体单位录用为合同制工人的安置对象，可就地转为该企业的固定工人，由县劳动局负责申报“农转非”户口手续，并给予安置单位一定的经济补偿。

进乡办企业——已在乡办企业工作的安置对象，由征地单位一次性偿付本人和所在乡政府一定的经济补偿。

自谋职业——有自谋职业能力的安置对象，由本人申请，经乡政府批准，征地单位给付本人97%的征地劳动力安置补偿费，并签订协议，经公证处公证。安置补偿费标准为：粮棉地区为每人1.8万元；果园、蔬菜地区为每人2.2万元。

提前养老——男性年满50周岁、女性年满40周岁的安置对象，由本人提出申请，办理提前养老手续。养老生活费月标准为每人122元。发放标准按县劳动局文件精神逐年调整，至2005年养老人员转入镇保时标准为每人375元。

待安置过渡——对无法安置的征地人员作待安置处理。由征地单位每月发给每人一定的生活补助费和医疗补助费。对患重病住院治疗，医药费超过千元的，家庭负担有困难的，征地单位给予困难补助。待安置对象生活、医疗补助标准为每人每月130元，并逐年提高。2005年待安置人员全部纳入小城镇保险，生活费发放标准为每人290元。

1994～2003年，随着工业区开发建设的不断深入，征用集体土地的数量不断增加，征地人数也越来越多。为进一步做好征地劳动力的安置和管理，1994年10月，康桥工业区劳动服务管理中心建立。该劳务中心接受康管委领导和县劳动局的业务指导。劳务中心人员有：主任倪志军、副主任吴海钧，工作人员2人，主要负责工业区内征地工的安置和劳动力管理等工作，同时为工业区内企业提供劳动力资源信息，推荐合格的劳动者和政策咨询。

1995年9月，康桥工业区内设南汇县征地养老管理所康桥分所。康桥分所是南汇县劳动局征地养老管理所的派出机构，具体负责康桥镇行政区域内因开发、建设征用土地而形成的征地养老人员的管理。养老分所所长为李真怡，副所长为倪志军。

1996年起，康桥分所征地事务科，对工业区征地劳动力安置工作中的现状做法、安置工作中的困难与办法作了深入分析，提出了寻求在新的形势下，解决征地工安置的新途径，主要是“对征地农民工实行社会保障与就业相分离”的又一种安置新思路。1997年5月9日，康桥工业区出台了《关于康桥工业区征地劳动力安置的暂行办法》，确定安置原则是：与社会主义市场经济和社会保障制度相适应；就地安置，多渠道就业；建立相对稳定的征地劳动力安置办法。征地劳动力实行多渠道安置的方式，主要有：自谋职业、一次补偿两个保险、自找门路、就地安置、提前养老五种安置方式。其中“一补二保”方式可使征地劳动力享受一次性经济补偿和养老、医疗两种社会保险，保险费由征地单位全额缴纳，使失地人员老有所养、病有所医。该方式得到了征地农民的广泛认同和接受。

2003～2008年，随着各开发区征地人员的大量涌现和社会化保障的观念不断深入人心，依据上海市《被征用农民集体所有土地农业人员就业和社会保障管理办法》，康桥工业区为所有征地人员落实小城镇保险。具体包括：15年的基本养老保险、24个月的生活补贴费、3%的门急诊医疗费。康桥工业区另外给予每个征地劳动力1万元～2万元的安置补偿费。

2004年初，工业区与康桥镇政府共同成立专门领导小组，着重解决征用、使用土地中的历史遗留问题，为失地农民落实保障政策。对原征地人员中领取一次性经济补偿的（自谋职业）人员重新进行安置，要求其返还一部分原领取的经济补偿费，由征地单位为其缴纳满15年的镇保，切实解决“自谋职业”人员的病有所医、老有所养的问题。对原征地劳动力安置在县属以上企业，缴费未满15年，企业因转制、撤并、关闭等原因解除征地工劳动关系的，由原征地单位及所在地镇政府为其缴纳满15年的镇保。

2005年，根据南汇区政府和区社会保障局的意见，对土地未征用，但已被使用或即将使用的生产队，采用提早撤队、“土地换保障”的方法落实镇保。政府成立推进镇保领导小组，成员由康桥镇人民政府和康管委有关领导和部门人员共同组成。以2005年3月20日为基准日，至2008年底，全镇已有117个村民小组的12280名农业人员落实了社会保障。

2008年康桥工业区征地劳动力安置情况表

表3-3-3

村 名	一补二保	小城镇保险	土地换保障(镇保)	小计
百曲村	232	474	904	1610
高西村	238	215	116	569
果园村	5	2		7
和合村	250	782	196	1228
花墙村	306	581	440	1327
火箭村	86	15	845	946
康桥村	242	778		1020
礼西村	31	1394		1425
沔青村	133	119	833	1085
人西村	322	235	281	838
三角村	615	552		1167
石门村	19	20	995	1034
水产村	1	55		56
太平村	350	346	736	1432
汤巷村	402	305	387	1094
吴桥村	35	565		600
秀龙村	235	667		902
秀南村	457	638	17	1112
沿北村	497	263	695	1455
沿南村	52	1084	595	1731
营房村	273	379		652
梓潼村	156	234	183	573
叠桥村			1102	1102
东水产村			125	125
人南村			1295	1295
新苗村			1312	1312
怡园村			1223	1223
合计	4937	9703	12280	26920

第四章　基础设施建设

加快市政基础设施建设，是改善康桥工业区投资环境，方便群众生活的重要基础工作。1992年开发建设后，康桥工业区管委会和康桥（集团）公司投入大量的人力、物力和财力，加快以道路为主，包括电力、燃气、上下水和通信等方面的基础设施建设。先后完成了康桥路（罗山路以西段）、秀沿路、秀浦路、康梧路（康桥路—秀浦路段）及康桥污水1号、2号泵站、浦三路污水提升站等一批大型基础设施工程。至2008年底，工业区建成通车的道路总数已达29条，总长47.56公里。

基础设施的大规模推进，极大改善了工业区的投资环境，推动了城市化建设，使工业区面貌发生了日新月异的变化。

第一节　道路桥梁

一、道　路

在康桥开发之前，工业区所在区域的乡镇与周边区县及兄弟乡镇主要是由老沪南公路（新的沪南公路建成后改名为康沈路）、上南路和军民路连接。经过16年的开发建设，工业区范围已形成了由康桥路、申江路、周邓公路、杨高南路和A20（外环线）组成的“中”字形道路网格：申江路、周邓公路、杨高南路、康桥路从外围环绕，A20（外环线）在工业区自西向东横穿而过。除此之外，工业区内还形成了由康花路、秀沿路、秀浦路组成的“3横”主干道、“12纵”次干道及与之相连接的道路，基本实现了道路网格化。通过“中”字型道路网格向外辐射，工业区可以便捷地与沪宁、沪杭、沪嘉高速公路和318、312等国道相接。

工业区内已建成并投入使用的29条道路中，除东西方向跨越整个工业区的康桥路、秀沿路和秀浦路3条道路外，其余26条都是南北方向道路。其中有15条位于沪南公路以西，大部分已建成；11条位于沪南公路以东，大部分尚在建设之中。

1992年，工业区范围内有公路18.19公里，公路等级较低。仅沪南公路是工业区唯一的市管准二级公路，车行道宽只有7米。其余村际道路都是钢渣路甚至泥土路。道路状况的不理想成为制约招商引资的主要“瓶颈”。

为了改变康桥的投资环境，康管委把道路建设列为各项工作的重中之重。1992年9月，横贯工业区，全长9.17公里的康桥路建设开工。经过一年的奋战，工业区内首条自费开发建设的康桥路建成，县政府举行了建设总结表彰会和康桥路通车典礼。1994年起，又相继进行康意路到康巴路等8条南北向园区级道路的建设，并进行了沪南路的拓宽，完成康花路、水产路的建设。进入21世纪后，又先后完成了秀康路、浦三路等15条道路的建设。

至2008年底，工业区内公路总长为49.99公里，比开发之初增长了162%。同时，道路的等级质量也有很大提高，工业区境内有省道2条、市管公路1条、区管公路4条，路基宽度均超过10米。市管公路之一的沪南公路，路基宽度达40米，跨越康桥工业区部分长3.83公里，占全长的11.5%。上海城市道路交通网络基本框架之一的外环线，跨越工业区部分长9.34公里，占全长的9.5%；该道路按全封闭、全立交的城市快速干道标准设计，设计车速为80公里／时，桥梁载荷为汽车－超20，验算载荷为特－300，道路路幅为100米，按双向8个机动车道布置，路幅宽50米（连接道断面为80米）。外环线道路外侧100米环城绿带工程与道路工程同步实施。工业区内及周边道路建设的快速发展和完善，为工业区的发展和进一步提升能级提供了良好的保障。

康桥工业区开发建设后，几乎每年度都有新的道路建成。具体情况如下：

1993年，建成第一条工业区内主干道——康桥路，全长9.17公里。

1994年，建成康意路、康安路、康杉路和康士路四条道路，全长2.17公里。

1995年，建成御秀路，全长0.65公里。

1997年，建成康巴路，全长0.95公里。

1998年，建成康凌路和康柳路，全长1.513公里。

1999年，建成水产路和康花路，全长2.2公里。

2000年，建成康溪路，全长0.4公里。

2001年，建成秀康路，全长1.66公里。

2002年，建成秀沿路、康梧路、恒和中路、申江公路和笔化路，全长11.42公里。

2004年，建成秀浦路（西段）、秀龙路和御青路，全长3.65公里。

2005年，建成御山路，全长0.37公里。

2006年，建成御水路和叠桥路，全长1.62公里。

2007年，建成周园路和浦三路，全长2.95公里。

2008年，建成秀浦路（东段）和康威路，全长7.69公里。

康桥工业区道路明细表

表4-1-1

序号	路名	起止点	道路情况			道路面积		路面性质	
			竣工年份	全长(公里)	路幅(米)	车行道(平方米)	人行道(平方米)	白色(平方米)	黑色(平方米)
1	康桥西路	沪南路至陈春浜	1993	1.92	32	32345	13461	32345	0
2	康桥中路	沪南路至罗山路	1993	2.20	32	42800	9800	42800	0
3	康桥东路	罗山路至横沔港	1993	5.05	30	60600	0	60600	0
4	康意路	秀康路至外环绿带	1994	0.80	20	8557	4720	8557	0
5	康安路	康花路至外环绿带	1994	0.46	30	6063	2163	6063	0
6	康杉路	康花路至明纶花园	1994	0.41	15	3105	3105	3105	0
7	康士路	康花路至康桥花园东园	1994	0.50	24	7425	4455	7425	0
8	御秀路	御山路至御水路	1995	0.65	18	6825	0	6825	0
9	康巴路	秀沿路至秀浦路	1997	0.95	24	13300	7600	13300	0
10	康凌路	康花路至康桥西路	1998	0.31	10	2156	924	2156	0
11	康柳路	秀康路至秀龙路	1998	1.21	20	14460	0	14460	0
12	康花路	沪南路至锦绣路	1999	1.80	13	18910.5	0	18910.5	0
13	联络路	沪南路至康桥半岛	1999	0.50	20	6000	4000	0	6000
14	水产路	沪南路至康沈路	1999	0.43	13.5	4504.5	1287	4504.5	0
15	康溪路	秀沿路至秀龙路	2000	0.40	18	4200	0	4200	0
16	秀康路	康梧路至沪南路	2001	1.66	20	16282	6560	16282	0
17	秀沿路	杨高南路至立新路	2002	8.72	30	130800	0	28500	102300

续表 4-1-1

序号	路名	起止点	道路情况			道路面积		路面性质	
			竣工年份	全长(公里)	路幅(米)	车行道(平方米)	人行道(平方米)	白色(平方米)	黑色(平方米)
18	笔化路	沪南路至梓康河	2002	0.30	20	3600	2400	0	3600
19	康梧路	秀沿路至秀浦路	2002	0.93	40	11112	0	0	11112
20	恒和中路	秀浦路至军民路	2002	1.16	24	27840	4640	0	27260
21	申江公路	周川公路至七灶港	2002	3.09	32	46350	0	0	46350
22	秀新路	花墙至康意路	2003	0.28	20	3360	0	3360	0
23	秀龙路	康梧路至梓康河	2004	0.60	20	7200	0	0	7200
24	秀浦路(西)	杨高南路至沪南路	2004	2.25	40	36000	0	0	36000
25	秀浦路(东)	康沈路至立新路	2004	7.25	40	236000	0	0	236000
26	御青路	康桥路至御桥新村	2004	0.8	20	9600	0	9600	0
27	御山路	康桥中路至浦东区界	2005	0.37	18	3832.5	0	0	3832.5
28	御水路	康桥中路至浦东区界	2006	0.32	24	4800	0	4800	0
29	叠桥路	秀浦路至周邓路	2006	1.30	20	26000	0	0	25350
30	浦三路	上南路至秀沿路	2007	1.48	24	22245	0	0	22245
31	周园路	秀浦路至军民路	2007	1.47	24	35280	6180	0	34545
32	康威路	叠桥路至横新公路	2008	0.44	18	5328	0	0	5328
总计				50.01	753.5	856880.5	71295	287793	567122.5

二、桥　梁

康桥工业区内水系发达，要形成四通八达的交通网，必须架筑许多桥梁。康管委按照道路所遇河道的实际情况，从桥梁的跨度、梁底标高等一系列参数方面，对道路桥梁进行合理规划和建设，保证了道路建设的顺利进行，同时，也满足了河道正常排水和通行。

至 2008 年底，工业区共建设桥梁 26 座。所建桥梁均以汽 -20 级及以上的标准进行设计和建设。具体情况如表 4-1-2。

2008年康桥工业区桥梁统计明细表

表4-1-2

路名	桥梁名称	路径组合（米）	荷载标准	投资额（万元）	开工、竣工日期
秀浦路	梓康河桥	10+13+10	城-2级	300	2002.11～2003.8
	咸塘港桥	13+16+13	城-2级	270	2006.7～2008.12
	盐船港桥	16+16+16	城-2级	300	2006.3～2007.9
	泥龙港桥	13+13+13	城-2级	210	2007.4～2008.1
	创业河桥	10+13+10	城-2级	200	2006.3～2006.12
	高新河桥	10+13+10	城-2级	200	2005.12～2006.5
秀沿路	梓康河桥	10+13+10	城-2级	200	1994.11～1995.6
	咸塘港桥	13+16+13	城-2级	270	2001.1～2001.10
	桂家港桥	10+13+10	城-2级	200	2002.7～2003.4
	盐船港桥	10+16+10	城-2级	290	2001.3～2001.10
	创业河桥	10+13+10	城-2级	200	2001.5～2002.1
	高新河桥	10+13+10	城-2级	200	2001.3～2001.11
康桥路	梓康河桥	10+13+10	城-2级	200	1992.10～1993.10
	咸塘港桥	13+16+13	城-2级	270	1992.10～1993.10
	桂家港桥	10+13+10	城-2级	200	1992.10～1993.10
周园路	盐船港桥	13+20+13	城-2级	310	2006.4～2006.11
	牌楼港桥	6+13+6	城-2级	100	2006.6～2007.1
铺三路	陆家浜桥	8+10+8	城-2级	170	2003.4～2003.11
康花路	梓康河桥	10+13+10	城-2级	110	1998.2～1998.10
梓康路	梓康河桥	10+13+10	城-2级	110	2005.1～2005.9
恒和中路	军民河桥	8+10+8	城-2级	170	2001.12～2002.5
秀康路	梓康河桥	10+13+10	城-2级	150	2000.3～2000.10
联络路	咸塘港桥	13+16+13	城-2级	270	1999.4～2000.4
申江路	八灶港桥	13+13+13	城-2级	210	2001.9～2002.4
	龙游浦桥	8+10+8	城-2级	170	2001.6～2001.12
	盐船港桥	13+16+13	城-2级	270	2001.3～2001.12

第二节 供电设施

一、电网建设

1994年以前，康桥地区的用电均来源于营房变电站。自康桥工业区成立后，企业不断入驻，用电日趋紧张。为此，工业区不断加大建设力度，新的变电站相继建成并投入使用。同时电网也得到快速建设，保障了区内企业的用电需求。

康桥工业区电网已覆盖整个工业区。主要线路有：浦周线（南北）、秀沿线（东西）、周康线（南北）、神火线（东西）、铝箔线（东西）、营房线（南北）、圣人线（南北）、正阳线（东西）等。为达到较高的供电可靠性，尽量减少外界环境对电网的影响，康桥工业区内电网均采用电缆。2008年底，康桥地区的实际供电能力为35万千瓦时，规划的供电能力为120万千瓦时。

工业区供电的重点是工业小区和居民住宅区。由于工业区内行业结构较为复杂，有电子信息、汽车零部件、工程机械、新型材料及总部基地、创业孵化基地和各配套设施等，各工业小区的用电密度各不相同，所以工业区内的电网建设也各有所偏重。西部康桥的企业密集、人口密度较大，但由于开发时间较长，电网建设基本能够满足这一地区的用电需求。而东部康桥则从2004年才开始大开发，该地区电网设施还不够完善，电力缺口比较大，2004年后电网建设的重点已转移至这一区域。

二、区内变电站

1994年，康桥第一座220千伏周康变电站（位于秀浦路以南、周园路以东）正式投入运行，装机容量为45万千伏安，至2008年底，已投运2×15万千伏安。同年，35千伏康开变电站（位于康桥路、康杉路交界处）也正式启用，该站装机容量为6万千伏安。

1995年，随着康桥工业区用电量的上升，35千伏横沔变电站（位于横新公路、A20交界处）也投入运行，该站装机容量为6万千伏安。

2000年，35千伏秀沿开关站（位于秀沿路、康梧路交界处）的投运，解决了西康地区35千伏用户的用电需求。

2003年，入驻康桥工业区的企业日益增多，规模越来越大，用电负荷急剧上升。特别是随着康桥半岛项目的启动，35千伏吴桥变电站（位于恒和中路、秀沿路交界处）也正式开始投运（该站装机容量为9.45万千伏安）。此外，10千伏秀浦开关站（位于康梧路、秀浦路交界处）、立新开关站（位于秀沿路、跃进支路交界处）等陆续建设，缓解了康桥工业区的用电压力。

2005年，35千伏礼西变电站（位于秀浦路、浦三路交界处，该站装机容量为9.45万千伏安）及10千伏和合开关站（位于康桥中路）的投运，进一步增强了西康地区的供电能力。

2006年，35千伏沿南站（位于秀浦路、川周公路交界处）及10千伏延锋开关站（位于叠桥路、秀浦路交界处）建成，缓解了东康地区用户的用电需求。

2007年，康桥工业区又建成35千伏振康站（位于康桥路、御水路交界处）。同年，为世博规划的500千伏三林变电站（位于康梧路、御桥路交界处）以及110千伏创立变电站（位于叠桥路、康威路交界处）土建工程正式开始施工。

2008年，110千伏创立变电站土建工程正式完成。至当年年底，康桥工业区共建成220千伏变电站1座，35千伏变电站7座。

三、各重要时期用电量

1992～1994年，康桥地区主要由35千伏营房变电站供给，该期间康桥地区项目的用电量为3万千瓦时。

1994～1996年，康桥地区增加了35千伏康开站及横沔站。该阶段的供电能力达到了14万千瓦时。康桥地区项目用电量约为9万千瓦时。

1996～2000年，康桥地区又增加了35千伏秀沿开关站，该阶段康桥地区供电能力达到18万千瓦时，项目用电量约为12万千瓦时。

2000～2005年，康桥地区增加了35千伏变电站2座，使康桥地区供电能力达至30万千瓦时，康桥地区项目的用电量约为22万千瓦时。

2005～2008年，又增加一座35千伏变电站。至2008年底，康桥地区供电能力达到35万千瓦时，康桥地区总用电量约为25万千瓦时。

2008年康桥工业区变电站情况表

表4-2-1

序号	变电站名	装机容量	投运时间
1	35千伏营房变电站	6万千伏安	80年代
2	220千伏周康变电站	45万千伏安	1994年
3	35千伏康开变电站	6万千伏安	1994年
4	35千伏横沔变电站	6万千伏安	1995年
5	35千伏吴桥变电站	9.45万千伏安	2003年
6	35千伏礼西变电站	9.45万千伏安	2005年
7	35千伏沿南变电站	9.45万千伏安	2006年
8	35千伏振康变电站	9.45万千伏安	2007年

1993～2007年康桥工业区市政道路供电排管情况表

表4-2-2

序号	道路名称	路段情况	规格	完成时间
1	康桥西路	康梧路—沪南公路	20孔	1993年
2	康桥中路	沪南公路—罗山路	20孔	1993年
3	沪南公路	康花路—周周公路	8孔	1993年
4	康桥东路	罗山路—立新路	电缆沟	1994年
5	康意路	秀新路—康桥路	4孔	1995年
6	康士路	康花路—环南大道绿带	6孔	1995年
7	康花路	康梧路—沪南公路	6孔	1996年
8	康安路	康花路—康桥路	4孔	1996年
9	御山路	康桥路—恒和北路	零星排管	1997年
10	御青路	康桥路—和合村	零星排管	1997年
11	水产路	沪南公司—康沈路	4孔	1998年
12	御水路	环南大道—浦东新区	零星排管	1998年
13	御秀路	康桥路—浦东新区	零星排管	1998年
14	康沈路	秀康路—秀浦路	零星排管	1998年
15	申康路	申江路—立新路	6孔	2001年
16	康梧路	康桥路—秀浦路	14孔	2001年
17	秀沿路	杨高南路—规划路	20孔	2002年
18	康柳路	秀康路—秀龙路	6孔	2002年
19	康巴路	秀沿路—秀浦路	6孔	2002年
20	恒和中路	秀康路—秀浦路	20孔	2002年
21	秀浦路	沪南公司—杨高南路	20孔	2003年
22	浦三路	规划路—周周公路	20孔	2003年
23	康溪路	秀康路—秀龙路	4孔	2003年
24	申江路	周川公路—周邓公路	12孔	2005年
25	秀浦路	申江路—罗山路	20孔	2006年
26	秀浦路	康沈路—罗山路	20孔	2006年
27	周园路	军民路—秀浦路	20孔	2006年
28	叠桥路	秀浦路—周邓公路	20孔	2006年
29	苗桥路	秀浦路—周邓公路	20孔	2007年

第三节 邮政 电信

一、邮电机构

1992年，随着康桥工业区的正式成立，位于康沈路、联络路（后更名为秀康路）口的康桥邮电局正式启用。1998年，该邮电局正式分为康桥电信局和康桥邮政局。

邮政方面，康桥工业区主要由康桥邮政局、周浦邮政局、横沔邮政局提供服务。

电信方面，康桥工业区主要由康桥电信局、周浦电信局、横沔机站为区内企业及居民提供服务。

二、设施建设

1．邮政

康桥邮政局、周浦邮政局及横沔邮政局在居民出入方便区域设置邮政信箱筒，邮政服务人员定时收发邮箱内的邮件，保证了信件的快速传达。

2．电信

康桥地区固定电话由康桥电信局、周浦电信局及横沔机站提供服务。康桥电信局设计容量为10万门电话，周浦电信局设计容量为10万门电话，横沔机站设计容量为5万门电话。在康桥地区内，平均每平方公里内设置有1个通信机房（设计容量为5000～10000门固定电话），各主要市政道路边还建设有电信光缆分支箱（为各企业提供宽带网络服务），保证了康桥地区各个项目都能便捷的接入电信网络。同时，康桥工业区内的主要市政道路均设有4～12孔的电信排管（具体电信排管情况见表4-3-1）。

三、邮电业务

在康桥工业区可以办理的邮政业务有国内外邮件（信函、包裹、EMS快递）、国内汇款业务、储蓄业务、报纸杂志订阅、集邮邮票订购。2004年起康桥邮政局人工代收公共事业费账单，2008年由人工转为柜员机自动扣款。

电信方面由康桥电信局及周浦电信局提供固定电话及宽带网络服务。

康桥工业区市政道路通信排管情况表

表 4-3-1

序号	道路名称	路段情况	规格	完成时间
1	沪南公路	康花路—周周公路	12孔	1993年
2	康桥西路	康梧路—沪南公路	12孔	1993年
3	康桥中路	沪南公路—罗山路	12孔	1993年
4	康桥东路	罗山路—立新路	12孔	1994年
5	康士路	康花路—环南大道绿带	6孔	1995年
6	川周公路	周园路—申江路	6孔	1995年
7	康意路	秀新路—康桥路	6孔	1995年
8	康安路	康花路—康桥路	6孔	1996年
9	康杉路	康花路—环南大道	4孔	1996年
10	康花路	康梧路—沪南公路	6孔	1996年
11	御山路	康桥路—恒和北路	4孔	1997年
12	御青路	康桥路—和合村	6孔	1997年
13	水产路	沪南公司—康沈路	4孔	1998年
14	秀龙路	康梧路—康溪路	4孔	1998年
15	康凌路	康花路—康桥路	4孔	1998年
16	御水路	环南大道—浦东新区	4孔	1998年
17	御秀路	康桥路—浦东新区	4孔	1998年
18	康沈路	秀康路—秀浦路	12孔	1998年
19	秀康路	康梧路—康沈路	6孔	1999年
20	申康路	申江路—立新路	4孔	2001年
21	康梧路	康桥路—秀浦路	6孔	2001年
22	康巴路	秀沿路—秀浦路	6孔	2002年
23	恒和中路	秀康路—秀浦路	6孔	2002年
24	秀新路	康梧路—康意路	4孔	2002年
25	恒和北路	御山路—御水路	4孔	2002年
26	秀沿路	杨高南路—申江路	6孔	2002年
27	康柳路	秀康路—秀龙路	6孔	2002年
28	秀浦路	沪南公司—杨高南路	6孔	2003年
29	杨高南路	秀沿路—周周公路	6孔	2003年
30	浦三路	规划路—周周公路	6孔	2003年
31	康溪路	秀康路—秀龙路	6孔	2003年
32	周周公路	杨高南路—沪南公路	12孔	2004年
33	周邓公路	沪南公司—申江路	6孔	2005年
34	苗桥路	秀浦路—周邓公路	6孔	2005年
35	申江路	周川公路—周邓公路	12孔	2005年
36	秀浦路	申江路—罗山路	6孔	2006年
37	秀浦路	康沈路—罗山路	6孔	2006年
38	周园路	军民路—秀浦路	6孔	2006年
39	叠桥路	秀浦路—周邓公路	6孔	2006年

康桥工业区电信机房情况汇总表

表 4-3-2

序号	机房名称	容量	投运日期
1	周浦电信机房	10 万门	1988 年
2	横沔电信机房	5 万门	1990 年
3	康桥电信机房	10 万门	1994 年
4	罗山路电信机房	1 万门	1995 年
5	上南路电信机房	1 万门	1995 年
6	立新路电信机房	1 万门	2002 年
7	和合电信机房	1 万门	2005 年

四、有线电视工程

1995 年前，康桥地区的有线网络主要由周浦文广站提供，基本确保了康桥地区项目及居民有线电视需求。

1995 年后，康桥地区有线网络由南汇有线网络中心周浦有线站供给。2000 年，有线电视已基本覆盖整个康桥地区，并基本完成村村通。2008 年，周浦有线站的宽带网络也已覆盖整个康桥地区 70% 以上。

康桥工业区有线网络建设情况表

表 4-3-3

序号	道路名称	路段情况	规格	完成时间
1	康桥西路	康梧路—沪南公路	2 孔	1993 年
2	康桥中路	沪南公路—罗山路	2 孔	1993 年
3	康桥东路	罗山路—立新路	2 孔	1994 年
4	康意路	秀新路—康桥路	2 孔	1995 年
5	康士路	康花路—环南大道	2 孔	1995 年
6	康安路	康花路—康桥路	2 孔	1996 年
7	康杉路	康花路—环南大道	2 孔	1996 年
8	康花路	康梧路—沪南公路	2 孔	1996 年
9	御山路	康桥路—恒和北路	2 孔	1997 年
10	御青路	康桥路—和合村	2 孔	1997 年
11	御水路	环南大道—浦东新区	2 孔	1998 年
12	御秀路	康桥路—浦东新区	2 孔	1998 年
13	康沈路	秀康路—秀浦路	2 孔	1998 年
14	水产路	沪南公路—康沈路	2 孔	1998 年
15	康凌路	康花路—康桥路	2 孔	1998 年

续表 4-3-3

序号	道路名称	路段情况	规格	完成时间
16	秀康路	康梧路—康沈路	2孔	1999年
17	申康路	申江路—立新路	2孔	2001年
18	康梧路	康桥路—秀浦路	2孔	2001年
19	康柳路	秀康路—秀龙路	2孔	2002年
20	秀新路	康梧路—康意路	2孔	2002年
21	恒和北路	御山路—御水路	2孔	2002年
22	秀沿路	杨高南路—申江路	2孔	2002年
23	康巴路	秀沿路—秀浦路	2孔	2002年
24	恒和中路	秀康路—秀浦路	2孔	2002年
25	康溪路	秀康路—秀龙路	2孔	2003年
26	秀龙路	康梧路—康溪路	2孔	2003年
27	浦三路	规划路—周周公路	2孔	2003年
28	秀浦路	康沈路—罗山路	2孔	2005年
29	苗桥路	秀浦路—周邓公路	2孔	2005年
30	申江路	周川公路—周邓公路	2孔	2005年
31	秀浦路	申江路—罗山路	2孔	2006年
32	周园路	军民路—秀浦路	2孔	2006年
33	叠桥路	秀浦路—周邓公路	2孔	2006年

第四节 给排水 天然气

一、给水工程

1992 年开始实施、1993 年正式投运的康桥水厂，为康桥工业区的发展提供了用水保障。1993 年，日供 12 万吨的航头水厂投运，之后康桥地区用水主要由航头水厂通过康桥泵站（设计能力日供 6 万吨）供给。2004 年，随着南汇地区给水管网的环通，康桥地区部分用水同时由惠南水厂通过六灶泵站供给，其时康桥地区实际日供水能力约为 8 万吨。这些生产和生活用水均依靠市政道路下面敷设的给水管（具体给水排管工程情况见表 4-4-1）提供给企业和居民。

二、排水工程

1．污水排放

至 2008 年，康桥工业区内污水管道随着道路的建设已经初步完善。管道口径为DN300至DN1500不等，全长达52.27公里。

2006年工业区已建污水提升站两座（日均排放量50万吨）。其中康桥1号站位于A20北侧，康意路南端；康桥2号站位于A20北侧，御水路南端。西康地区（沪南公路以西片）污水排放经秀浦泵站提升后排入康桥1号站，而东康地区（沪南公路至罗山路）排入康桥2号泵站，然后两站统一排入A20排污总管，最终排入白龙港污水处理厂。

在污水纳管方面，工业区通过对入驻企业和居民的污水排放进行集中化处理，已经做到了污水标准化排放，基本实现污水管网格化建设。对各入驻企业均要求其在污水排入市政干管前，必须经二级深化及更高要求的处理，真正做到无害化处理。

2．雨水排放

雨水排放采用自然流水方式，就近排放至保留河道。雨水收集方式主要是地块雨水先行收集，再通过次干管排入道路雨水主干管，最终排入保留河道。在雨水管网设计方面，均根据工业区范围内地块雨水排放量不同级的特点进行计算与设计。至2008年底，所建雨水管道总长51.33公里，管径为DN450至DN1600不等，基本满足了工业区内生产生活的需要。

康桥工业区市政道路给水管情况表

表4-4-1

序号	道路名称	路段情况	规格	完成时间
1	康桥西路	康梧路—沪南公路	DN500	1993年
2	康桥中路	沪南公路—罗山路	DN600	1993年
3	沪南公路	康花路—周周公路	DN600	1993年
4	康桥东路	罗山路—立新路	DN500	1994年
5	川周公路	周园路—申江路	DN300	1995年
6	康意路	秀新路—康桥路	DN300	1995年
7	康士路	康花路—环南大道绿带	DN300	1995年
8	康花路	康梧路—沪南公路	DN300	1996年
9	康安路	康花路—康桥路	DN300	1996年
10	康杉路	康花路—环南大道	DN300	1996年
11	御山路	康桥路—恒和北路	DN300	1997年
12	御青路	康桥路—和合村	DN300	1997年
13	水产路	沪南公司—康沈路	DN300	1998年
14	御水路	环南大道—浦东新区	DN300	1998年
15	御秀路	康桥路—浦东新区	DN300	1998年

续表 4-4-1

序号	道路名称	路段情况	规格	完成时间
16	康沈路	秀康路—秀浦路	DN500	1998年
17	秀康路	康梧路—康沈路	DN300	1999年
18	申康路	申江路—立新路	DN200	2001年
19	康梧路	康桥路—秀浦路	DN300	2001年
20	秀新路	康梧路—康意路	DN200	2002年
21	恒和北路	御山路—御水路	DN300	2002年
22	秀沿路	杨高南路—申江路	DN500	2002年
23	康柳路	秀康路—秀龙路	DN300	2002年
24	恒和中路	秀康路—秀浦路	DN500	2002年
25	康巴路	秀沿路—秀浦路	DN300	2002年
26	秀浦路	沪南公司—杨高南路	DN300	2003年
27	杨高南路	秀沿路—周周公路	DN500	2003年
28	浦三路	规划路—周周公路	DN300	2003年
29	康溪路	秀康路—秀龙路	DN300	2003年
30	周周公路	杨高南路—沪南公路	DN500	2004年
31	周邓公路	沪南公司—申江路	DN500	2005年
32	苗桥路	秀浦路—周邓公路	DN300	2005年
33	申江路	周川公路—周邓公路	DN600-800	2005年
34	秀浦路	申江路—罗山路	DN500	2006年
35	周园路	军民路—秀浦路	DN500	2006年
36	叠桥路	秀浦路—周邓公路	DN300	2006年
37	横新公路	军民路—周邓公路	DN500	规划
38	秀浦路	康沈路—罗山路	DN500	规划
39	秀龙路	康梧路—康溪路	DN300	规划
40	康凌路	康花路—康桥路	DN300	规划

三、天然气工程

（一）输气管道建设

康桥地区的天然气主要由上海燃气浦东销售有限公司和南汇天然气输配有限公司供给。1994 年起，康桥地区的天然气由浦东的御桥调压站供给（对康桥地区实际日供气能力为 10 万立方米、规划日供气能力为 17 万立方米）；2002 年，南汇周浦繁荣调压站也开始供气（对康桥地区实际日供气能力为 5 万立方米、规划日供气能力为 10 万立方米）。

康桥地区多条道路（康桥工业区内天然气工程建设情况见表 4-4-2）均敷设有天然气输气管道，覆盖了康桥工业区的大部分范围，企业一经申请即可便捷地开通天然气。

（二）各个重要时期的输气量

1995～2000年，康桥地区企业及居民每年总用气量约为250万立方米。

2000～2005年，康桥地区日供气能力达到15万立方米，企业及居民的实际年用气量约为950万立方米。

2005～2008年，康桥地区日供气能力达到20万立方米，企业及居民的实际年用气量约为1200万立方米。

1995～2006年康桥工业区天然气排管情况表

表4-4-2

序号	道路管线名称	路段情况	规格	完成时间
1	康桥路	康梧路—立新路	DN200	1995年
2	康花路	康梧路—沪南公路	DN200	1996年
3	沪南公路	康花路—周周公路	DN300	1996年
4	川周公路	周园路—申江路	DN200	2000年
5	御青路	康桥路—和合村	DN200	2001年
6	恒和中路	秀康路—秀浦路	DN200	2001年
7	康柳路	秀康路—秀龙路	DN200	2002年
8	康巴路	秀沿路—秀浦路	DN200	2003年
9	秀康路	康梧路—康沈路	DN200	2003年
10	秀沿路	杨高南路—申江路	DN200	2003年
11	杨高南路	秀沿路—周周公路	DN200	2004年
12	秀浦路	沪南公路—杨高南路	DN200	2005年
13	周邓公路	沪南公路—申江路	DN300	2005年
14	周周公路	沪南公司—申江路	DN200	2006年
15	周园路	军民路—秀浦路	DN200	2006年
16	叠桥路	秀浦路—周邓公路	DN200	2006年
17	苗桥路	秀浦路—周邓公路	DN200	2006年
18	申江路	周川公路—周邓公路	DN300	2006年

第五节　绿　化

一、发展概况

康桥工业区的绿化主要以道路绿化为主。工业区在开发初期的绿化建设中，由于资金等方面的影响，只是简单布绿。随着开发建设的不断深入，工业区市政配套工程逐步完善，并逐步追求绿化的品质和品味。至2008年底，康桥工业区共建成道路绿地52万平方米。同时，工业区严格要求各企业的绿化率和建设水平，整个工业区的绿化率达到了35%以上。

二、重点工程

1994年康桥路通车后，两侧绿化开始建设。受资金等多种因素影响，路边主要以草坪为主。同时期建设的康意路、康安路、康杉路、康士路绿化主要以行道树香樟为主。

1997年，沪南路康桥路口绿地和沪南路康花路口绿地建成。两块绿地面积共约1.5万平方米。当时在南汇甚至在浦东新区都很少有这样的大型绿地。同年，主要为绿宝园落户康桥而开辟的康巴路建成。康巴路两侧绿化带内种植直径10厘米以上的梧桐树，中间隔离带内种植了黄绿相间的金叶针和海桐，绿化错落有致，和绿宝园内景观遥相呼应，颇为美观。

1998年，康凌路和康柳路建成通车后，在康凌路两侧种植了水杉和珊瑚。在康柳路绿化种植中，采用了乔木和灌木混合的自然式种植方法。

1999年，随着水产路和康花路的建设，两侧的绿化也随之种植。由于两侧的绿化带很窄，只能采用绿篱的方式进行种植，在绿篱中穿插小乔木，绿色、黄色、红色协调搭配。

随着康桥开发建设的不断进行，南汇区对绿化景观建设要求越来越高。至2000年底，不论道路的宽度，道路两侧的人行道和道路中的分车带都种植了花木，这不但可以起到美化景观的作用，还具有分隔道路的意义。特别是对康桥路景观工程进行改建过程中，隔离带内采用了规则式、自然式和两者相结合的方式配置了花灌木，达到了理想的景观效果。在康沈路景观工程改建过程中，由于绿化带是一条狭长的绿地，下面敷设有若干条与道路平行的管线，受这些条件的限制，成行成排地在管线之间种植乔木和灌木，就成为道路绿化的主要形式。同年，康溪路和秀龙路建成。当时正值高温酷暑季节，种植时采取了乔木喷灌、花灌木用遮阴布遮盖等措施，保证了苗木的成活。

2002年，申江路绿化开始起建。乔木采用小香樟和广玉兰，配以花灌木，形成林带式的自然风光。

2003年春，为配合文明城区创建，对沪南路康桥路口绿化进行改建。在设计过程中，采用了因地制宜的设计手法，地势低洼处，采用了下沉式广场，地势较高处，则就其势堆土山或置石。原有的树木作为后背景全部保留。根据周围居民区的具体情况，适当种植灌木、花卉，配置少量的乔木、景石和雕塑，形成了开放式的小游园。同年，康梧路通车，绿化工程开始起建，采用了以意杨为后背景，前配红叶李、桂花、紫薇、紫槿等小乔木，再配海桐、红花继木、红叶小蘗等花灌木，形成了错落有致的绿地风光。

2004～2007年，御青路、御山路、御水路、周园路相继建成。由于这几条路绿化面积相对较少，主要以行道树为主，配以草坪和矮灌木。

2008年，秀浦路绿化工程建设完成。秀浦路绿化面积近13万平方米。在绿化设计时采用以落叶乔木水杉为主背景，落叶乔木前配以花灌木（四季均有花开放的花灌木）和小灌木的方式，形成了季象有规律变化的优美景观。同时，在隔离带内配以红绿色块（红叶石楠篱、栅瑚篱）和黄色球（金叶女针球）。红绿黄三种苗木相间种植，在路两侧14米的绿化带和大面积的草坪做映衬，达到了非常好的景观效果。

1992～2008年康桥工业区绿化工程建设情况表

表4-5-1

序号	道路绿化工程名称	面积（平方米）	投资（元）	实施情况
1	康桥路	36900	1107000	1994.5～1994.12
2	康意路、康安路、康杉路、康士路	19905	80000	1995.5～1995.11
3	康巴路	4091	81820	1997.7～1997.11
4	康凌路、康柳路	15495	774750	1998.6～1998.11
5	水产路、康花路	16584	829200	1999.6～1999.12
6	康沈路	4792	239600	2001.11～2002.3
7	康溪路、秀龙路	13840	692000	2000.5～2000.12
8	御青路、秀康路	17300	1038000	2004.12～2005.5
9	申江路	60800	4864000	2002.4～2002.12
10	康梧路	72333	5063310	2003.3～2003.5
11	秀沿路	116034	4641360	2002.11～2003.5
12	杨高南路	14660	733000	2003.5～2003.12
13	御山路、御水路	5000	250000	2005.3～2005.5
14	浦三路	3000	60000	2007.3～2007.5
15	秀浦路	129600	8424000	2007.5～2007.12

第五章　招商引资

招商引资是康桥工业区推进区域开发，改变地区形象，实现产业集聚，推动经济发展的一项重要工作。

工业区辟建初期，各项基础设施亟待完善。为了改变这种状况，县政府组织县域内一些有经济实力的单位率先参与康桥的开发。1992年6月，南汇县物资局、县粮食局、县供销社、汇丽化学建材总厂、县建筑总公司、周浦商业公司等11家县内单位在沪南公路两侧的公建区投资，先后建造海东大楼、宝康大厦，创办建材、粮油等各种商场，开办了新城酒家、康达饭店，初步改变了康桥的对外形象。

1993年2月19日，第一家投资康桥的国内企业——上钢十厂下属的三川房地产开发经营公司投资2500万元，建设康馨花苑。1994年2月8日，第一家投资康桥的国外公司——意大利纺织服装公司与上海服装总公司合资组建的圣人梦服装有限公司在康桥工业区签约。在以后的十多年里，依托良好的区位优势、完善的投资环境和优惠的招商政策，工业区管委会和康桥（集团）有限公司不断完善招商方式，创新招商机制，提高服务水平，取得了很好的招商成果。至2008年底，工业区累计引进外资企业364家，总投资41.97亿美元，其中世界500强企业15家；累计引进内资企业2036家，总投资146.27亿元；累计固定资产投入359.55亿元，其中工业固定资产投入212.60亿元。工业区聚集了美国通用汽车公司、英国皮尔金顿公司、法国施耐德电器公司、德国大众汽车公司、瑞士ABB集团、台湾华硕集团、中国第一汽车制造厂、东风汽车公司、台湾宏达国际电子有限公司等知名企业投资的一批骨干企业。入驻企业和单位在自身发展的同时，有力推进了康桥工业区的经济发展、劳动力就业和城市化进程。

第一节　招商机构

根据开发的需要，康桥工业区辟建之初，就建立了相应的招商机构。以后，随着招商的需要，机构不断调整，人员逐渐增多，为工业区的招商引资提供了组织保证。

一、机构沿革

1992年6月1日，康桥工业区管委会成立项目处，承担工业区招商职能，由李德文、丁富灵任正、副处长，负责项目集中统一审批。地点设在周西乡铝制品厂的办公楼内。

1992年9月，潘祥生任项目处处长。办公室迁往沪南路西侧康管委活动房内。1994年8月1日，项目处又迁至沪南路2502号康管委新建办公楼内。

2001年3月26日，为加大招商引资的力度，建立工业区和康桥镇资源共享、优势互补、形成合力的招商引资新机制，康管委下发文件，决定成立工业区招商中心，由邱学国任主任，潘祥生、奚志勇任副主任。招商中心共有工作人员15人，分设5个招商小组。各小组确定年度招商任务，定期汇报招商进展情况。2001年8月，由于招商工作人员的增多和招商职能的增加，招商中心迁至康桥东路1号新建的大楼办公，直至2008年。

2005年3月，招商中心设外资科、内资科、协调科3个科室。

2007年8月，招商中心下属科室进行调整，改设实体招商科、注册企业服务科（含上海办事处）、生产性服务业招商科、规范税源科、外建税科。

1999～2005年，康管委派邵自红到上海市外国投资促进中心担任首席代表，负责招商的上下沟通联络，帮助引进了如英国杰西博等10多个高质量的实体项目。

附：康桥工业区招商部门负责成员名录和任职时间

项目处处长：潘祥生（1992.9～2001.3.25）
招商中心主任：邱学国（2001.3.26～2003.5.7）
井剑平（2003.5.8～2005.3.3）
潘祥生（2005.3.4～2008.10.10）
董华新（2008.10.10～ ）
项目处副处长：裘彭年（1993.9～1996.10）

招商中心副主任：奚志勇（2001.3.26～2006.3）
潘祥生（2001.3.26～2005.3.3）
邵自红（2005.3.4～ ）
夏　多（2008.5.9～2008.10.10）
沈　荣（2007.3.26～ ）

二、工作职责

工业区招商机构作为康管委的下属部门，16年里，其工作职责也发生过变化。从1992年6月到2001年3月的9年里，项目处在人员较少的情况下，既要负责全区的招商引资，又要承担落户企业的日常管理，任务十分繁重。面对这种状况，康管委决定把原有的项目处分设为招商中心和项目处，招商中心主要负责招商引资，项目处侧重负责落户企业的管理和统计工作等。

机构调整后项目处的职责有：

（1）负责为落户项目前期、后续审批做好服务。

（2）负责工业区的各项统计报表，并进行数据分析。

（3）负责指导工业区内企业的安全生产工作。

（4）负责园区的环境管理，包括各种废弃物的分类收集处理和能源、资源的消耗管理。

招商中心的工作职责有：

（1）根据工业区阶段性发展目标和经济指标，制订年度招商引资计划。

（2）拟定和落实执行工业区招商引资相关政策。

（3）落实工业区招商引资的宣传工作。

（4）建立和拓展招商渠道，打造招商平台，发展合作中介，参与国内外重大招商活动，组织外出招商和洽谈拜访，策划组织工业区各类招商活动。

（5）落实对项目方的接待、项目洽谈和签约。

（6）负责项目落地过程中立项、环评、拆迁等协调工作。

（7）参与对已入驻企业的后续服务，协助协调项目方和政府职能部门之间的关系。

（8）搜集整理项目的投资和产出信息，协助完成项目统计工作。

第二节 招商政策

一、企业扶持政策

（一）国家有关税收政策

2008年前，外资企业按照国家有关规定享受15%的所得税税率。2007年3月，全国人大通过了《中华人民共和国企业所得税法》。根据新的所得税法，自2008年1月1日起，在工业区登记注册的内外资企业统一适用25%的企业所得税率。同时，对原享受低税率优惠政策的企业，在新税法施行后5年内逐步过渡到法定税率；原享受企业所得税“两免三减半”定期减免税优惠的企业，新税法施行后继续按原税收法律、行政法规及相关文件规定的优惠办法及年限享受至期满为止。

（二）上海市有关扶持政策

1995年10月16日，上海市外资委和财政局联合发出《关于康桥工业区外环线以北地区享受浦东新区优惠政策的通知》。通知指出，根据国务院国函〔1992〕146号批复同意的沪府〔1992〕28号文的精神，康桥工业区中地处外环线以北约8平方公里的区域，属于浦东新区规划红线内，投资该地区的中、外资项目，可享受浦东新区的优惠政策。其主要内容是：

1．区内的中、外资企业，所得税税率为15%，免地方附加税。

2．外商投资的生产性企业，所得税享受“两免三减半”。

3．产品出口达到70%的外资企业和技术先进的外资企业，减免税期满后，所得税可按10%缴纳。

4．凡属《外商投资产业指导目录》鼓励类项目，进口自用生产设备可免征关税和进口环节增值税。

5．凡属《当前国家重点鼓励发展的产业、产品和技术目录》的国内投资项目，进口自用生产设备可免征关税和进口环节增值税。

6．外方投资者享受免征汇出利润所得税、房产税和享受再投资退税等方面的优惠。

2008年1月1日，新的《中华人民共和国企业所得税法》实施以后，根据法律规定，“法律设置的发展对外经济合作和技术交流的特定地区内，以及国务院已规定执行上述地区特殊政策的地区内新设立的国家需要重点扶持的高新技术企业，可以享受过渡性税收优惠”。据此，在新的企业所得税法实施以后，工业区内注册于外环线以北的企业可以享受浦东新区优惠政策，内容包括：在2008年1月1日（含）之后完成登记注册的国家需要重点扶持的高新技术企业，自取得第一笔生产经营收入所属纳税年度起，第一年至第二年免征企业所得税，第三年至第五年按照25%的法定税率减半征收企业所得税；对电子信息、生物、航空航天、新材料、高技术服务、新能源及节能、资源与环境、高技术改造传统产业等高新技术领域，只要被认定为高新技术企业的，可以享受15%的优惠税率。

（三） 南汇县（区）有关扶持政策

1992年，南汇县委、县政府就制定了招商引资的相关政策，中共南汇县委员会制定关于鼓励本县企业、单位参与康桥工业区开发的意见。具体内容如下：

为用足用好浦东新区优惠政策，加强康桥工业区建设，促进全县经济更快发展，鼓励本县企业、单位积极参与康桥工业区的开发，特提出如下意见：

1．各乡镇、企业局应把积极参与工业区的开发，与搞好本乡镇工业小区的规划、开发和建设紧密结合起来，利用康桥工业区的政策优势、地理优势，运用独办、联办、股份公司、前店后厂等多种形式，促进本地经济的加速发展。

2．康桥工业区内的财税优惠政策：

（1）在康桥工业区内的原有企业、固定资产原值比1990年底增长20%以上的，所得税减按15%计征。

（2）在康桥工业区内投资新办的县内企业，工商、税务登记在工业区内，所得税在区内就地缴纳的，除享受所得税减按15%计征等浦东新区优惠政策外，市府和市税务局现有明确规定的优惠政策仍可继续享受。

（3）实行前店后厂的企业，产品在康桥工业区内加工的，康桥工业区内分店自身的工业产品加工所得税减按15%税率征收。

(4) 县内企业部分车间迁往康桥工业区内，企业地跨康桥工业区内外的，若迁建部分实行独立核算、单独纳税的，或迁建的部分实际从事工业生产占整个企业生产经营业务50%以上，同时工商登记和纳税地在康桥工业区的，所得税可减按15%税率征收。

(5) 康桥工业区外的县内原有企业，经营场所、工商登记，税务登记在康桥工业区内，新增固定资产投资20%以上，其新增利润可免征所得税2～3年。

(6) 在康桥工业区内兴建固定资产投资项目，可免征固定资产投资方向调节税。

(7) 康桥工业区内的县内各类企业单位，所得税减按15%就地征收后减征的税收直接转入生产发展基金，免征能源交通基金和预调基金。

(8) 本县各乡镇、企业局在康桥工业区投资新办的企业所缴纳的税收，1995年内单列并将流转税70%和所得税全部返回给各乡镇、企业局。流转税30%部分留在区内，用于滚动开发。

3. 实行优惠地价房价。对本县乡镇局行及县所属有关单位进入工业区兴办的各类企业，均可按优惠地价征地用地。对于购买、租用标准厂房、办公房的，也可给予一定优惠。

4. 对于周西、横沔两乡进入工业区的新办项目和老企业扩建项目，除新址需由工业区管委会批准或统一安排外，其征地方法仍可沿用老办法。

5. 在工业区单独设立信贷金融机构之前，各乡镇局行进入工业区的企业均在周浦各有关专业银行营业所开户，需要增加的信贷额度由各专业银行协调解决，并尽可能为工业区内的用户提供方便。

6. 用电、用水、通讯、污水处理等部门应积极配合工业区的开发，根据规划分期实施配套工程，并尽可能挖掘潜力解决近期内的用户需要，简化申请手续，加快装接速度，支持开发、建设。

7. 对开发、建设工业区有突出贡献的单位和个人进行奖励。对保质保量提前完成重大工程、引进重大项目，对在工业、城建、科技等方面取得显著成效的，均可列入县重大奖励评比范围，实行重奖。

对在引进项目等方面有重大贡献，需要解决在南汇、周浦或工业区内落户的，在项目立项时向县有关部门附报，在项目完工和产生效益后，按规定上报审批。项目主管单位帮助落实。

8．县有关部门要改善服务态度，提高办事效率。在工业区内兴建的项目，主要由管委会负责把关，然后由县计委、外经委等部门牵头，实行“一个门口审批”，一次性完成全部审批手续。县各有关部门要密切配合工业区管委会做好有关各项工作，为加速开发和建设提供各种优良服务、优惠政策和便利措施。

1994年，南汇县委编发的70号文件《关于进一步深化改革促进经济发展的若干政策意见》中，也对康桥的招商引资优惠政策作了规定，文件中有关康桥的政策：

1．在康桥工业区内原有企业、固定资产原值比1990年底增长20%以上的，所得税减按15%计征。

2．在康桥工业区内投资新办的县内企业，工商、税务登记在工业区内，所得税在区内就地缴纳的，除享受所得税减按15%计征等浦东新区优惠政策外，市府和市税务局现有明确规定的优惠政策仍可继续享受。

3．实行前店后厂的企业，产品在康桥工业区加工的，康桥工业区内分店自身的工业产品加工所得税减按15%税率征收。

4．县内企业部分车间迁往康桥工业区内，企业地跨康桥工业区内外的，若迁建部分实行独立核算、单独纳税的，或迁建的部分实际从事工业生产占整个企业生产经营业务50%以上，同时工商登记和纳税地在康桥工业区的，所得税可减按15%税率征收。

5．在康桥工业区内兴建固定资产投资项目，可缓征固定资产投资方向调节税。

6．康桥工业区内的县内各类企业单位，所得税减按15%就地征收，减征的税收直接输入生产发展基金。跨地区的税收归原乡、镇的财政包干。

7．康桥工业区实行计划单列，独立编制国民经济和社会发展计划。统计范围包括区内所有注册登记单位和周西、横沔、周浦三个乡17个村内未在康桥工业区注册登记的其他所有单位。

为吸引外来投资，促进地区经济快速发展，南汇县政府又于1996年11月12日下发了南府第38号文件《关于鼓励外省市企业到我县市、县级工业区投资的优惠政策》。主要内容包括：

1．纳税奖励

对外省、市投资兴办的规模较大并符合产业导向的内资企业，以及上级主管部门认定的高新技术产品的企业，对企业缴纳的所得税、增值税地方财政所得酌情向企业给予奖励；对新建工业企业，缓征固定资产投资方向调节税；生产经营性企业自身所需的进口的设备等，帮助办理进口关税减免。

2．规费减免

外省、市企业征用或批租土地办企业，免征耕田占用费；工商、税务等部门规费，按法定最低标准收取；在进行资产评估，验资、产权转让时，按法定最低标准减半收取。

3．简化手续

对材料齐备的申请者，一般在10天内办结企业登记手续。

4．奖励落户

个人投资额在50万元者，本人及其家属的户口可农转非转入南汇落户。凡国家法人、集体投资的，分期分批解决城镇户口。

为进一步鼓励和扶助入驻企业，促进产业迅速集聚，南汇县政府于1997年出台了南府〔1997〕51号文件《南汇县人民政府关于进一步鼓励外省市区县企业来我县投资兴业的若干政策规定》，对入驻企业进行扶持。除税收奖励的有关内容外，主要内容包括：

1．融资支持

对拥有一定自有资金的外省市，外区县企业，可采用抵押等方式申请流动资金贷款；金融部门优先支持外省市、外区县重点企业出口公司的生产，对换汇成本低的，适当增加出口信贷规模。

2．奖励落户

外省市单位或个人投资达一定金额的，可代办上海市蓝印户口；对持有南汇县蓝印户口的劳动者，劳动部门免收外省市劳动力管理费；持蓝印户口者，在入托、入园和义务教育阶段的入学、申领营业执照、安装电话等方面享受常住户口者的同等待遇。

3．人才引进

对投资较大规模的外来企业，需引进各类人才的，给予优先安排引进人员的指标。

作为南汇县政府的派出机构，康桥工业区也享受以上县政府的优惠政策。

（四） 康桥工业区有关扶持政策

1994年，工业区管委会就制定了两个招商引资的优惠政策，一是《康桥工业区优惠政策》，二是《康桥工业区鼓励外省投资的暂行办法》。

《康桥工业区优惠政策》具体内容如下：

在上海市浦东康桥工业区内建办项目，凡工商、税务在工业区内登记注册的，享受浦东新区的优惠政策。其主要内容有：

1．免征和减征所得税

（1）“五免五减半”（即头五年免征企业所得税，第六年至第十年减半征收企业所得税）。外商在能源、交通建设（如港口、机场、铁路、公路、电站等）项目上的投资，按15%缴税；如其投资经营在15年以上，从获利年度起则可享受“五免五减半”政策。

（2）“二免三减半”。外商投资经营期10年以上的生产性项目，企业所得税税率按15%计征。从获利年度起，可享受“二免三减半”政策。

产品出口企业减免所得税期满后，凡当年企业生产的产品出口达到70%以上的，可减按10%税率缴纳企业所得税。

（3）“一免二减半”。外商投资兴办的独资、合资银行及财务公司等金融机构，享受“一免二减半”政策。若外资投入资本超过1000万美元，经营10年以上，按15%缴税。

2．免征关税和增值税、消费税

中、外投资企业进口下列物品可获免征关税和增值税、消费税的优惠：

（1）企业建设用的机器、设备、车辆基建物资。

（2）企业自用的建筑材料、生产和管理设备及其零部件、运输车辆、元器件、原辅材料以及办公用品。

（3）保税区内的安家物品和交通工具等。

（4）保税区内的转口货物，保税区企业生产加工的出口产品。

（5）从非保税区运入保税区的货物视同出口，企业可申请退还生产环节的产品税或增值税，出口商品中含有的进口原料可获免税优惠。

3．免征房产税

外商投资企业在工业区自建或购置的新建房屋，从建成或购置月份起免征房产税五年。

4．利润汇出和再投资的优惠

外商投资者如将其从企业分得的利润在投入本企业或其他外资（合资）企业，经营期不少于五年的，可退还再投资部分已缴所得税的40%；如在投资举办、扩建产品出口企业或者先进技术企业，经营期不少于五年的，可退还再投资部分已缴所得税的100%。

5．增值税和消费税的优惠

经营期在十年以上的生产性外商投资企业，其生产的出口产品除国家另有规定的外，增值税税率为零，免征消费税。

6．对“内地投资”的优惠政策

基于1991年9月公布的《上海市鼓励外地投资浦东新区的暂行办法》，是与吸收外商投资的政策相辅相成的。康桥工业区欢迎中央各部门和兄弟省市来本区投资的优惠政策包括：生产性企业的所得税税率为15%，并享受“一免二减半”政策；免征生产、办公用进口物品的关税、增值税和消费税；外地企业生产的料、件、办成品在工业区内增值的出口产品免征出口关税；所得税酌情给予减免；经批准，生产性企业可享受本企业产品的出口经营权；外地分得的外汇利润可返回投资方所在地等。

7．其他优惠政策

（1）在工业区内建办的中外合作企业，除了享有上述各种优惠政策外，凡属于高新技术，其经济效益好的，在确定双方利润分成比例时，可给予适当让利。

（2）工业区对外商投资企业所需用地，凡属高新技术，经济效益好，产品出口比例高，又无“三废”的生产性项目，在土地折价入股和土地批租的价格上给予优惠。

《康桥工业区鼓励外省投资的暂行办法》具体内容如下：

为鼓励和吸引国内其他地区企事业单位到康桥工业区投资及建设，特制定如下办法：

1．投资范围

外地投资应符合工业区经济社会发展规划和产业政策，鼓励外地在工业区进行以下方面的投资。

（1）扩大出口创汇项目。

（2）适应国际、国内市场需求，促进企业技术进步的项目。

（3）新兴工业项目；

（4）能源、交通、通信、市政、公用等基础设施建设项目。

（5）商业贸易。

（6）建筑房产业。

（7）信息与咨询业。

（8）其他鼓励投资项目。

2．投资形式

（1）外地、上海共同与外商兴办中外合资合作经营企业。

（2）外地与外商开设中外合资、合作经营企业。

（3）外地独资企业。

（4）外地联合兴办企业。

（5）中外（含外地联合企业）与上海联合开办企业。

（6）采用购买企业资产所得权或参股等形式进行投资。

（7）工业区与外地认为合适的其他方式。

3．审批办法

（1）外地与外商合资、合作建设的项目，由工业区报县政府，并会同县外经委等有关部门审批及办理各种手续和文件。

（2）外地独资（含外地联合投资）建设的生产性项目，由工业区负责报县政府，并办理各种手续和文件。

（3）外地与上海市企业联合建设的生产性项目，由工业区负责报县政府，并办理各种手续和文件。

（4）外地独资（含外地联合投资）、外地与上海市企业联合投资的非生产性项目，由工业区负责办理各种手续和文件。

4．优惠政策

外地投资企业可按工业区所制订的有关政策和法规，享受上海市浦东新区的各种优惠政策。

为了推进工业区生产性服务业发展，集中打造高科技园区，康桥工业区管理委员会又于2000年3月出台了《关于促进康桥工业区高科技园区发展的若干规定》，具体内容包括：

1．住房补助

对海外留学生、高层次、高科技人才携带高新技术成果进入园区创业的，在住房上给予补贴；对具有大学以上学历的人才，协助解决一定年限内低房租住房。

2．鼓励公共服务机构的设立

对企业、机构的开办或迁入，实行“一门式”无偿服务，急事急办，特事特办。对市场化运行的部分关键性公共服务机构，实行竞争性特许经营，并相应给予非营利性机构费税减负等政策优惠。

3．户籍鼓励

外省市科技人员和经营管理者带高新技术成果来园区实施转化，经认定，准予其本人及相关亲属的户口迁入南汇，并免交城市建设费。

4．科技奖励政策

企业自主开发（含二次开发）的高新技术成果经认定后，对主要完成人，在成果转化后实现的税后利润中提取一定比例进行奖励。对科技成果转让收益中缴纳的个人所得税，地方所得部分用作奖励。

对引进高新技术项目来园区落户的中介人或中介机构，根据土地款或厂房租金总额设定比例进行奖励。

康桥开发的16年里，落户康桥的364家外资企业，2036家内资企业，都按照企业落户的时间和企业的性质，享受了不同的优惠政策，如外商投资的生产性企业，所得税实行“两免三减半”；投资康桥的中、外资企业，所得税按15%征收，免地方附加税等。

二、招商奖励政策

（一）对招商中介的奖励

为增强区域经济实力，推进招商工作开展，1998年7月，南汇县人民政府发布了《南汇县招商引资工作奖励暂行办法的通知》，对在土地出让、厂房出售出租、招商引资中作出贡献的单位、个人，经审核后给予奖励。

为鼓励高科技企业落户康桥，工业区管委会于2000年3月出台的《关于促进康桥工业区高科技园区发展的若干规定》中规定，对引进高新技术项目来园区落户的中介人或中介机构实行奖励。

2000年8月，工业区管委会出台了《关于实行招商引资新机制的暂行办法》，对社会上有志于康桥招商的人士，审核录用后每月发放招商津贴并实行招商奖励。同时，聘请一批在沪涉外机构、市有关部门的人士担任招商顾问，对招商引资作出贡献的，给予适当奖励。

（二）对内部工作人员的奖励

为了进一步调动内部员工积极性，大力推进招商工作，2000年8月，工业区管委会出台了《关于实行招商引资新机制的暂行办法》，对招商人员按照土地批租金额和厂房出租面积进行奖励；对康桥集团公司员工利用各种渠道进行招商引资的，按照招商业绩进行奖励；经审核，对有一定能力的集团公司员工可申请成为专职招商人员。

为进一步调动招商人员的积极性，提高招商项目的数量和质量水平，2008年11月，招商中心实行绩效与收入挂钩，推行招商奖金制度。在做法上，将全体招商人员分为三个招商组，以小组为单位，按照年初设定的招商指标进行考核，根据考核情况进行奖励。考核设招商目标奖、招商超额奖、新增项目奖、外建税收奖等，根据招引项目数和实现税收数等完成情况分别进行奖励。另外，设后勤服务奖，对后勤服务人员按招商中心平均奖进行奖励。该项措施大大调动了招商人员的积极性和责任心，在收入机制改革后，工业区招商业绩出现较大增长。

第三节　招商机制

一、招商流程

工业区招商工作以客户需求为中心，遵循招商市场的一般规律，设计了招商项目管理的一般流程，具体内容如下：

（一）项目信息获取。利用各类招商平台和中介机构等信息渠道，结合举办招商会、拜访企业等方法，获取、储备和筛选项目信息。

（二）项目初步接触。招商人员与有意向的投资客户进行初步洽谈，介绍工业区区位、规划、土地（厂房）、配套等情况，同时了解企业性质和内在需求，考察项目是否符合工业区产业导向。

（三）项目内部讨论。针对客户需求协调管委会相关部门召开会议，讨论如何满足客户需求。

（四）项目合同谈判。与项目方就地块选址、土地或租赁厂房面积、市政配套、土地单价或厂房租金价格、项目开工时间、项目产出要求等进行谈判，并签订有关协议。

（五）项目后续服务。合同签订后，配合规土、市政、动迁等部门做好项目的后续服务工作，跟踪服务直至项目投产。

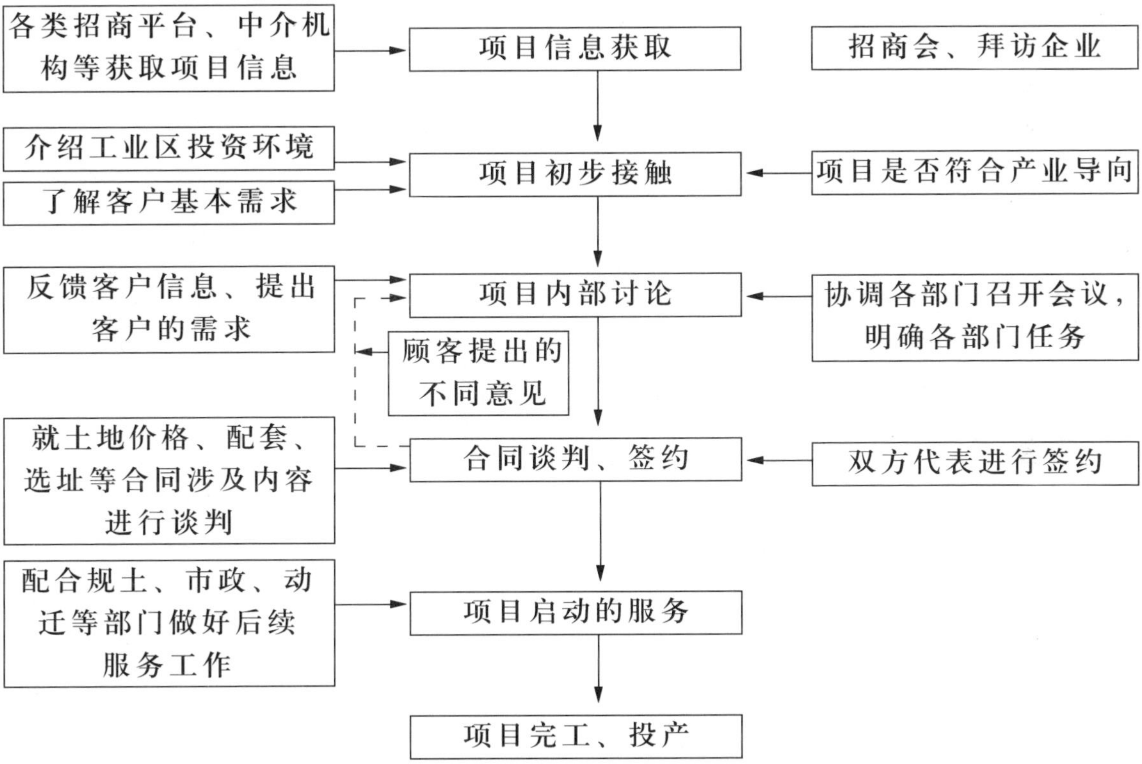

图 5-3-1　**招商引资项目管理流程图**

二、招商服务

（一）一门式服务

为进一步改善投资软环境，更好的服务投资客户，提高办事效率，工业区对入驻园区的企业实行“一门式”服务。投资人注册企业，只需提供身份证等基本必要资料，招商部门提供包括政策法规咨询、工商查名、银行开户验资、工商营业执照、组织机构代码、税务登记等在内的一站式服务，全部工商注册手续在23个工作日内完成。与此同时，工商、税务登记等各项收费实行透明公开。

（二） 组织企业走访和开展活动

对于工业区入驻企业，招商部门实行定期走访，解决企业发展过程中需要解决的问题。在中秋、元旦等重要节日，组织企业管理者参加茶话会、座谈会等活动，增进了解，听取需求。

（三） 对重大项目的服务机制

对于昌硕、威宏、ABB等重点落地项目，招商部门专门成立项目服务小组，在项目接洽、农户拆迁、市政配套、合同洽谈、工商注册、税务登记、项目立项、建成验收等方面进行对口接洽，同时负责联系市、区相关职能部门以及工业区管委会相关处室等为项目解答有关咨询、办理有关手续、解决实际困难。

对于昌硕、威上、威宏、ABB等重大项目，还实行协调会制度，定期召开项目例会，及时了解项目推进过程中存在的问题和需要解决的困难，做好服务工作。

第四节　招商活动

开展招商活动是工业区宣传园区投资环境，近距离接触客商，从而引进项目的主要途径。工业区辟建后，康管委多次举办招商活动，从本地区的招商，到参加县区、市的招商，从国内招商到国外招商，形式多种多样。首次规模较大的招商活动是1994年9月25日，管委会副主任邱学国带团，首次参加在上海展览馆举办的海外华商投资洽谈会，接待客商达190人次，至2008年11月，管委会组团参加区政府在临港新城举办的南汇投资环境说明会，招商活动几乎年年举办，招商活动取得了良好效果。

一、招商方式

（一）招商会

园区一贯重视通过招商会议、企业拜访进行宣传推介和获取招商信息，先后组织和派团参加各类洽谈会、推介会60余次，组团赴国外招商30余次。

（二）中介机构招商

工业区重视利用各类招商中介机构的信息资源，与外国驻沪使领馆的商务处、各商会组织、投资咨询公司、律师事务所、会计师事务所和银行等建立普遍联系。历年来，中介机构提供各类招商信息共计100余条，通过中介机构引进了瑞士ABB、沙特Sabic、瑞典咖啡机等项目。

（三）设点招商

工业区于1999年11月在上海市外国投资促进中心（FID）设立办事处，并成功引进杰西博（JCB）、超科林（UCT）等著名企业。2007～2008年派驻在大木桥路中小企业行业协会的办事处，也成功引进多家内、外资注册企业。

（四）网络媒体招商

工业区网站（www.kangqiao.gov.cn）于2000年设立，至2008年底，访问量已达到200万人次，访问者分别来自美国、新西兰、日本、韩国等多个国家和中国香港、中国台湾地区。为促进招商引资工作，工业区网站先后与上海市外国投资促进中心（FID）、上海市开发区协会、上海市南汇区对外经济委员会、中小企业信息网等多家网站进行链接。网站对提高工业区知名度，宣传招商和政策信息，发挥对区内企业的服务功能等起到了重要作用。

（五）以商引商

随着工业区入驻企业的增多，以商引商成为又一个有效的招商途径，即依托现有企业在康桥投资的成功经验，鼓励企业家增资扩产、新设企业，带动上下游企业入驻。如：华硕集团于2005 年在工业区投资设立昌硕科技（上海）有限公司，至2008年，投资方在工业区已设立昌硕、恭硕、钧硕3家企业。

二、重大招商活动简介

（一）'94上海海外华商投资洽谈会

1994年9月25～26日，'94上海海外华商投资洽谈会在上海展览馆举行，康管委副主任邱学国率队参加。

此次洽谈会，康桥展团共有27平方米的3个摊位，除了资料、模型外，还增设了幻灯片。两天活动，康桥展团共接待客商190人次。

（二）'99温州招商会

1999年2月25日，康桥工业区组成以徐江主任、邱学国副主任为正、副团长的招商团，赴温州参加南汇县政府举办的招商会。园区良好的投资环境吸引了众多温州企业家。会议期间8个项目达成合作意向，2个项目签订协议书。

（三）厦门“'98投洽会”

从1997年开始，工业区每年派团参加定期在厦门举行的中国国际投资贸易洽谈会（简称“投洽会”）。投洽会是中国唯一的以吸引外商直接投资为主的全国性国际投资促进活动。12年内，工业区通过该项会议与大量客商建立了联系，并引进了伟士、世纪华丰等重点项目。

（四）迈向海洋2005南汇投资环境说明会

2005年12月12日，由南汇区人民政府主办，上海外国投资促进中心协办的“两港南汇，迈向海洋——2005南汇投资环境说明会”在上海国际会议中心举行，来自外国驻沪领事馆、外资银行、驻沪商务机构、世界知名企业、各省市驻沪办事处的代表1000多人出席会议。大会由南汇区副区长朱嘉骏主持，市委常委、副市长周禹鹏出席大会并作讲话。

会上有23个项目完成签约，合同金额97.1亿元。IT知名企业华硕电脑签订了落户康桥工业区的意向书。

（五）“发展南汇海洋经济、打造康桥主导产业”——吴江同里湖电子信息产业招商会

2006年11月1日，上海浦东康桥工业区电子信息产业投资环境说明

会在江苏吴江举行，会议以“发展南汇海洋经济、打造康桥主导产业”为主题。此次说明会由康桥工业区和南汇区外经委共同主办，南汇区政府及区相关委办负责人、各商业银行南汇支行行长、华硕集团公司及其上下游约60家企业代表等200余人出席会议。

会上，嘉宾们对康桥工业区电子信息产业的发展现状和未来发展的重点有了较为全面的了解，对康桥工业区在物流、贸易通关、市政配套等方面优势及IT、IC企业所能享受的优惠政策进行了深入细致的咨询。

华硕集团全球采购长和宏仁集团代表在说明会上作了发言，10家华硕上下游企业表达了到康桥投资的愿望。以生产铜箔基板原料为核心的宏仁集团在说明会上表示，将追加2.2亿美元的投资，建设电子极玻璃纤维布厂和玻璃纤维丝厂各一座。次日，工业区领导在江苏地区依次登门拜访了部分投资意愿较强烈的华硕上下游企业。

（六）“打造总部基地 发展服务产业”——上海浦东康桥工业区2007投资环境说明会

在南汇区进一步明确“海洋南汇”功能定位、上海浦东康桥工业区迎来开发建设十五周年之际，为了更好地宣传康桥工业区，吸引服务业企业进驻，工业区于2007年1月23日，在上海国际会议中心举办投资环境说明会。此次大会邀请了市、区有关部门领导、海内外知名企业、驻沪领事及商务机构1000多人。南汇区委书记戴海波、区长张建晨、区人大常委会主任郭天成、区人大常委会党组书记董仁义、区政协主席吴岭、区政协党组书记戴群华等区四套班子的领导出席了大会。市委常委、副市长周禹鹏出席大会并发表讲话。

会上，华硕、宏仁、中国电信、上海港机等21家知名企业与康桥工业区签约，投资金额累计达12.54亿美元和人民币21亿元。这是康桥工业区成立15周年之际，在先进制造业蓬勃发展的基础上，注重发展以总部经济和研发产业为主的生产性服务业，以良好投资环境吸引高新技术企业，打造上海生产性服务业集聚区的重要举措。

（七）上海南汇2008投资环境说明会

2008年11月27日，由南汇区人民政府、临港新城管委会和上海外国投资促进中心主办，康桥工业区管委会等多家单位协办，以“新城市、新产业”为主题的“上海南汇2008投资环境说明会”在临港区政府行政中心顺利召开。会议邀请了外国驻上海办事处、区内企业代表等80名客商参加。康桥工业区共有康桥生产服务业集聚区、钧硕电子科技、沙特基础工业公司上海全球研发中心、海特奇贝斯、上海电气森瑞克斯、浙大网新康桥科技园、星月集团、康桥现代金融服务集聚区共8个项目参加签约仪式，协议金额合计1.54亿美元和人民币7.3亿元。

1994～2008年康桥工业区重要招商活动情况表

表5-4-1

时间	活动	地点	招商成果
1994年9月	94上海海外华商投资洽谈会	市展览中心	接待客商190人次
1997～2008年9月	第一届至第十二届中国国际投资贸易洽谈会	厦门	招引伟士、世纪华丰等项目
1999年2月	南汇县招商会	温州	8个项目达成合作意向，2个项目签订了协议书
2002年6月	拜访中科大在美留学生	美国	在高科技研发人才中推介康桥工业区
2003年9月	跨国并购为主题的专题招商活动	欧洲	积累一批欧洲企业的跨国投资信息
2003年11月	随市外国投资促进中心组织的代表团进行招商	韩国、日本	拓展了东亚地区招商资源
2003年11月	随市外经贸委访问	德国	积累一批德国企业的跨国投资意向
2005年10月	市国际服务贸易业协会经贸考察	台湾	获得一批服务贸易企业的投资意向
2005年12月	两港南汇投资说明会	上海国际会议中心	华硕等23个项目完成签约，共计金额97.1亿元
2006年1月	筹建莱必泰的新合资公司，拟引进关键设备考察	日本	经过设备前期考察，商检部门同意进口该企业关键设备
2006年11月	吴江同里湖招商会	吴江	10家华硕上下游企业表达了到康桥投资的愿望
2007年1月	“打造总部基地 发展服务产业”——上海浦东康桥工业区2007投资环境说明会	上海国际会议中心	华硕、宏仁、中国电信、上海港机等21家知名企业与康桥工业区签约，投资金额累计达12.54亿美元和21亿人民币
2007年11月	在美国洛杉矶举办招商会	美国	华美半导体协会、促进威上项目启动
2008年11月	2008南汇投资环境说明会	临港	康桥生产服务业集聚区、钧硕电子科技、沙特基础工业公司上海全球研发中心等8个项目参加了签约仪式，协议金额共1.54亿美元和7.3亿人民币

第五节 招商成果

一、引进外资及港台资项目

通过招商工作，康桥工业区项目数量、水平和规模不断增长，吸引了来自美国、日本、德国、韩国、英国、法国、瑞典、澳大利亚、新加坡、加拿大等26个国家和中国香港、中国台湾地区的投资，初步形成了电子信息、汽车及零部件两大支柱产业，同时，生产性服务业也得到了蓬勃发展。

工业区成立初期，外资招引快速增长，1992～2001年，工业区累计引进外资项目234个，吸引总投资11.64亿美元。2002年以来，外资招引进入稳步增长期，历年引资情况如下表。

2002～2008年康桥工业区引进项目情况表

表5-5-1

年份	项目数	总投资（万美元）	合同外资（万美元）	注册资本（万美元）
2002	15	42934.83	14086.33	17706.83
2003	29	41382.68	23779.73	18965.58
2004	29	42663	34276.2	26247
2005	25	41557	40156	12144
2006	33	40157	36293	17192
2007	39	57142	24275	26188
2008	27	34475	17446.4	17489

1992～2008年，工业区累计引进外资企业364家，总投资达41.97亿美元。至2008年底，工业区内有上海耀华皮尔金顿玻璃股份有限公司、上海施耐德配电电器有限公司、上海纳特福传动轴有限公司等世界500强投资企业15家，并拥有昌硕科技（上海）有限公司、威宏电子（上海）有限公司、上海中隆纸业有限公司、上海宏和电子材料有限公司等一批骨干企业。

康桥工业区外商及港台企业投资情况表

表 5-5-2

国别	企业数（户）	比重（%）	总投资（万美元）	比重（%）
英属维尔京群岛	19	5.3	97155	23.2
中国台湾	30	8.3	61012	14.6
中国香港	92	25.3	70609	16.8
美国	69	18.7	46463	11.1
英国	7	1.9	23201	5.5
澳大利亚	8	2.2	20120	4.8
德国	20	5.5	18104	4.3
英属开曼群岛	4	1.1	12720	3
新加坡	16	4.4	20276	4.8
日本	32	8.8	8127	1.9
意大利	13	3.6	6766	1.6
瑞士	4	0.9	6520	1.6
加拿大	5	1.4	4770	1.1
巴巴多斯	2	0.6	4228	1
法国	8	2.2	5536	1.3
韩国	6	1.5	2787	0.7
罗马尼亚	1	0.3	2500	0.6
卢森堡	1	0.3	1213	0.3
以色列	1	0.3	700	0.2
瑞典	4	1.1	560	0.1
芬兰	2	0.6	404	0.1
西班牙	2	0.6	178	0.04
比利时	1	0.3	94	0.02
挪威	1	0.3	29	0
巴哈马	1	0.3	11	0
文莱	1	0.3	900	0.2
波兰	1	0.3	78	0.02
马来西亚	1	0.3	71	0.02
其他	12	3.3	4554	1.1
总计	364	100	419686	100

二、引进内资实体型项目

1992～2004 年，康桥工业区引进内资实体性项目 929 家，注册资本 42.46 亿元。

2005年，全年引进内资实体企业48家，注册资本1.65亿元。
2006年，全年引进内资实体企业55家，注册资本6.49亿元。
2007年，全年引进内资实体企业49家，注册资本3.46亿元。
2008年，全年引进内资实体企业36家，注册资本9718万元。

三、招商引税

16年内，康桥集团公司还利用地区的优惠政策，进行招商引税，累计引进注册公司1700多家，为地方增加了税源。

除工业项目外，康管委和康桥集团公司的招商部门还引进了许多大、中、小、幼学校。这些学校在社会上都有较高的影响和知名度，如中科大上海研究生院、建桥学院、上海英国学校、申花足球学校、中福会幼儿园等。各类学校的相继落户，改善了康桥的投资环境，扩大了康桥的影响。

1992～2008年康桥工业区招商情况表

表5-5-3

年份	工业总产值（万元）			外商投资额（亿美元）	上缴税收（亿元）
	产值（万元）	增长率（%）	三资项目产值(万元)		
1992	63125	28.8		0.2	0.22
1993	95156	50.7	4111	0.08	0.45
1994	140082	47.2	5629	0.74	0.54
1995	188284	34.4	21410	2.53	0.7
1996	277630	47.5	86651	1.25	1.11
1997	526568	89.7	209689	0.87	1.6
1998	611556	16.1	270708	1.28	2.56
1999	747200	22.2	378027	1.01	3.2
2000	891460	19.3	579493	1.24	3.71
2001	1045300	17.3	717252	3.13	5.45
2002	1208000	15.6	622344	1.02	7.93
2003	1579300	30.7	908604	3.95	12.01
2004	1699143	7.6	1121470	4.75	15.01
2005	2094300	23.3	1506500	5.39	17.45
2006	2971500	41.9	2124200	4.28	23.6
2007	4996300	68.1	4122900	5.79	30.8
2008	5947700	19	4976400	4.46	41.92

第六章　工业经济

康桥工业区在创立时就定位为一个以发展工业经济为主的开发区，因此开发建设16年，工业区始终把发展工业作为整个经济工作的中心任务。

工业区经济总量保持持续增长，工业产值1992年为6.3亿元，2008年达到594.77亿元，年均增长32.9%；上缴税收1992年为0.22亿元，2008年达到41.92亿元，年均增长38.8%；增加值1992年为1.32亿元，2008年达到95.47亿元，年均增长30.7%。经济结构最初以由乡办企业、村办企业、队办企业等集体经济形态为主，转变为以三资企业为主体，民营、国有和混合所有制等多种经济成分共同发展的经济形态。至2008年底，工业区累计完成固定资产投入359.55亿元，其中工业固定资产投资212.6亿元，在工业区各项投资中占首位。

第一节　决策与发展变革

一、论证决策

工业区创立之初，中共南汇县委、县政府和康桥工业区管委会对发展工业经济的可行性进行了广泛的调查研究，进行认真的论证评估，召开了多个不同类型的座谈会，并邀请相关专家进行论证。经分析汇总，康桥工业区发展工业经济具有以下有利条件：

区位优势。康桥处于大浦东开发的中心区域，是浦东新区的南大门，能够直接接受上海经济重心战略东移所带来的资金流、人才流、物流的辐射。以张江高科技园区为核心、以金桥出口加工区和外高桥保税区为两翼的浦东微电子产业带，也对工业区产生强烈的辐射作用。南汇和浦东新区的联动发展，对康桥工业区工业产业的集聚起到积极的推动作用。

基础优势。康桥工业区一开始就狠抓基础设施建设，在短短三、四年内就形成了比较完备的工业经济保障体系，特别是国内外知名骨干企业的陆续引进，为形成产业链和产业集群奠定了基础。

政策优势。康桥工业区独具的浦东新区优惠政策对于企业来说具有强大的吸引力。在政策许可的范围内规范地用足、用好这个优势，是推动工业经济发展的又一强大动力。

通过论证评估，康桥工业区发展工业经济是完全可行的，可以取得良好的开发效果。

二、发展历程

康桥工业区16年工业经济发展的历史，分为三个阶段：

（一）探索起步阶段（1992～1995年）

这一阶段工业区管委会主要精力放在筹建领导班子和制定建设规划上面，对于发展工业经济所必须具备的道路、供水、供电、通讯等基础设施建设也抓紧进行，这一时期，工业区的工业经济仍以周西、横沔两乡的乡镇工业为主，但工业区已开始在招商引资中注重发展工业经济。1992年12月，康桥实业总公司与上海长江发展有限公司签约合作开发长发标准厂房，以便于大批量吸纳工业项目。1994年2月，世界名牌中意合资圣人梦服装有限公司落户康桥；1994年11月，世界500强之一的澳大利亚布罗肯希尔建筑钢品有限公司落户康桥；1995年初，中英合资耀华皮尔金顿、中德合资纳铁福传动轴等多个项目落户康桥，康桥工业区的工业经济取得了突破性的发展。同年，康桥工业区被农业部列为全国乡镇工业示范区。

（二）发展壮大阶段（1996～2001年）

经过数年的前期开发，康桥工业区有近20平方公里的土地实现了“六通一平”，公建配套设施基本完成，为工业经济的快速发展创造了有利条件。加上先期进入工业区的企业取得了良好的经济效益，工业经济规模迅速扩大，质量不断提升，在国内外企业界已具备一定影响。至2001年底，工业区累计引进工业项目460个，协议投资150亿元人民币，其中三资项目234个，引进外资15亿美元。工业区累计投入资金100亿元，其中工业项目投入80亿元。2001年，工业总产值首次突破100亿元，达到104.5亿元，国内生产总值28.65亿元，税收4.5亿元。

（三）调整提高阶段（2002～2008年）

发展传统工业经济必须占用大量的土地，康桥工业区经过十多年的开发建设，土地日益紧张，制约了工业经济的下一轮发展。康管委及时转变策略，调整招商引资的重点，以吸纳用地少、高科技、低污染、高产出的工业项目为主，特别注重吸纳企业的总部、管理中心、研发中心、营销中心、结算中心、物流中心落户康桥。在产业结构上，大力发展IT产业、汽车及零部件为主的先进制造产业和生产性服务业，进一步推动工业区主导产业集聚度的提高和产业能级的提升。至2008年底，外商投资企业在康桥的投资总额为41.97亿美元，其中电子信息及电器达13.79亿美元，占32.9%，汽车及零部件产业为5.19亿美元，占12.4 %，工业区的产业能级调整取得了阶段性成果。

表6-1-1

1992～2008年康桥工业区工业总产值情况表

年份	工业总产值		
	总产值（万元）	增长率（%）	其中三资企业产值（万元）
1992	63125	28.8	
1993	95156	50.7	4111
1994	140082	47.2	5629
1995	188284	34.4	21410
1996	277630	47.5	86651
1997	526568	89.7	209689
1998	611556	16.1	270708
1999	747200	22.2	378027
2000	891460	19.3	579493
2001	1045300	17.3	717252
2002	1208000	15.6	622344
2003	1579300	30.7	908604
2004	1699143	7.6	1121470
2005	2094300	23.3	1506500
2006	2971500	41.9	2124200
2007	4996300	68.1	4122900
2008	5947700	19.0	4976400

表6-1-2

1996～2008年康桥工业区出口交货值统计表

年份	出口交货值（亿元）	年份	出口交货值（亿元）
1996	7.09	2003	21.12
1997	9.95	2004	32.25
1998	8.49	2005	47.65
1999	12.44	2006	88.93
2000	13.55	2007	252.82
2001	12.13	2008	319.61
2002	18.42		

三、工业经济变革

康桥工业区的工业经济通过16年的快速、健康发展和多轮结构调整，已产生多方面明显变化：

（一）经济模式转变

开发建设初期，康桥工业区的工业经济几乎是清一色的国有和集体经济，特别是以乡镇企业集体经济为主体。随着开发建设的深入进行，“三资”企业、民营企业、股份制企业等多种经济成分纷纷落户康桥，形成了多元经济并驾齐驱、竞相发展的繁荣局面。至2008年底，康桥工业区共有规模以上国有工业企业5家，产值 12.82亿元；规模以上集体企业2家，产值0.82亿元；两者合计7家，产值13.64亿元，占全工业区总产值的2.3%。规模以上“三资”企业118家，产值493.88亿元，占全工业区总产值的82.6%。规模以上民营企业95家，产值33.58亿元，占全工业区总产值的5.6%。

（二）企业规模转变

开发建设初期，工业区的工业企业以乡镇小型企业为主，区域内除了市属上海通用机器厂稍具规模外，其余基本上都属小型企业，数量多、分布散、经济总量不大。1992年，全工业区工业产值仅6.3亿元。随着开发的深入，落户的大中型企业越来越多。初期，一般项目仅投资数千万元，很少有上亿元的项目。进入21世纪后，一些项目的投资达数亿元，大的项目可达数十亿元。2002年，中隆纸业有限公司投资2亿美元，折合人民币17亿元；2004年，昌硕科技（上海）有限公司投资2.5亿美元，折合人民币20亿元。随着大中型企业的大量入驻，工业区工业规模迅速扩大。至2008年底，全工业区工业产值达594亿元，为1992年的94.3倍。其中规模以上工业企业230家，工业产值 587.8亿元，占工业区总产值的99 %。

（三）企业经营模式转变

开发建设初期，区内工业企业主要为加工型企业，大部分为市区大中型企业加工产品，也有少部分企业承接国外订单，为外资企业加工产品，用工大，但产出少，经济效益低。随着工业区内大中型企业不断增多和原有企业的生产转型，加工型企业逐步减少，产品生产型企业越来越多，有许多产品是国内名牌和国际名牌。工业区内企业生产的工业产品有电脑、通信、集成电路、光电子器件、微电子设备、高低压开关、变压器、电动机、精密轴承、汽车、玻璃、钢结构、纸箱、服装、皮鞋等，涉及高科技产品和普通建筑、装潢及民用产品，销往全国各省市和世界各地。

（四）市场转变

开发建设初期，工业区内的企业产品绝大部分在国内销售，其中大部分又就近在上海销售，市场占有率小，产品竞争力差，外销比例较低。至1996年，工业区的出口交货值仅7.96亿元，占当年工业总产值27.8亿元的28.4%。随着区内“三资”企业的大量增加，工业区的工业经济由内向型迅速向外向型转变，出口交货值连年大幅增长。1999年突破10亿元，达到12.44亿元；2007年突破200亿元，达到252.82亿元；2008年创历史新高，达到319.61亿元，占当年工业总产值594.77亿元的53.7%，工业区的工业经济已成为名副其实的外向型经济。

（五）投资者来源转变

开发建设初期，工业区内的企业基本上都由当地政府、乡村集体经济和农民（居民）创办，属于当地人开在家门口的企业。随着开发的深入进行，工业区优越的地理条件、良好的基础设施和优惠的投资政策，使园区投资的客户日益多元化、全球化，当地企业的数量和经济总量均下降到全工业区的10%以下。康桥工业区已真正成为中外企业家投资沪上的重要选择之一。

第二节　国有和集体企业

一、发展概况

1992年，康桥工业区辟建之初，区内的工业企业主要为国有企业、集体企业和国有、集体企业联合创办的国集联营企业。

根据周西、横沔两乡1992年统计年报记载，当时的集体企业主要为乡镇企业，乡镇企业又分为乡办企业、村办企业、队办企业三种。是年，周西乡有乡镇企业148家，其中：乡办企业19家，村办企业105家，队办企业24家，工业产值共计2.34亿元；横沔乡有乡镇企业194家，其中：乡办企业71家，村办企业111家，队办企业12家，工业产值共计4.41亿元，在当时的南汇县都属于工业比较发达的乡镇。

工业区的另一种集体企业是县属集体企业，是南汇县工业局的下属企业，如横沔制钉厂等。

工业区内国有企业很少，较大规模的仅为上海通用机器厂，后改制为中外合资纳铁福传动轴有限公司，属市属企业。

其时，国集联营企业较多，在工业区内有10多家，且都有一定的规模。比较有知名度的企业有：创建于1979年的全国第一家国集联营企业友谊毛纺厂，国家二级企业上海横沔外贸联合纸箱厂，上海外贸包装材料厂、上海秀丽丝织厂等等。

20世纪末，中国经济体制改革不断深入，社会主义市场经济体制逐步建立，上海中心城区的建设和改造步伐不断加快，促进和带动了康桥工业区经济结构的调整。

上海中心城区在城市改造过程中，将原市属国有工业企业绝大部分迁往郊区，其中有一部分就落户在康桥工业区，如上海钢球厂、上海针织九厂等。外省市的一些知名国有企业为了开辟在上海的市场，并通过上海发展国际市场，看好康桥工业区的投资环境，在康桥投资落户。如中国第一汽车制造厂等等。

县属和乡镇集体企业进行改制，大部分改制为股份制企业、民营企业和中外合资企业。有的集体企业由于难以适应市场经济体制，在市场竞争中被淘汰。在开发建设的过程中，相当部分集体企业被拆迁，其中有不少企业搬迁到工业区外继续经营，有的由于种种原因不再继续经营。

从1994年初上海钢球厂落户康桥工业区开始，国有企业不断增多。至2008年底，工业区内仅规模较大、知名度较高的国有企业已有10多家，但纯属集体企业和国集联营企业已不足10家。

二、主要国有企业选介

（一）上海浦东一汽青岛专用车厂

上海浦东一汽青岛专用车厂创办于1995年，是一汽解放青岛汽车厂的全资子公司。公司坐落在川周公路3298号，总投资4839万元，单班年产量改装车能力5000辆，2002年度曾以9388辆的产量、15.3亿元的销售收入跻身上海市工业企业500强第59位。工厂通过了ISO 9001：2000版质量管理体系认证。

工厂占地面积7.47公顷，建筑面积2.76万平方米，主要生产设备160余台，产品销往全国26个省、市、自治区、直辖市，其中重点区域为浙江、江苏、安徽、江西、福建及上海市等。2007年，工厂向阿联酋、卢旺达、日本等出口500余辆；2008年，向阿联酋、日本、澳大利亚等出口900余辆。

2008年，公司实现产值7.46亿元，拥有资产3.18亿元，有职工279人，其中中高级技术人员40余人。

（二）中钞油墨有限公司

中钞油墨有限公司成立于2001年8月，隶属于中国印钞造币总公司，是一家专业生产印钞油墨和特种印刷油墨的有限责任公司，注册资本1.8亿元。公司地址为秀沿路288号，占地6.66公顷，建筑面积3万平方米。

公司在成立之初即通过了英国标准协会（BSI）组织的质量、环境、职业安全卫生三大管理体系认证。公司在生产、物流、财务等环节，建立了完善的ERP物流条码体系。

公司集生产与研发为一体，2006年，成立了中国印钞造币总公司技术中心直属油墨技术研究所。2005年，完成了2005年版第五套人民币油墨的设计开发，获3项发明专利和17项科研成果。当年，公司被评为上海市高新技术企业，2008年12月再次通过高新技术企业认定。

2008年，公司实现产值4.1亿元，利润1.14亿元，资产3.78亿元，有职工人数356人，其中中高级职称54人。

（三）上海钢球厂

上海钢球厂是一家具有50多年历史的钢球专业生产企业。1994年1月迁建至康桥路618号，总投资5400万元，占地面积3.2公顷，建筑面积1.6万平方米。

公司创立了著名“银星”牌钢球，首创为高精密轴承配套的“静音钢球”，开发了全国首列汽车专用钢球，企业也为国家航天、航空、航海、精密机械电子等行业，提供不锈钢球、陶瓷球、尼龙球、硬质合金球等特殊材质的球形件。“银星”牌钢球已远销世界各地，为国际著名轴承、汽车部件公司配套。企业已通过ISO 9001：2000和ISO/TS 16949：2002质量体系认证。

2008年，工厂实现产值6463万元，拥有资产8644万元，在职职工248人。

（四）三枪（集团）有限公司

上海三枪（集团）有限公司，是创立于20世纪30年代的以三枪品牌为核心的中华老字号品牌集团。1998年，三枪集团以优质资产整体进入上市公司龙头股份公司，现有16个对外投资公司。

1999年12月，公司在工业区内建成“高档面料生产基地”暨“三枪工业城”，占地15.2公顷，建筑面积8.7万平方米，项目总投资3.3亿元。公司从意大利、荷兰、德国等引进国际一流针织、漂染关键设备，生产国内领先、具有国际先进水平的纯棉麻感、精细丝光、改性纤维等中高档针织面料，年产2万吨，被列为国家重点技术改造项目。

2003年5月，三枪集团同时通过了ISO 14001、OHSAS 18001体系认证，成为上海纺织系统内首家通过质量、环保、安全三个体系认证的企业。2004年又通过了国家环境总局颁布的生态纺织品认证ISO 14024标准。2007年11月，三枪集团又获得了国家检验检疫局的最高荣誉“进出口产品免验认证”。

2008年，公司实现产值4.55亿元，利润1374万元，资产12.78亿元，拥有在职职工2891人，其中中高级职称29人。

2008年康桥工业区主要国有企业情况表

表6-2-1

名称	创办年份	投资额（万元）	主要产品	年产值（万元）	职工数（人）
上海针织九厂	1958	28000	棉、化纤针织品	45490	2961
中钞油墨有限公司	2001	120000	印钞油墨及特种油墨	41037	368
上海神汇汽车转向器有限公司	1994	104273	汽车零部件及配件制造	1027	67
上海千缘汽车车身模具有限公司	2000	80000	模具制造	5600	133
上海浦东一汽青岛专用车厂	2000	55000	汽车整车制造	76126	313
上海延康汽车零部件有限公司	2003	30000	汽车皮革制品制造	28537	328
上海钢球厂	1958	54000	轴承制造	6556	2157

第三节　三资及台、港、澳资企业

一、概　况

康桥工业区的“三资”企业分为中外合资、中外合作、外商独资三种投资形式。由前二种模式衍生出来的又一种企业叫做“中中外”企业，就是由已经创办成功的中外合资、中外合作企业再与中资企业合资创办的企业。2008年，这四种企业模式在康桥工业区内均大量存在。

开发建设16年，康管委始终把发展“三资”企业作为发展工业经济的重中之重，自1994年2月工业区第一家三资企业——中意合资圣人梦服装有限公司落户康桥后，工业区落户的“三资”企业逐年增多，投资规模越来越大，科技含量也越来越高。至1997年底，工业区已引进“三资”企业项目85个，协议引进外资5.23亿美元，美国通用汽车、英国皮尔金顿公司、法国施耐德集团、澳大利亚BHP公司等国际知名企业都先后落户。至2001年底，工业区引进的“三资”企业项目已达234个，其中以汽车配件、新型建材、电子电器、医药保健四大产业较为集中，还有美国福特汽车等跨国公司也落户康桥。至2008年底，工业区共引进“三资”企业364家，投资企业所在国家涉及美国、法国、英国、德国、加拿大、澳大利亚、日本、新加坡、瑞士、罗马尼亚、韩国等30多个国家。另外，中国台湾、香港、澳门等地区亦有投资企业。企业生产的产品有汽车、电脑、手机、玻璃、纸张、电线电缆等数千个品种。

三资及台、港、澳资企业的快速发展，使其成为园区工业经济的主力军，为康桥工业区基本形成外向型经济格局作出了重要贡献。

2008年末，按投资总额分析，外资及台、港、澳资行业结构状况是：外商及台、港、澳商投资企业投资总额41.97亿美元，其中电子信息及电器行业13.7亿美元，占总投资额32.9%；汽车及零部件行业5.19亿美元，占总投资额12.4%；造纸及机械行业4.8亿美元，占总投资额11.6%；新型建材行业2.83亿美元，占总投资额6.7%；服装行业0.48亿美元，占总投资额1.1%；其他工业行业5.90亿美元，占总投资额14%。2008年，工业区内“三资”及台、港、澳资企业实现产值497.6亿元，占工业区总产值的83.6%。

2008年康桥工业区外商及港台企业投资情况表

表6-3-1

国别	企业数	比重（%）	投资总额（万美元）	比重（%）
英属维尔京群岛	19	5.3	97155	23.2
中国台湾	30	8.3	61012	14.6
中国香港	92	25.3	70609	16.8
美国	68	18.7	46463	11.1
英国	7	1.9	23201	5.5
澳大利亚	8	2.2	20120	4.8
德国	20	5.5	18104	4.3
英属开曼群岛	4	1.1	12720	3
新加坡	16	4.4	20276	4.8
日本	32	8.8	8127	1.9
意大利	13	3.6	6766	1.6
瑞士	3	0.9	6520	1.6
加拿大	5	1.4	4770	1.1
巴巴多斯	2	0.6	4228	1
法国	8	2.2	5536	1.3
韩国	6	1.5	2787	0.7
罗马尼亚	1	0.3	2500	0.6
卢森堡	1	0.3	1213	0.3
以色列	1	0.3	700	0.2
瑞典	4	1.1	560	0.1
芬兰	2	0.6	404	0.1
西班牙	2	0.6	178	0.04
比利时	1	0.3	94	0.02
挪威	1	0.3	29	0
巴哈马	1	0.3	11	0
文莱	1	0.3	900	0.2
波兰	1	0.3	78	0.02
马来西亚	1	0.3	71	0.02
其他	12	3.3	4554	1.1
总计	362	100	419686	100

2008年康桥工业区外资项目行业构成表

表6-3-2

行业分类		投资额（万美元）	比重（%）	企业数（户）	比重（%）
工业	汽车及零部件	51897	12.4	31	8.5
	电子信息及电器	137853	32.9	48	13.2
	服装制造	4804	1.1	22	6
	造纸及机械制造产业	48636	11.6	24	6.6
	新型建材	28294	6.7	24	6.6
	其他	58956	14	119	32.8
房产		39407	9.4	8	2.2
服务及贸易		19914	4.8	58	15.9
建筑及其他		29925	7.1	30	8.2
合计		419686	100	364	100

至2008年世界500强企业在康桥工业区兴办企业情况

表6-3-3

上海耀华皮尔金顿玻璃股份有限公司	上海欧文斯科宁玻璃纤维有限公司
上海施耐德配电电器有限公司	上海阿海珐电力自动化有限公司
上海纳铁福传动轴有限公司	上海梅兰日兰电子有限公司
来实建筑系统（上海）有限公司	中国电信信息园
上海江森自控国际蓄电池有限公司	上海西门子医疗器械有限公司
上海延锋江森座椅有限公司	上海ABB工程有限公司
上海凯密特尔化学品有限公司	上海赛琅泰克创新陶瓷技术有限公司
上海浦东一汽青岛专用车厂	

二、主要“三资”及台、港、澳资工业企业选介

（一）上海纳铁福传动轴有限公司

上海纳铁福传动轴有限公司（以下简称纳铁福公司）是一家中德合资企业，其前身是上海汽车传动轴厂，公司成立于1988年9月1日，是中国第一家汽车零部件合资企业，向国内外汽车主机厂提供各系列传动轴配套服务，地址位于康沈路900号。

1995年1月，公司在康桥路950号建设主要生产基地，总投资14.95亿元，占地面积8.4公顷，建筑面积3.4万平方米，1996年竣工投产。

公司中方股东由上海汽车工业（集团）总公司、国投轻机有限公司、交通银行股份有限公司上海分行组成，外方股东为GKN传动系统国际有限公司，中外股东投资各占50%。纳铁福公司总投资1.87亿欧元，注册资

本89.249百万欧元。

2008年，公司在职职工1647人，其中中、高级职称101人，实现产值21.01亿元，利润3.74亿元，拥有资产15.28亿元。

（二）上海耀皮康桥汽车玻璃有限公司

上海耀皮康桥汽车玻璃有限公司由中英合资上海耀华皮尔金顿玻璃有限公司于2002年8月投资创建。公司位于康柳路55号，总投资5.97亿元，占地面积11.6公顷，建筑面积6.01万平方米。

上海耀皮康桥汽车玻璃有限公司是一家专业从事OEM汽车玻璃及玻璃总成研发、制造与销售的中外合资企业。公司提供各类汽车前风挡、车门、侧窗、后风挡玻璃，是国内第一家整套出口汽车玻璃的先进技术型企业。

公司全面实施质量、环境、职业健康安全管理体系，较早地通过了ISO 9002、QS 9000、VDA6.1、ISO/TS16949、ISO 14001、OHSI 8000等体系认证，获得了美国DOT标准、欧共体ECE标准及中国3C标准的认证。

2008年公司有职工990人，其中中、高级职称38人，实现产值3.86亿元，拥有资产6.3亿元。

（三）上海宏和电子材料有限公司

上海宏和电子材料有限公司为台湾独资企业，创建于1998年8月。公司位于秀沿路123号，占地面积9公顷，建筑面积7.2万平方米。注册资本 6400万美元，总投资15.4亿元。主要生产高品质电子级玻璃纤维布，月产量 1200 万米。

公司生产的电子玻璃纤维布为特定规格之玻璃纤维纱编织而成，为制造铜箔基板的主要原料，使基板具备优质的电气特性及机械强度等性能需求，而能广泛应用于计算机、通讯器材、航天仪器及其他高科技电子产品。

2008年，公司在职职工500人，实现产值8.18亿元，实现利润4010万元，拥有资产12.62亿元。

康桥工业区主要工业“三资”及台、港、澳资企业情况表

表 6-3-4

企业名称	主要产品	性质	总投资(万美元)	注册资本(万美元)
高沙鉴臣香料有限公司	香料香精	中日合资	650	580
波洛莱介质材料有限公司	介质材料	中法合资	732	732
莱必泰（上海）机械有限公司	机床	香港独资	260	210
圣人梦服装有限公司	男式西装	中意合资	800	700
来实建筑钢品有限公司	彩钢板	澳大利亚	1800	720
菲曼特医疗器械有限公司	齿科医械	中芬合资	330	240
施耐德配电电器有限公司	空气断路器	中法合资	1800	1100
耀华玻璃股份有限公司康桥基地	玻璃	中英合资	4161	2085
格来纳亚州塑料技术（上海）有限公司	塑制食品包装产品	新加坡独资	2000	1000
纳铁福传动轴有限公司	汽车传动轴	中德合资	16153	6925
江森自控国际蓄电池有限公司	蓄电池	中美合资	6750	3500
汇豪木门制造有限公司	木门、门框	中德港合资	1738	1588
汇丽地板制品有限公司	地板	沪港合资	2663	1143
汇丽塔格板材有限公司	聚碳酸酯板	中以合资	930	665
汇丽层压板有限公司	层压板	香港独资	1800	900
摩根热陶瓷（上海）有限公司	隔热产品	英国独资	1600	800
延锋江森座椅有限公司	汽车座椅	中美合资	6596	3040
加铝复合板有限公司	铝塑复合板	中加合资	2000	1600
宏和电子材料有限公司	玻璃纤维布	台湾独资	18550	6400
宏联电子材料有限公司	玻璃纤维丝	台湾独资	8391	3000
绍矿磁性材料（上海）有限公司	永磁铁氧体	香港独资	2000	800
梅兰日兰（上海）制造有限公司	电子保护器	法国独资	165	165
夏特装饰材料（上海）有限公司	装饰材料	德国独资	2972	1189
德特威勒电缆系统（上海）有限公司	电线电缆	瑞士独资	2500	1000
上海中豪纸品加工有限公司	纸容器用纸	台湾独资	4000	1677
阿尔斯通电力自动化有限公司	电力电子仪器	中法合资	1000	500
二和机械有限公司	切割工具	韩国独资	1000	550
耀皮康桥汽车玻璃有限公司	汽车玻璃	沪港合资	3000	2250
耀皮工程玻璃有限公司	加工玻璃	沪港合资	2280	920
上海中隆纸业有限公司	高档纸板	中维尔岛	29800	10000
罗姆金新型建材有限公司	新弄建材	罗马尼亚	2500	1000
延锋百利得(上海)汽车安全系统有限公司	汽车安全汽囊	中美合资	2000	800
超科林半导体设备（上海）有限公司	半导体设备	英属开曼	420	210
杰西博工程机械（上海）有限公司	工程机械	英国独资	2150	870
昌硕科技（上海）有限公司	笔记本电脑	英属维尔京	44600	23200
上海神火铝箔有限公司	金属复合材料	沪港合资	55000	4900

续表 6-3-4

企业名称	主要产品	性质	总投资（万美元）	注册资本（万美元）
夏特装饰材料（上海）有限公司	新型装饰材料	德国独资	1430	572
日月光高新科技（上海）有限公司	芯片	台湾独资	4500	1500
上海马利索精密机械有限公司	机械零部件	德国独资	1400	560
海特奇贝斯（上海）机械工业有限公司	机械配件	英属开曼	5000	2000
恭硕电子科技（上海）有限公司增资	手机、笔记本电脑	英属维尔京	17300	7500
威宏电子（上海）有限公司	芯片研发	英属维尔京	4500	1500
上海江森鹤华汽车金属零件有限公司	座椅骨架	美国独资	2980	1800
上海电气森瑞克斯电力电子有限公司	风电变换器	加拿大独资	2000	1000
逻辑通（上海）系统工程有限公司	制卡设备	香港独资	2500	1000
威上电子（上海）有限公司	集成电路	英属维尔京	4500	1500
威宏电子（上海）有限公司	集成电路	新加坡独资	9873	3291
钧硕电子科技（上海）有限公司		台湾独资	4430	1477

第四节　民营企业　注册型企业

一、概　况

康桥工业区的民营工业企业，主要分为两大类，一类是由本地居民创办的民营企业，一类是从外地引进的民营企业。

在本地居民创办的民营企业中，又分为两种类别。一是由本地居民投资创办的民营企业。1978 年中共十一届三中全会以后，在改革开放政策的推动下，本地一些敢于闯荡市场的居民努力筹集资金创办民营企业，并不断获得发展。但由于实力有限，绝大部分企业规模较小，装备比较简单，相当部分企业都从事服装加工、小五金加工、家具制造等行业，如三角村薛明德创办的家具厂，火箭村卫秋林创办的塑料工具厂等等。二是在 1995 年至 2002 年期间由乡镇企业改制成的民营企业。这部分企业规模相对大一些，管理也比较正规，产品也具有一定的档次。如由上海横沔外贸联合纸箱厂改制成的康吉包装材料有限公司及南汇电缆厂等。

外来的民营企业是通过招商引资从市区及外省市引进的民营企业，其中温州企业较多。他们一般都已经在当地发展了一段时间，企业规模较大，经济实力较强，为了寻求更大的发展空间和市场空间，看中了康桥工业区的有利条件，纷纷把企业总部和主要生产企业迁至康桥落户。工业区引进的第一家规模较大的民营企业是1996年初从浦东新区引进的上海新高潮实业有限公司，在康桥西路首次征地10公顷，总投资1500万元，引进国外设备，生产和加工各类木制品。从温州引进的第一家规模较大的民营企业是1999年4月引进的天正机电集团有限公司，在工业区内征地10公顷，总投资1亿元，生产成套机电设备。随后，均瑶集团、红蜻蜓、特波电机、美特斯·邦威等著名民营企业陆续落户康桥。这些企业的行业结构主要为建材生产、服装加工和机电产品制造等。至2008年底，工业区内民营企业的产值达48亿元，占工业区产值的8.1%，成为工业区经济的重要组成部分。另外，这些企业中大部分为劳动密集型企业，解决了相当数量的本地和外来劳动力的就业问题。

二、主要民营企业选介

（一）上海均瑶（集团）有限公司

均瑶集团成立于1991年7月，2000年3月迁入康桥东路2号地块，占地面积9公顷。公司以航空运输、营销服务为主营业务，并涉及置业等领域。

航空运输是均瑶集团的主营业务。2000年底，均瑶集团航空服务有限公司在上海成立，开通了全国各大城市50多条包机航线，建立了覆盖全国各大城市的服务网络。2002年8月18日，经国家民航总局批准，均瑶集团入股东方航空武汉股份有限公司，这是民营企业首次入股国家全资控股业务领域。2005年6月，获准筹建上海吉祥航空有限公司，并于2006年9月实现首航。营销服务是均瑶集团的另一主营业务，其中包括零售业、文化和食品饮料三部分。

均瑶集团在自身发展的同时，积极承担社会责任，先后投入上亿元用于各种公益活动和慈善事业。在三峡库区进行系列投资，解决当地部分移民就业问题，成为中国光彩事业的成功案例。均瑶集团也是中国第一批向联合国“全球契约”递交承诺书的企业。

2008年，公司实现产值9.76亿元，利润1149万元，上缴税收4865万元，拥有总资产9.07亿元，拥有在职员工5000多人。

（二）上海美特斯·邦威服饰股份有限公司

美特斯·邦威集团公司1995年创建于温州，从1998年起逐步把经营管理中心、研发中心迁移到康桥工业区，成立上海美特斯·邦威服饰股份有限公司。2005年12月集团公司上海总部正式启用，地址在康桥东路800号。公司主要研发、生产、销售“美特斯·邦威”品牌休闲系列服饰。至2008年，已连续6年跻身中国服装行业百强企业，连续3年被全国工商联评为“上规模民营企业500强”。

2008年，公司实现产值39.28亿元，利润10.78亿元，拥有资产45.13亿元。

（三）上海莱必泰数控机床股份有限公司

上海莱必泰数控机床股份有限公司成立于2000年4月，总投资1500万元，占地面积1.67公顷，建筑面积8800平方米，是上海市高新技术企业。2007年11月6日，上海莱必泰改制为股份有限公司，注册资本6000万元。公司位于康杉路518号。

公司是一家为轴承企业提供成套专用生产装备的机床生产企业，公司的主营业务包括：轴承专用装备即数控机床、自动化生产联线等设备的研发设计、生产、销售及售后服务。

公司是中国唯一能向世界十大轴承公司提供轴承装备的企业。2008年，公司实现产值9432万元，利润1622万元。企业员工430人，主要生产设备143台，年末资产总计2.04亿元。

（四）上海天正机电集团有限公司

上海天正集团是中国工业电器行业规模最大的企业之一，先后获“国家大型企业”、“国家级企业集团”、“中国电气百强企业”等荣誉称号。2000年1月公司从温州迁入康桥工业区，地址为康桥东路388号。占地面积10.04公顷，建筑面积5.1万平方米。主要生产输配电及控制设备电气机械及器材工业自动化控制系统装置。

公司创立的“低压电器测试中心”是国内首家与国际接轨的第一方实验室（国家级实验室），2008年度公司研发项目获国家科技进步二等奖。公司生产80大系列10000余种规格的电器产品，塑壳断路器、电能表等产品还获得国家质量检验检疫总局颁发的“中国名牌产品”。电力自动化产品“STS360变电站综合自动化系统”被上海市科委认定为具有该领域国际先进水平。

2008年，集团公司（含各地分公司）员工总数7100人，实现产值81.1亿元，拥有总资产35亿元，位列中国民营企业500强第38位，并入选代表中国企业最高品牌荣誉的“首届标志性品牌”，“天正”商标被国家工商总局认定为“中国驰名商标”。同时集团公司入选“上海市百户重点工商企业”和“上海市高新技术企业”及“上海市软件企业”，并成为上海市唯一的国家继电保护行业标准起草单位。

2008年康桥工业区主要民营企业情况表

表6-4-1

名称	投资额（万元）	产品	产值（万元）	税收（万元）	利润（万元）
上海均瑶（集团）有限公司	20000	航空运输、营销服务	97600	4865	1149
上海美特斯邦威服饰股份有限公司	12000	服饰	392853	48632	107833
上海天正机电（集团）有限公司	20376	配电开关控制设备制造	27814	750	605
上海公元建材发展有限公司	6800	塑料板、管、型材的制造	33352	505	101
上海特波电机有限公司	4300	电动机制造	61104	1787	6226
上海天大塑业有限公司	8000	塑料板、管、型材的制造	410	84	10
巨力集团上海有限公司	3000	金属丝绳及其制品的制造	820	111	11
上海红蜻蜓鞋业有限公司	2000	皮鞋制造	3027	110	-577
上海莱必泰数控机床股份有限公司	2000	金属切削机床制造	9432	1517	1622
上海天正明日电力自动化有限公司	1000	电力电子元器件制造	3606	350	258

三、注册型工业企业

在康桥工业区内，还有这样一批企业，它们注册落户在康桥，采用机动灵活的经营策略，在上海或全国其他省市进行经营。这些注册性工业企业2008年实现产值约130亿元，税收约8.5亿元，为康桥工业区建设和经济发展作出了很大贡献。

康桥工业区主要注册型工业企业情况表

表 6-4-2

序号	企业名称	注册资金（万元）
1	上海泰胜建设发展有限公司	2178
2	上海环境工程股份有限公司	3000
3	华保学生紧急救援中心有限公司	10000
4	上海瑞祺投资有限公司	5000
5	上海尚德教育发展有限公司	3000
6	上海爱盛置业发展有限公司	2000
7	上海巨力吊锁具有限公司	3000
8	上海农业发展有限公司	3000
9	上海福田投资有限公司	3000
10	上海新德胜投资有限公司	3000
11	上海望潮投资有限公司	30800
12	上海中翌实业发展有限公司	2000
13	上海贵华化工香料有限公司	7000
14	上海胜龙塑料制品有限公司	2000
15	上海世之贸投资有限公司	3000
16	上海东登实业有限公司	5000
17	上海浦东铁路发展有限公司	4000
18	上海卡孚投资有限公司	10000
19	上海佐智铜材有限公司	2000
20	上海呈现数码科技发展有限公司	2000
21	上海泓潮实业投资有限公司	3000
22	上海上方瑞清投资有限公司	2000
23	上海祝华投资有限公司	2000
24	上海港机设备制造有限公司	20000
25	上海纳信电器有限公司	3200
26	中交上海港口机械制造厂有限公司	118473
27	大新华物流有限公司	5000
28	上海保利建壅房地产有限公司	5000

第五节　产业结构

经过16年的开发建设，康桥工业区的工业经济逐步形成了特色明显的产业结构。这些不同的产业，在工业区的经济发展中起着举足轻重的作用。

一、产业构成与发展

（一）产业构成

康桥工业区在发展工业经济的过程中，逐步形成电子信息和汽车及零部件两大主导产业，在工业产出中所占比重较大。这两个产业技术含量相对较高，产业链较长，加之近年来保持高速增长，对其他产业和整个区域经济发展有较强带动作用。同时，工业区也形成了电器制造、服装、造纸及机械制造、新型建材等主要产业，在区域经济发展中作出的贡献较大。至2008年底,上述产业共完成产值540亿元，占工业区总产值的91.8%，产业集聚度较高。

促使康桥工业区主导产业和重要产业形成和发展的主要因素有：

受历史上传统产业的影响。近百年来，浦东地区的传统产业是“三把刀”：即剪刀（服装业）、泥刀（建筑业）、菜刀（餐饮业）。由于传统产业发展历史长、社会影响大、技术人员多、对市场比较熟悉，所以发展优势相对较强。例如服装产业不论在乡镇工业时代，还是在改革开放初期，都是康桥地区长盛不衰的主要产业。康桥工业区开发以后，国内外知名服装企业纷纷落户康桥，使康桥地区的服装业、建筑业、餐饮业获得了新的更大发展。

受浦东新区辐射的影响。由于康桥工业区紧靠浦东新区，与张江高科技园区、金桥出口加工区相邻，这些区域的高科技企业充分利用康桥优越的地理条件，大力发展下游企业、配套企业和服务企业，促进了康桥工业区电子信息产业及汽车零部件的快速发展。

受招商引资重点战略调整的影响。开发建设以后，康桥工业区内绝大部分企业都是通过招商引资进入，凡列入招商引资的重点，这类企业的集聚速度必然加快。2005年后，康桥工业区由于受土地资源紧张的制约，把招商引资的重点指向用地少、高科技、低污染、高产出的大、中型项目，加速了高科技产业和生产性服务业的发展。

（二）发展历程

康桥工业区工业产业结构的发展变化经历了三个阶段：

“九五”计划期间（1995～2000年）

这一时期，康桥工业区内的外来投资企业不多，乡镇工业所占比例较大，所以这一时期的工业产业结构仍与乡镇工业时期相类似。

这个时期的主要工业产业有电器、机械、建材、服装、轻工等。1995年，完成工业总产值18.8亿元；2000年，工业总产值增至89.1亿元，年均增长36.5%。主要工业产品有日用化工、五金机械、建筑材料、服装、塑料制品等门类，其产品附加值较低，技术含量明显不足。

“十五”计划期间（2001～2005年）

这一时期，外资企业不断在工业区落户，投产企业日趋增多，逐渐形成新的支柱产业和重要产业。主要产业有：电子电器、造纸、食品、机械、新型建材等。主要产品有电器、汽车零部件、数控机床、建筑钢品、玻璃等。至2005年，工业总产值增至209.4亿元，5年中增长了1.35倍。

“十一五”规划期间（2006～2008年）

2006年，以华硕为代表的电子信息产业开始陆续投产，以延锋江森汽车座椅为代表的汽车零部件行业初具规模，工业区的主导产业群基本形成。至2008年，工业区的产业群体已具相当规模，以昌硕科技（上海）有限公司、威宏电子（上海）有限公司等为代表的电子信息产业，以上海延锋江森座椅有限公司、上海纳铁福传动轴有限公司等为代表的汽车及零部件产业，以施耐德配电电器有限公司等为代表的电器及线缆制造产业，以中隆纸业和杰西博工程机械为代表的造纸及机械制造产业，以美特斯·邦威为代表的服装产业和夏特装饰材料为代表的新型建材产业等陆续形成。2008年，电子信息产业产值271.181亿元，汽车及零部件行业产值117.5亿元，电器及线缆制造行业产值55.29亿元，造纸及机械制造产业产值33.74亿元，服装产业产值46.15亿元，新型建材产业产值15.86亿元，以上六大产业产值合计为539.7亿元，占工业总产值594.8亿元的90.7%。

随着新的主导产业和主要产业的形成，产品结构随之发生显著变化。一批科技含量高、适销对路的产品产量迅速增加，新产品不断涌现。2008

年，产品门类主要有：电子信息类有笔记本电脑、电脑芯片、关键性半导体元器件、电子元件等；机电类有汽车零部件、电机、蓄电池等。出口产品有笔记本电脑、半导体器件、电子元件、电动机、蓄电池、服装等。2008年，产品出口额达47亿美元。

二、电子信息产业

（一）概 况

康桥工业区的电子信息产业发展起步较晚，1995年起才陆续有智盈、波洛莱等电子产品企业落户，但发展速度较快，20世纪90年代后期以来依托重点大中型项目，康桥的电子信息产业取得了跨越式发展。1998年6月，经过3个月的考察论证，上海联合投资有限公司、上海新泰新技术公司、英属维京群岛宏联工业有限公司决定在康桥工业区内合资创办上海宏和电子材料有限公司和上海宏联电子材料有限公司，合计批租土地18.5公顷，总投资为5900万美元。此后，国内最大的电信企业——中国电信落户康桥。2005年，工业区引进世界 500强企业华硕电脑项目，投产当年就实现工业产值34.95亿元，占工业区总产值的16.7%。至2008年，电子信息产业产值达271.2亿元，占工业区工业总产值的46%，主要产品有笔记本电脑、电子级纤维布、手机、掌上电脑等。电子信息产业成为工业区内产值排名第一的主导产业。

（二）主要企业选介

昌硕科技（上海）有限公司、恭硕电子科技（上海）有限公司：由台湾华硕集团分别在2004年9月及2006年3月在康桥工业区内投资设立，位于秀沿路3768号。占地面积37万平方米，建筑面积31.4万平方米。总投资6.2亿美元。

公司主要研发与制造笔记本电脑、手机等电子信息产品，是全球五大笔记本电脑生产企业之一。

2008年，两公司出口总额为62亿美元，产值252亿元，其中昌硕进料加工出口占36亿美元，恭硕来料加工出口占26亿美元。公司从业人员14000人。

威宏电子（上海）有限公司、威上电子（上海）有限公司： 由宏达国际电子股份有限公司和威盛电子股份公司共同投资，创建于1997年，位于新苗村1000号。

宏达国际电子股份有限公司是台湾的上市公司，它研发出世界第一台以Windows CE为基础的掌上型计算机，是世界上第一家生产3G手机的公司。历经10余年的发展，宏达电子已成长为全球最大智能型手机、掌上电脑研发和设计制造厂商。威盛电子股份有限公司为全球IC设计与个人电脑平台解决方案领导厂商，是全球芯片组前两大供货商之一，全球前五大、亚洲第一大的芯片设计公司。

宏达、威盛两家公司联合投资3.3亿美元，在康桥工业区创立威宏电子（上海）有限公司和威上电子（上海）有限公司。一、二期分别投资9800万美元和9000万美元，建设10万平方米的厂房和10万平方米的研发楼，一期项目被列入2007年市重点项目“绿色通道”。

威宏公司一期总建筑面积近6.5万平方米，分为4万平方米厂房和2万多平方米的9层宿舍。计划于2009年9月全部完工，10月投入生产，并在年内实现产值10亿元。

鉴于对中国市场的良好预期，以及上海优越的投资环境，威宏已决定增资9800万美元，启动二期项目的建设。

中国电信信息园： 中国电信信息园启动于2002年12月，由中国电信集团、中国电信上海公司共同投资建设。电信信息园位于杨高南路5788号，占地面积107公顷，建筑总面积约60万平方米。园区的通信保障区，占地面积约65公顷；信息产业区，占地面积约43公顷。总投资规模约60亿元。

中国电信信息园的建设目标是信息新技术的研发基地、信息新产品的试验基地、信息通信的保障基地、信息人才的培训基地和社区信息化的示范基地；功能定位是亚太通信枢纽核心基地、自主创新基地、信息化社会体验区和现代服务产业集聚地，形成以信息通信、信息加工、信息存储、信息终端、信息服务等品牌为特色的信息产业集聚区。

2002年中国电信信息园开工建设，至2008年底，已完成单体建筑18幢，主要有中国电信上海公司网络操作维护中心、传输中心、数据中心、后勤保障中心、呼叫中心、测试中心、客户化方案解决中心、行政中心，国家计算机信息安全中心上海分中心以及中国电信学院、中国电信集团号码百事通公司、运营管理中心和网络操作维护中心。其中中国电信上海公司网管中心、测试中心、中国电信学院3个项目单体获得上海市建筑工程白玉兰奖。

至2008年底，园区的通信保障区内入住单位有：中国电信学院、中国电信股份公司IT部、中国电信股份公司号百公司、中国电信股份公司NOC、中国电信上海公司NOC、电信研究院、上海电信百事应公司、上海公司信息化部、信网部、集团网管中心、国家安全中心上海分中心、上海公司测试中心、10000号客服热线和华泰保险股份公司等。园区员工人数已达1000余人。

梅兰日兰电子（上海）制造有限公司：创立于2001年的梅兰日兰电子（上海）制造有限公司是Critical Power & Cooling Services在上海的制造及研发中心。公司位于康桥东路1号，由法国的梅兰日兰公司独家投资创办，总投资165万美元。

梅兰日兰是一家全球性的专业公司，致力于为所有负有重要使命的用电设备和处理进程提供高质量的电源解决方案。这些用电设备和处理进程小到个人电脑，大到大型的互联网数据中心、电信设备或半导体生产厂。该公司生产研发的不间断电源产品主要销往中国、南亚、北亚及环太平洋地区，广泛应用于金融证券、邮电通信、航空交通、石油化工、能源电力、医疗等，主要的终端客户有人民大会堂、中央电视台、上海地铁、浦东国际机场、上海证券交易所及各大通讯公司及银行等。

2008年，公司总资产1.35亿元，从业人员163人，实现产值3.16亿元，利润5600万元。

康桥工业区电子信息产业主要企业及产品情况表

表6-5-1

序号	企业名称	产品
1	梅兰日兰电子（上海）制造有限公司	不间断电源
2	上海统振电子有限公司	手机电池
3	上海南泰整流器有限公司	电力电子产品及原器件
4	昌硕科技（上海）有限公司	便携式电脑
5	上海西岱尔电子有限公司	陶瓷气体放电管
6	上海通用电气安防电子有限公司	消防、报警保安系统电子产品
7	上海宏和电子材料有限公司	电子级纤维玻璃布
8	上海宏联电子材料有限公司	电子级玻璃纤维丝
9	超科林半导体设备（上海）有限公司	半导体晶片处理系统
10	恭硕电子科技（上海）有限公司	电脑及手机
11	伯乐电路产品（上海）有限公司	电路产品
12	威宏电子（上海）有限公司	芯片研发
13	上海浦东宇虹电子有限公司	硅橡胶制品
14	迈克珂来富电子（上海）有限公司	印刷电路板
15	康桥恒升电子有限公司	电子产品
16	上海法丹尼电子有限公司	GPS定位系统
17	上海因泰卡光电科技有限公司	光电子器件
18	斯堪地亚电子（上海）有限公司	通讯基站材料
19	上海优电电子科技有限公司	锂电池
20	上海电气森瑞克斯电力电子有限公司	风电变换器
21	超科林微电子设备（上海）有限公司	微电子设备
22	威上电子（上海）有限公司	集成电路
23	钧硕电子科技（上海）有限公司	模具

三、汽车及零部件产业

（一）概　况

康桥地区最早生产汽车零部件的企业是上海通用机器厂（后改制为中德合资纳铁福传动轴有限公司），生产汽车零部件已有30多年历史。在乡镇工业时代，横沔乡创办有横沔汽车修理厂，周西乡创办有周西汽车修理厂，沿南、沔青、汤巷等村也创办有汽车修理厂。1995年，中国一汽在工业区创办轿车组装厂，1996年组装的红旗牌轿车产值达到4.02亿元。此后，美国通用、福特公司、中国东风、西安黄河等国内外知名汽车生产企业纷纷落户康桥。至2008年，共引进汽车及零部件外资企业31家，投资总额5.19亿美元，占工业区外资投资额的12.4%。2008年，汽车及零部件产业实现产值117.5亿元，占工业区工业产值的20%，成为仅次于电子信息产业的第二主导产业。

（二）主要企业选介

上海延锋江森汽车座椅有限公司：1997年12月，中美合资上海延锋江森汽车座椅有限公司落户康桥工业区，位于康安路669号，占地3.27万平方米，建筑面积2.84万平方米。该公司由上海延锋伟世通汽车饰件有限和美国江森自控国际有限公司合资建办，总投资5308万美元。

公司主要产品为高档轿车坐椅及部件，并提供坐椅技术工程服务和非专营商品的收购出口业务；为上海大众、上海通用提供坐椅。公司于1999年投产，2000年，其销售收入进入上海工业企业销售收入前100位，公司的管理被上海市外商投资委员会评为"先进技术企业"，被客户评为"优秀供应商"及A级供应商。

2008年，公司实现产值47.04亿元，出口交货值6.66亿元。从业人员人员1800人，其中中高级职称人员47人。

上海东风泰利福莫尔斯控制系统有限公司：成立于1995年9月，后改名为康斯博格有限公司。地址位于康意路406号，占地2.12万平方米，建筑面积9800平方米。公司由美国泰利福投资公司和东风电子科技股份有限公司共同出资组建，其中美方出资51%，中方出资49%，总投资800万美元。

公司引进国外同期的最新产品、工艺及生产设备，采用统一的TELEFLEX MORSE标准设计，生产TELEFLEX MORSE标准系列产品，公司主要生产各类汽车、船艇和工程机械用推拉索、拉索、控制器、踏板及油气管等产品，产品在全球享有很高声誉。公司于2001年通过QS-9000质量体系认证，产品质量达到国内外先进水平。2004年6月又通过ISO/TS16949认证。2005年被评为上海市外商投资先进技术企业。

2008年，公司总资产9300元，实现产值1.37亿元，利润1380万元，从业人员169人。

上海神汇汽车转向器有限公司：是东风汽车公司在康桥工业区内投资建设的汽车零部件专业化生产企业，成立于1994年。地址位于康桥东路888号，占地面积4万平方米，建筑面积1.6万平方米。总投资达1亿元。

公司主要从事汽车零部件的生产制造，拥有完善的计量室以及独立完整的产品试验基地和公用动力系统，年产汽车齿轮齿条转向器可达15万套，是神龙汽车公司的唯一转向器供应商。

2008年，公司实现产值1400万元，从业人员70人。

延锋百利得（上海）汽车安全系统有限公司：由延锋伟世通汽车饰件系统有限公司和美国百利得安全系统公司共同投资建立。公司成立于2004年，总部位于秀浦路426号，占地面积9.6万平方米，建筑面积1.96万平方米。

公司业务领域覆盖方向盘、安全气囊、安全带以及整个汽车制动安全系统，为上海及全国各主要汽车制造商以及国际汽车制造商提供产品与服务。公司拥有国际级的技术中心大楼和汽车被动安全系统测试和试验设备，不仅能够满足公司自身产品的研发需求，同时还承担了国内外客户对安全系统产品工程开发的需求。

2008年，公司实现销售收入5.7亿元，出口708万美元。公司从业人员679人，其中中高级职称人员34人。

柯马（上海）汽车设备有限公司：是柯马集团公司2001年在中国创办的独资企业，坐落于康桥东路1388弄2号，占地面积6300平方米。

公司在动力总成、车身焊接、油漆、冲压模具四大领域与上海通用、一汽大众、神龙公司、重庆长安、奇瑞、昌河铃木、东风康明斯、东风本田、无锡柴油机厂、上海纽荷兰等都建立了良好的合作关系。在国内完成的主要项目有广州本田缸盖生产线，神龙公司TU3/TU5缸盖机加线、TU3/TU5曲轴机加线、TU3/TU5发动机及变速箱装配线；上海通用F15变速箱生产线，长安JL472Q1缸盖机加线，康明斯缸体精加工生产线，上汽齿轮总厂猎豹变速箱装配线，奇瑞NEF1发动机装配及试验线；一汽大众奥迪A6底板及总拼生产线、宝来A4焊装线，重庆长安SC6350焊装线，神龙公司PAS N71焊装线；神龙公司PAS B53焊装线，南亚菲亚特机器人点焊焊装生产线，上海通用BUICK焊装线，SGM J200焊装线，SGM18门盖线等。

2008年，公司有员工约100人。

康桥工业区汽车及零部件产业主要企业和产品情况表

表 6-5-2

序号	企业名称	产品
1	上海千缘汽车车身模具有限公司	汽车模具
2	上海纳铁福传动轴有限公司	汽车用传动轴
3	上海东风泰利福莫尔斯控制系统有限公司	汽车配件
4	上海浦东一汽青岛专用车厂	半挂车
5	上海纳通汽车零部件有限公司	汽车零部件加工
6	上海神汇汽车转向器有限公司	汽车转向器
7	柯马（上海）汽车设备有限公司	汽车生产线
8	约斯特（上海）汽车部件有限公司	牵引座
9	上海申龙客车有限公司	客车及配件的生产
10	上海延锋江森座椅有限公司	汽车座椅及零件
11	上海汇德汽车服务有限公司	维修保养汽车零部件
12	世腾汽车皮件（上海）有限公司	牛皮切割件
13	上海耀皮康桥汽车玻璃有限公司	汽车弯钢化玻璃
14	绍矿磁性材料（上海）有限公司	非金属永磁体制造
15	上海瑞博密封件有限公司	生产油封
16	延锋百利得（上海）汽车安全系统有限公司	方向盘
17	上海凯密特尔化学品有限公司	45# 漆雾凝聚剂
18	上海艾斯迪克汽车装备制造有限公司	拧紧机
19	上海江森自控国际蓄电池有限公司	车用蓄电池制造
20	上海延康汽车零部件有限公司	汽车座椅
21	上海延昌塑胶有限公司	PVC 人革
22	上海新明源汽车配件有限公司	平衡块
23	上海光明汽车附件厂	汽车零配件
24	上海燎原汽车配件厂	汽车零部件
25	上海泰利福汽车零部件有限公司	汽车变速换档系统
26	上海吉翔汽车车顶饰件有限责任公司	车顶饰件
27	上海江森自控汽车电子有限公司	汽车电子装置
28	上海恺杰汽车塑料零部件有限公司	汽车塑料零部件
29	弗悦汽车配件制造（上海）有限公司	汽车零配件
30	上海赛风汽车系统有限公司	汽车系统
31	伟轮叉车（上海）有限公司	叉车
32	上海江森鹤华汽车金属零件有限公司	汽车座椅金属骨架
33	格拉默车辆内饰（上海）有限公司	车辆内饰

四、电器电缆产业

（一）概 况

电器电缆产业在康桥地区起步较早，在20世纪70年代末，沔青大队综合厂就创办了线缆生产车间，出产丝包线、电磁线，后改名为沔青磁线厂，专业生产电线电缆。1983年春，汤巷大队综合厂试产微型电线和双色电线，一进入市场便供不应求，后改名为沪南电缆总厂。之后又创办了专业出产船用电缆的飞翔通讯器材厂，专业生产橡套电缆的南汇电缆厂，专业生产HYA通讯电缆的斯派克电缆厂，专业生产各种特种电线、电缆的上海横沔特种电缆厂等等。至1999年，仅横沔镇就有电线电缆企业35家，性质有镇办的，也有村办和民办的，实现总产值2.19亿元。

康桥工业区成立以后，生产光线电缆的德特威勒电缆系统（上海）有限公司、生产同轴电缆的上海汉威康桥电线电缆有限公司以及生产高压开关柜的上海天正机电（集团）有限公司、生产变压器的特富麦克（上海）不中断供电系统磁性器件有限公司等众多电器电缆企业落户康桥，使康桥的电器电缆产业规模更大，品种更多，规格更高。2008年，电器电缆产出总产值达到55.29亿元，占工业区工业总产值的9.3%。

（二）主要企业选介

上海施耐德配电电器有限公司：是法国施耐德电气集团和上海输配电股份有限公司共同投资1800万美元，于1996年1月正式组建的合资企业。公司位于康桥路833号，占地2.74万平方米，建筑面积2万平方米。

公司主要生产低压空气断路器和负荷开关（MT）。该公司最新推出的MT产品，采用了高新技术，增强了产品性能和安全性，容易安装，操作方便。除了具有传统断路器特点外（抽出式、选择性和低维护性），又具有体积优化、内置通讯和测量功能等特长。MT系列断路器已通过中国3C认证及船级社认证。

2008年，公司实现产值16.57亿元，从业人员198人。

康桥工业区电器电缆产业主要企业和产品情况表

表 6-5-3

序号	企业名称	产品
1	上海横沔特种电线电缆有限公司	电线电缆
2	上海新沪电机厂有限公司	屏蔽电泵
3	上海南汇黄河电线电缆厂	电线电缆
4	上海沪南电缆总厂	电力电缆
5	上海沪巷电缆厂	电线电缆
6	上海南汇电缆厂	电线电缆
7	上海天正明日电力自动化有限公司	STS360 装置系统
8	上海天正机电（上海）有限公司	高压开关柜
9	德特威勒电缆系统（上海）有限公司	光线电线
10	上海汉威康桥电线电缆有限公司	同轴电缆
11	特富麦克（上海）不中断供电系统磁性器件有限公司	变压器
12	上海特波电机有限公司	电动机
13	上海施耐德配电电器有限公司	空气断路器
14	施耐德（上海）电器部件制造有限公司	静触头
15	上海阿海珐电力自动化有限公司	数字式断电保护器
16	夏弗纳电磁兼容（上海）有限公司	电磁兼容产品
17	上海华尊电源有限公司	电池
18	上海三电冷机有限公司	商用冷柜
19	上海富申冷机有限公司	商用冷柜
20	上海星荣精机有限公司	精密轴承
21	利尔得电气（上海）有限公司	电气设备

五、服装产业

（一）沿　革

服装产业在康桥地区有着悠久的历史。早在新中国成立之前，服装行业在康桥地区已具有一定优势，从业人员较多，但大多为个体裁缝和小型裁缝铺。在乡镇工业时期，康桥地区的服装产业比较发达，是当时的支柱产业。横沔绣衣厂、周西绣衣厂、周西绣品厂、天衣时装厂、周西服装二厂等服装企业不但规模较大，而且产品大多远销国外。

康桥工业区开发建设以后，一批国内外知名服装企业和著名品牌先后落户康桥。1994 年 2 月，国际品牌意大利“圣人梦”服装项目在康桥正式签约，总投资 800 万美元，征地 1.6 万平方米，引进意大利最新生产流水线，生产世界一流的男式西装。随后，国内休闲服装的领军企业美特斯邦威，国内鞋业巨头“红蜻蜓”，中国名牌、国内针织内衣大型企业三枪集团等陆续进驻康桥，生产的品种也越来越多。主要产品有：西装、休闲服装、针织内衣、时装、婚纱、皮鞋、床上用品、手套及相关原料、辅料产品等。2008年，康桥工业区服装制造业完成产值46.15亿元，占工业区工业产值的7.9%。

（二）主要企业选介

上海圣人梦服装有限公司：创办于1994年，是一家专业生产经营高档西装和男式系列服装的中意合资企业，位于康桥路634～658号。

该公司拥有德国制造的压衬机、美国CAD电脑辅助设计系统、意大利全电脑整烫定型设备、美国GGT的面料预缩机及日本重机、兄弟企业的缝纫设备和专用设备等高科技智能设备400台，引进了世界上先进的高科技专用设备及服装生产流水线。公司在工艺技术、面料及服饰文化、营销理念等方面紧扣国际时尚脉搏，通过特许加盟与专卖连锁的经营方式，实现加盟商和企业的双赢合作。

2008年，公司在册从业人员314人，总资产4684万元，实现产值2576万元。

四国时装（上海）有限公司：是于2001年3月27日成立的外商独资企业。公司的投资方是日本四国缝纫株式会社，地址位于康意路188号。投资额142万美元，注册资本100万美元。公司占地面积1500平方米，建筑面积2600平方米。

公司经营范围：生产服装及服饰制品，销售公司自制产品。主要承接加工女衬衫、裙子、裤子等，年生产能力24万件，产品99%以上销往国外。

2008年，公司在职职工250人，实现产值1600万元。

上海久华纱服饰有限公司：是由日本株式会社MARIMO商事于2004年6月投资创办，地址位于创业路369弄47号。公司主要生产花童服、婚纱礼服及配套产品，占地面积6万平方米，建筑面积3万平方米，总资产5600万元。

总公司于1970年建立于日本东京，经过35年的经营，成为日本婚纱业中的骨干企业，并在南太平洋多个国家先后成立了分公司。上海久华纱服饰有限公司已成为向日本、欧洲、南太平洋输送所需商品的基地。公司生产的婚纱礼服、男女花童服及配套装饰品等产品全部外销。

2008年，公司在职员工427人，实现产值4770万元。

圣格蕾斯运动用品（上海）有限公司：创办于1998年2月，系台商独资企业，地址位于康桥路899号，占地面积1.41万平方米，建筑面积7500平方米。

公司主要生产、销售各类知名品牌运动服饰、滑雪手套及相关配套饰品等，产品100%销往欧、美、日等地。

2008年，公司实现产值3100万元。从业人员65人。

海莎纺织辅料（上海）有限公司：是海莎集团在亚洲创办的第一家独资子公司，地址位于康意路499号B座二楼，厂房面积13000平方米。

公司利用德国设备、德国工艺、德国原料和现代化生产流水线，向全球著名厂商提供服装垫肩等高品质的产品，在高档市场有90%以上的占有率。1999年成为上海地区的“十佳”三资企业。从2002年起，海莎集团开始全方位进入中国市场。

2008年，公司从业人员295人，实现产值6635万元。

康桥工业区服装产业主要企业及产品情况表

表6-5-4

序号	企业名称	产品
1	上海中一服装有限公司	梭织服装
2	上海红蜻蜓鞋业有限公司	皮鞋
3	上海针织九厂	棉针织品
4	上海三协服装有限公司	服装
5	上海美特斯邦威服饰有限公司	服装
6	四国时装（上海）有限公司	服装制造
7	海莎纺织辅料（上海）有限公司	垫肩
8	上海圣人梦服装有限公司	服装制造
9	上海华阳手套有限公司	手套
10	圣格蕾斯运动用品（上海）有限公司	滑雪手套
11	上海久华纱服饰有限公司	婚纱
12	上海禹豪制衣服饰有限公司	服装
13	上海联迪纺织饰品有限公司	床上用品
14	上海融凡针织有限公司	针织品

六、造纸及机械制造业

（一）概　况

机械制造产业在康桥地区是一个传统产业。早在20世纪60年代初，横沔、周西两个公社都已创办了农机修造厂，以后均改为机械厂。在乡镇工业时代，乡村两级创办有数十家铸造厂、电镀厂、五金厂、金属制品厂等机械制造和零部件加工企业，但大多数规模不大，生产设备和技术水平不高。而造纸产业在康桥地区是一个较新的产业，发展历史较短。

1993年11月，国内第一家专业生产轴承的企业——上海钢球厂落户康桥；1997年11月，世界100强造纸企业之一、台湾最大的工业用纸及纸器制造集团——正隆股份有限公司正式选址康桥；1999年4月，国内著名机电制造企业——天正机电（集团）有限公司在康桥正式签约；2005年11月，世界最主要的铲运机械、农用机械和物料装卸机械制造商之一的英国JCB公司在工业区投资的项目——杰西博工程机械（上海）有限公司在康桥建立并开工投产。众多造纸及机械制造产业的优质企业落户在康桥，使康桥工业区的造纸和机械制造产业走上了快速、健康发展的轨道。

2008年康桥工业区的造纸及机械制造业实现产值33.74亿元，占工业区工业总产值5.7%。

（二）主要企业选介

上海中隆纸业有限公司：成立于2002年10月，公司位于秀浦路489号，占地 22公顷，建筑面积7.5万平方米。

公司由台湾最大工业用纸及纸器制造集团——正隆股份有限公司投资。公司引进欧、美自动化设备及生产技术，主要生产高档纸板，年产量45万吨。与之配合的华东华南的纸器厂，制造各种彩印纸盒纸箱，年产能约77500万件。

2008年实现产值12.06亿元，员工人数 300人。

上海中豪纸品加工有限公司：成立于2001年9月，由台湾正隆集团投资创办。公司注册资本1177万美元，投资额5250万美元。公司位于秀浦路399号，占地面积7.4万平方米，建筑面积5.5万平方米。

公司引进欧、美自动化设备及生产技术，生产瓦楞纸板、瓦楞纸箱、美妆彩盒及生活用纸等产品。生产能力：复瓦机每月1000万平方米，制箱每月700万平方米。公司是众多国际知名品牌的合格供应商。

2008年，公司从业人员353人，总资产8.16亿元，实现产值6.86亿元。

杰西博工程机械（上海）有限公司：由英国JCB投资，包括其中国新总部和工厂，于2006年4月竣工成立，总投资1.7亿元人民币，位于秀沿路3698号，占地面积8.7万平方米，建筑面积1.4万平方米，其中办公室建筑面积3000平方米，一期工厂面积1.1万平方米。

JCB中国工厂主要业务是生产挖掘装载机和中小型履带式挖掘机，是JCB在全球的第17家工厂。JCB中国总部包括中国配件中心和培训学校，主要进行专业工程师和销售人员的培训。

2008年，公司从业人员93人，总资产1.3亿元，实现产值1.1亿元。

上海科轻起重机有限公司：由拥有国际品牌"科尼"的芬兰科尼集团创办，按照科尼生产工艺规范建设的康桥生产基地，厂房面积2.8万平方米。

公司主要经营"科尼"品牌的工业起重机、行车、特种起吊设备等，是一家集设计制造、安装调试、更新改造、维护服务等综合功能的专业起重机生产企业。其产品广泛应用于一般制造业、港口机械、石化业、钢铁业、造纸业、垃圾焚烧与发电厂等工业领域。

科尼起重机的专业设计软件MARKMAN2000符合欧洲和ISO技术标准。公司运用JIT等现代生产管理模式，取得国家质量监督检验检疫总局对特种设备制作、安装、改造和维修的资质许可，运用ISO19001国际标准质量管理体系。

2008年，公司总资产1.06亿元，实现产值1.15亿元，利润1042万元，从业人员155人。

上海亿光机电有限公司：位于康意路428号，工厂占地面积7700平方米，建筑面积5800平方米。

公司主营产品为数控线切割机床制造，其中YIGUANG产品属上海市自主产品品牌。公司在全国各地设有机械加工厂，专业加工产品部件。

公司遵照ISO 9001：2000质量管理体系标准，编制了规范的企业标准和质量控制程序，从产品加工到装配至检测，均严格按照质保条例执行。

公司建立了销售服务网络体系，在广东深圳、东莞，福建厦门、浙江杭州、温州、义乌、江苏昆山、山东济南等地都设有销售服务部。

2008年，公司从业人员42人，总资产1865万元，实现产值663万元。

康桥工业区造纸及机械制造产业主要企业及产品情况表

表6-5-5

序号	企业名称	产品
1	上海科轻起重机有限公司	起重机械设备
2	上海善能机械有限公司	珩磨机
4	上海亿光机电有限公司	数控线切割机床
5	上海沪工高峰工具有限公司上海材料试验机厂	试验机制造
6	莱必泰（上海）机械有限公司	数控磨床
7	上海鑫业熔铸设备制造有限公司	在线净化装置
8	哈挺机床（上海）有限公司	机床及零件
9	上海中隆纸业有限公司	高档纸板
10	上海中豪纸品加工有限公司	平板、纸箱
11	杰西博工程机械（上海）有限公司	挖掘机
12	海特奇贝斯（上海）机械工业有限公司	机械制造
13	上海马利索精密机械有限公司	精密机械
14	上海莱恩精密机床附件有限公司	滚珠丝杠
15	群韵饮料机械（上海）有限公司	饮料设备
16	彩思（上海）机械设备有限公司	取样架
17	上海二和机械有限公司	刀磨具
18	西派克（上海）泵业有限公司	泵及零部件
19	威柯空调设备（上海）有限公司	空调系统
20	亚特机电设备（上海）有限公司	机电设备
21	上海泰瑞机械设备有限公司	五金工具
22	海特奇贝斯（上海）机械工业有限公司	机械制造

七、新型建材业

（一）概　况

传统建材产业在康桥地区具有悠久的历史。早在新中国成立之前横沔就有多处砖瓦窑，生产黄道砖、小瓦片、墁砖（瓦板）等，其中比较有名的为创办于1935年的刘和窑和创办于1948年的乔家窑。在乡镇工业时代，横沔乡创办有砖瓦厂，年产标准砖4000多万块。横沔、周西二乡均办有水泥预制工场，专业生产水泥建筑构件。另外还办有木业社，生产门窗等建筑用品。

20世纪80年代，由于受土地、原材料等影响，传统建材产品逐步消亡，而新型建材产业却蓬勃发展起来。在周康地区首开新型建材先河的是南汇国有企业——上海汇丽集团，从1973年开始，汇丽集团先后开发生产了汇丽涂料、汇丽地板、汇丽木门、汇丽板材、汇丽塑料地毯等建材新品种。这些产品，不但享誉上海，而且在全国也有一定影响，部分产品还远销海外，其中20多个品种获得上海市、农业部、冶金部、建材局的科研成果奖或优秀产品称号。其在康桥工业区内投资创办的上海汇豪木门制造有限公司、上海汇丽地板制品有限公司、上海汇丽—塔格板材有限公司、上海汇丽千思板制造有限公司、上海汇凯轻质建材公司等均为汇丽集团的主要研发和生产基地。

国外新型建材大型企业的入驻，加快了康桥工业区新型建材产业的发展步伐。1994年11月，世界500强企业之一的澳大利亚布罗肯希尔建筑钢品（上海）有限公司（后改名为来实建筑钢品有限公司）在康桥举行奠基仪式。随后，夏特装饰材料（上海）有限公司、上海耀皮工程玻璃有限公司等外资企业和上海绿太阳建筑五金有限公司等私营企业的入驻，使工业区建材行业的经济规模迅速扩大。2008年，新型建材产业实现产值15.85亿元，占工业区工业总产值的2.7%。

（二）主要企业选介

来实建筑钢品（上海）有限公司：公司前身为布罗肯希尔建筑钢品（上海）有限公司，成立于1994年7月，后改名为来实建筑钢品（上海）有限公司，位于康桥路855号，占地面积1.8万平方米，建筑面积5200平方米。

公司主要生产镀铝、锌合金钢板制品、配件，销售自产产品并提供配套的技术指导培训和售后服务。该公司的母公司为澳大利亚来实建筑钢品公司， 1857年在英国创办。2003年，公司上市后更名为博思格钢铁公司。2008年，公司职工人数为70人。

上海耀皮工程玻璃有限公司：成立于2002年10月，位于康柳路75号。公司由上海耀皮建筑玻璃有限公司、香港格拉斯林有限公司共同投资组建，日常经营由上海耀华皮尔金顿玻璃股份有限公司加工玻璃事业部负责。公司占地面积9万平方米，建筑面积7万平方米。

公司主要生产和销售钢化玻璃、镀膜玻璃、中空玻璃及其系列深加工产品。产品定位于高档节能建筑玻璃，年产各类加工玻璃1000万平方米。公司投产以来已先后承接了上海环球金融中心、北京国家体育馆、俄罗斯联邦大厦、香港环球贸易广场等国内外众多重大工程。

公司通过了国际权威机构SGS的ISO 9001：2000国际质量管理体系认证。产品质量符合国内和国际的相关行业标准，并通过了多项国际产品的质量认证。

2008年，公司从业人员171人，其中中高级职称8人，总资产6.4亿元，实现产值4.3亿元。

上海汇丽—塔格板材有限公司：创办于1996年，是上海汇丽集团属下的合资企业。公司由上海汇丽（集团）有限公司、以色列TUVGAL有限公司和美国加利佛尼亚州高动有限公司共同投资组建。至2008年，已成为国内规模最大的聚碳酸酯板材（阳光板、PC耐力板、PC瓦楞/波纹板 ）生产商之一。公司占地面积1.2万平方米，建筑面积5200平方米。

公司产品主要有汇丽阳光板（包括PC中空板、PC耐力板、PC瓦楞/波纹板）、PETG板材等两大系列。产品广泛应用于建筑大厅、商场、体育场馆、娱乐中心及车站、停车场、凉亭、走廊的雨棚等公用设施的采光天棚，还应用于高速公路、现代农业温室与养殖业、广告、建筑装饰等领域。

公司从意大利引进国际最先进的两条生产流水线，产品和技术均达到国际先进水平。公司通过ISO 9001：2000质量管理体系认证，先后被评为上海名牌产品，以及上海市名牌产品百强企业、上海外商投资先进技术企业。

2008年，公司从业人员43人，总资产5400万元，产值2798万元。

上海公元建材发展有限公司：上海公元建材发展有限公司是由公元塑业集团有限公司于2001年8月投资创建，专业生产排水排污用各类管道、电力电缆保护套管和化学建材为主的高新技术企业。公司位于康桥东路999号，占地面积8万平方米，建筑面积2.7万平方米。

公司主要产品有排水排污用加筋管和双壁波纹管、PE非开挖排水管、

MPP 和 CPVC 电力电缆保护套管、管道配件和橡胶密封件等。管道产品范围从外径Φ 50mm 至内径Φ 1200mm 。公司产品销售网络覆盖国内 20 多个省市和地区，产销量居国内同行业首位。

公司使用的“ERA 公元”商标已被认定为“中国驰名商标”；产品被评定为中国名牌产品、国家免检产品、上海名牌产品；企业曾获得国家级高新技术企业、上海市文明单位、上海市重合同守信用企业、合同信用等级 AAA 级企业、产品质量诚信优胜企业、中国百家诚信建材企业等荣誉称号，并且有多项专利产品被授予国家专利。

夏特装饰材料（上海）有限公司：夏特装饰材料（上海）有限公司是德国夏特装饰材料股份公司全额投资的中国子公司，总投资 4000 万欧元，地址位于康桥东路 1189 号，占地面积约 7 万平方米，建筑面积 2.1 万平方米。

公司专业生产新型装饰材料，印刷的装饰纸被广泛用于厨房、家具和强化木地板的表面装潢。其德国母公司于 1985 年创建于罗森海姆市近郊，是在国际市场上占主导地位的装饰纸生产厂家，在德国、波兰、意大利、俄国、中国和巴西 6 个生产基地拥有 8 家装饰纸生产企业。

2008 年，公司实现利润 1158 万元，总资产 3.75 亿元，从业人员 92 人。

康桥工业区新型建材产业主要企业及产品情况表

表 6-5-6

序号	企业名称	产品
1	上海绿太阳建筑五金有限公司	水龙头
2	上海汇凯钢结构有限公司	彩钢夹芯板
3	上海环球混凝土有限公司	商品混凝土
4	上海南康钢结构有限公司	钢结构
5	夏特装饰材料（上海）有限公司	装饰纸
6	上海汇丽—塔格板材有限公司	聚碳酸酯及其他高分子材料
7	上海青木装潢制品有限公司	窗饰
8	上海汇豪木门制造有限公司	木门
9	上海汇丽地板制品有限公司	地板
10	上海公元建材发展有限公司	塑料管
11	上海加铝复合板有限公司	铝复合板
12	上海吉兴装饰材料有限公司	PVC 装饰材料

续表 6-5-6

序号	企业名称	产品
13	来实建筑钢品（上海）有限公司	镀铝、锌合金钢板制品
14	上海乔治费歇尔管路系统有限公司	塑料管路系统
15	上海耀皮工程玻璃有限公司	玻璃深加工
16	上海汇凯轻质建材公司	建材
17	耀华玻璃股份有限公司康桥基地	玻璃
18	上海汇丽千思板制造有限公司	千思板
19	罗姆金（上海）新型建材有限公司	新型建材
20	三合（上海）装饰材料有限公司	装饰材料
21	上海神火铝箔有限公司	铝箔

八、生产性服务业

从2005年起，工业区管委会审时度势，将优先发展生产性服务业列入工业区重要发展目标，在扩张产业规模的同时，进一步提高经济发展的质量和效益，努力实现可持续发展。

（一）发展规划和目标

工业区生产性服务业的发展以康桥生产性服务业集聚区为主要载体，积极发展体现高人力资本含量、高技术含量和高附加值的企业入驻园区，不断提升产业能级。在此基础上，形成以生产性服务业为主体，以金融、保险、物流、信息和咨询服务等为配套的现代服务业综合发展的经济格局。

发展的主要目标是将占地300公顷的康桥生产性服务业集聚区，通过5至10年的滚动式发展，打造成为上海市乃至国家级的生产性服务业示范基地。整个集聚区建成后，形成350万平方米的建筑面积，实现年税收40亿元，并解决7万余个就业岗位，届时康桥集团公司也将拥有10万平方米的优质自有物业资产。

（二）功能布局

基于工业区企业的行业分布和发展现状，结合各区域的市政、交通状况和发展潜力，工业区规划了生产性服务业集聚区的功能布局。在工业区西部，集聚区将主要依托中国电信信息园，吸引与中国电信产品链相关的企业总部落户，发展信息通信设施的研发和配套服务。工业区东部，集聚区将主要依托华硕、威盛、宏达电子等电子信息龙头企业，吸引电子信息类的研发和总部机构落户，最终打造成为电子信息产业各类大型的研发和总部机构集聚地。

在大力抓好土地清理整顿的基础上，康桥工业区在区内尚存地块中筛选出几块位置和产业基础较好，具有城市化发展潜力的成熟区域，规划了占地约300公顷的生产性服务业集聚区，投资160亿元，力争通过5至10年的滚动式开发，最终形成“一核三点”的体系格局：“一核”即“上海总部湾”，“三点”为“康桥智慧谷”、“花墙商务岛”和“电信信息港”。

——“上海总部湾”

“上海总部湾”位于工业区的核心地带，规划中的地铁11号线和低速磁悬浮交汇处，罗南大道贯穿其中，可直通城市外环线和浦东陆家嘴金融贸易区。占地面积约140公顷，划分为A、B、C三大板块，分别涵盖了企业孵化、总部商务和生活配套三大功能：

A区重点发展研发产业，包括技术检测、技术推广、计算机系统服务工程和技术研究与试验发展等行业，此产业区已被列为“上海市生产性服务业功能区”。依托与市科委合作建立的“上海市先进制造技术创业园孵化基地”，该区域将为企业提供多层次的技术和管理服务，并积极吸引国内外大型企业的研发机构入驻，努力建设成为上海市重要的先进制造技术公共服务平台。2008年底，孵化器大楼等项目建设已结构封顶，二期项目的建设将启动。同时，工业区积极依托市科委的资源，加强和沪上各大高校在科研开发、企业孵化方面的合作，规划建设一个华东地区顶尖的测试中心。

B区重点发展总部经济，积极采用生态化、数字化、人性化、国际化管理模式，同时实现通讯、楼宇、办公、安保和消防自动化，为国内外企业的研发、运营、结算、物流、采购中心等总部机构进入上海提供广阔平台。同时积极发展商务服务业，为包括企业管理服务、法律服务、职业中介服务、贸易经纪与代理、房地产开发经营等服务行业提供发展空间。至2008年，该区域一期工作已经完成概念性规划编制。

C区重点发展国际生活配套服务，配有豪华酒店、金融结算中心、不同规格的会议会展中心、高档商务会所以及体育娱乐等设施，努力打造成为世博会的重要生活配套区域。

——“康桥智慧谷”

“康桥智慧谷”位于电子信息产业区（东区）和国际医学园区的交接走廊——周邓路南北400米地带，占地约110公顷。它将依托该区域现有的产业基础，重点发展电子信息的IT、IC设计和医疗器械的研发设计，汇聚头脑经济，建设创新基地，为浦东微电子产业带提供配套服务，为上海医疗服务水平的提升提供智力支撑。至2008年底，该区域已完成概念性规划的编制，正着力制定控制性详细规划。

——“花墙商务岛”

“花墙商务岛”占地约35公顷，处于锦绣路以西、川杨河以南、御桥路以北。依托毗邻世博配套区和紧靠中环线的交通优势，该区域将重点发展现代物流业，并兼容商贸、居住、娱乐和文化等功能，努力建成和浦东新区融为一体的综合性物流平台。

——“电信信息港”

“电信信息港”即中国电信信息园。它位于杨高南路以西、秀沿路以南，是中国电信的南方总部，占地约90公顷，总投资80亿元。它将依托中国电信的技术和网络优势，建设成为以信息通信产业、信息服务产业为基础、以数字媒体和信息的制作、加工、处理、存储、分法为特征的数字媒体技术的集聚和辐射中心，并作为上海综合信息服务的核心功能区，为本市信息服务业的蓬勃发展提供不竭动力。至2008年底，园内的中国电信网管维护中心，中国电信干部培训中心，上海电信网管、数据传输中心以及上海电信后勤保障中心等均已完工并部分投入使用，国家计算机网络与信息安全管理中心上海分中心、上海电信行政管理中心等核心机构正在积极建设过程中。

（三）开发模式

工业区按照“市场主导、企业运作、政府推动”的原则，探索“高起点、高品位、高集中度、总体规划、分片实施”的基地式开发模式。主要有：

第一，采用“整体出让”的方式，将地块整体出让给开发公司，并由开发公司担任开发主体。2008年，总部湾A区的“孵化器”项目和“康月”

项目已采用此种开发模式。

第二，采用“熟地出让”的方式，通过康桥集团公司的前期建设，待整个地块的平整、道路、绿化等基础开发完成后，再将成熟的土地分块转让给使用企业。

第三，采用“联合开发”的方式，由康桥集团公司和合作公司共同出资组建开发公司。信息港将采用此种开发模式。

第四，采用“自行开发”的方式，康桥集团公司将在集聚区选择部分优质地块自行开发建设，并作为自有资产进行长期经营管理。

（四）初步成效

至2008年，工业区已吸引企业总部和研发机构20多个，其中不乏业内声望卓著的企业，如JCB亚太区总部、GKN中国区总部，以及台湾华硕集团的全球供应链管理中心等多个产研基地。威盛、华泰保险、沙特基础等多家知名企业已有意向在康桥建立企业总部和研发机构。

第七章　房地产业

房地产业是康桥工业区开发建设过程中兴起的一个全新产业，已成为工业区经济体系的重要组成部分。

开发建设之初，由于工业区内没有一个像样的集镇，所以基本没有房地产业，连老式公房也很少，工业区所在的周西、横沔两个乡都无房管所。工业区范围内数量很少的直管公房（即产权属县房管局的公房）和系统公房（即产权属县工业局、粮食局、供销社等各系统的公房），主要分布在横沔老镇和新镇，其中在横沔老镇有直管公房73户3800平方米，有系统公房187户6040平方米；在横沔新镇有系统公房103户8497平方米。两镇合计363户，总面积18337平方米。

1992年下半年，海东大厦和保康大厦在康桥工业区内最先建成。两幢大厦位于沪南公路的东西两侧。随着康桥工业区开发建设步伐的加快，房地产业在工业区内得到迅速发展。

第一节　发展历程

康桥工业区的房地产业经历了由小到大、由低档住房向中高档商品房发展的历程。

20世纪90年代初，在康桥工业区从事房地产开发的主要是南汇当地的房地产公司，如康桥实业总公司下属的周康房地产公司，南汇房管局下属的南汇房地产公司，南汇建设局下属的中汇房地产公司，以及周浦乡的周浦房地产公司等等。随着开发建设的深入，进入康桥工业区的房地产公司越来越多。至2008年底，在工业区内从事房地产开发的房地产公司共有25家。公司性质也呈多元化，有中外合资企业、国有企业、民营企业及股份制企业等多种类型，企业的经济实力也越来越强。

工业区开发初期，康桥开发的房地产项目，小的仅一两万平方米，大的也仅五六万平方米，极少有超过十万平方米以上的项目。但随着开发建设的深入进行，工业区内开发建设的房地产项目规模越来越大，小的数万平方米，大的有数十万平方米之多。上海绿地集团开发的康桥老街，建筑面积为29.8万平方米；由康星房产开发的美林小城，建筑面积为35万平方米；由康桥半岛房产开发的康桥半岛1～5期和城中花园，建筑面积达88.7万平方米，在整个上海地区亦属面积较大的开发地块。

工业区初期的房地产开发以五六层的普通住宅为主，主要面向工薪阶层和普通居民。随着开发建设的深入进行，除了普通住宅区的规模迅速扩大之外，小高层和高层楼盘也越来越多。销售对象除了普通居民外，国内高收入阶层和外籍人士也越来越多。如由中外合资上海汇宝房地产发展有限公司开发建设的绿宝园，占地面积45公顷，2008年底已竣工建筑面积48万平方米，全部以北美建筑风格为特色，由多家著名国际建筑顾问公司策划，成功建造成为一个多绿化和安全的优雅居住小区，成为世界500强企业高层管理人员在上海居住的优选社区。该住宅在2005～2007年连续三年被中国房地产联合会、《世界经理人》周刊评选为“中国十大豪宅”之一。

康桥工业区的房地产开发主要分为两大类型：商品房住宅小区和安置房住宅小区。商品房住宅小区所建住房和商业用房全部面向市场销售，其中又分为多层、高层公寓式住宅小区和别墅式住宅小区。安置房住宅小区是为安置工业区内动迁农民和市、区重大市政工程动迁居民而建造的住宅小区。市政府在工业区内建造的安置小区称为上海配套商品房南汇区康桥基地，俗称沿南四高小区。康桥工业区建造的动迁安置房也分两种类型，即由多层和部分小高层组成的公寓式住宅小区和由农民自行建造的自建房小区。

2008年，康桥工业区完成房地产投资19.84亿元（含康桥镇），其中住宅类投资17.08亿元（普通住宅投资10.54亿元、别墅类投资2.87亿元、高档公寓类3.67亿元），商业用房投资1.78亿元，其他类投资0.98亿元。

2008年，康桥工业区房地产施工面积116万平方米，竣工面积24.55万平方米，新增固定资产34.13亿元。是年，康桥工业区商品房屋销售额达53.1亿元，其中商品住宅销售额50.6亿元，其他住宅2.5亿元。

2008年康桥工业区上缴税收排名前10位的企业中，房地产公司占了一半，其中上海康桥半岛（集团）有限公司上缴税收9930万元，翠庭置业（上海）有限公司上缴税收8936万元，上海振龙房地产开发有限公司上缴税收5630万元。

第二节　商品房开发和销售

一、概　况

1992年以来，康桥工业区的房地产业中规模最大、影响最广的是商品房开发，其中又以多层住宅和小高层、高层为主的公寓式住宅居多，别墅式住宅相对较少。

康桥地区的商品房开发首先是由南汇当地的房地产公司带动。1992年上半年，南汇县建设局下属的中汇房地产公司在位于上南路北侧的百曲村3组、4组地块开发建设南华城住宅区。同年7月，南汇县建筑总公司下属的海东房地产公司和县建筑材料设备成套公司等共同投资建造海东大厦。这幢大厦楼高12层，建筑面积5000多平方米，既是工业区内的第一幢高层建筑，又是工业区的第一幢经营性写字楼。

1994年，由周康房地产有限公司、周浦房地产开发经营公司及海东房地产公司三家联合投资开发建设的康桥花园，以其新型的房型设计、小桥流水的优美环境，吸引了许多上海市区的购房者。此后该三家公司又在附近区域建成康馨花园和康桥花园东园、北园、南园等。

1996年后，越来越多的市区和外省市房地产公司进入康桥工业区，在沪南公路、康沈路、康桥路两侧等地陆续开发建设绿宝园、康桥半岛、罗山绿洲、百舸馨苑、绿洲康城、康桥华庭、北欧阳光、经典花园、康桥老街、南都韵苑等10多个比较高档的商品房住宅小区，大大加快了康桥地区城市化的进程。

由于商品房建设的土地大多以拍卖形式取得，随着地区经济发展，土地价格增长迅速。开发建设之初，每亩地价约在30万元～50万元；至2000年，每亩约在100万元～200万元；至2008年，每亩约在300万元～500万元。随着地价增长，商品房销售价格也增长迅速。康桥地区的普通商品房价格，开发建设之初，每平方米约在1500元～1800元；至2000年，每平方米约在4000元～6000元；至2008年，每平方米约在8000元～10000元。别墅商品房的价格，在开发建设之初，每平方米约在5000元～8000元；2000年，每平方米约在1万元～2万元；至2008年，每平方米约在2万元～3万元。

二、商品房楼盘选介

（一）**绿宝园：**位于沪南公路西侧、秀沿路南侧，由中外合资上海汇宝房地产发展有限公司开发建设。至2008年底，已开发五期，批租土地45万平方米。

1999年5月，兴建绿宝园一期，占地面积4万平方米，建筑面积1.5万平方米，共30栋别墅，还有相应配套的俱乐部（游泳池、高尔夫、网球场、篮球场、足球场）、办公楼、物管楼，均于2000年9月完工并投入使用。全部用于出租，30栋别墅出租率100%。

2001年7月，兴建绿宝园二期，占地面积5.2万平方米，建筑面积1.7万平方米，共有46栋别墅，销售对象主要是国内及东南亚实业家。2002年6月交房，客户购房后基本用于出租，出租率100%。

2002年6月，兴建绿宝园三期，占地面积6.1万平方米，建筑面积2万平方米，共有别墅50栋，2003年3月完工，客户全部入住，出租率100%。

2003年4月9日，兴建绿宝园四期——绿宝森林，占地面积6.5万平方米。已建造单栋面积703平方米、848平方米两种全装修带游泳池的豪华别墅38栋，建筑面积2.8万平方米，全部用于出租。

2003年5月，绿宝园五期正式破土动工。占地约5.6万平方米，共建51栋别墅，分B、C两种房型，其中B型为382平方米，C型为295平方米，总建筑面积1.7万平方米。小区容积率为0.3，绿化率为45%，且有独立的会所及中央花园相配套，至2008年底完成31套别墅，客户全部入住。

2008年10月，动工绿宝园五期北块别墅，总用地面积2.4万平方米，总建筑面积2万平方米，绿化率35%，共建造41幢低层别墅。

投资商与上海长宁国际学校是合作伙伴，共同成立上海长宁国际学校绿宝园校区，于2002年9月开学。绿宝园配套功能完善，建有高尔夫练习场、游泳池及多功能宴会厅等。

（二）**康桥半岛：**由中外合资上海康桥半岛（集团）有限公司于1997年起开始开发建设，位于康桥工业区的中心位置，紧靠外环线沪南公路出口，东至周园路，南至秀浦路，西至咸塘港，北至外环100米绿化隔离带，占地158.6公顷，规划总建筑面积120万平方米，总户数5851户。住宅布局根据统一规划，分期实施。至2008年底，已完成了南加州园、夏威夷豪园、半岛豪庭、迈阿密水岸等项目的开发。住宅类型有新独院低密度住宅、独立别墅、多层公寓和高层及小高层住宅等，总建筑面积90万平方米。周边配套设施齐全：7000平方米的会所内设有餐饮、酒吧、会议室、网球场、游泳池、健身房等设施，小区正中心的秀沿路上有面积达52014平方米的大润发超市，紧临着的是正在建设中的准五星级大酒店，以及2006年已投入使用的康桥文化中心。沿街商铺林立，沿线有581、792、龙滨线、龙大线、沪南线等几十条公交线路直达市中心及地铁站。小区内设有中福会幼儿园、公办康桥半岛幼儿园、英国国际学校。2002年获得建设部住宅建设创新奖。

康桥半岛是上海最大的低密度住宅社区之一，先后获"最具有升值潜力楼盘"和"中国十大典型住宅"等奖项。

（三）**康桥花园**：位于康桥工业区的核心位置，沪南公路西侧，康桥路的北侧，于1994年3月由上海周康房地产有限公司与周浦房地产开发经营公司等联合投资开发，一期工程为4万平方米多层住宅。从1996年1月起，周康房产公司又先后投资开发康桥花园东园、南园、北园。其中，康桥东园占地5.2公顷，建筑面积6万平方米，商品房611套。康桥北园建造住宅28套，建筑面积2774平方米。1997年全部建成后，吸引了区内外的许多业主前来置业落户。康桥花园东园被新闻报社、市房地产经济学会等五个单位评为品位楼盘。

（四）**绿洲康城**：位于环南一大道以北，咸塘港以东，康桥东路南北两侧。由上海振龙房地产开发有限公司于2001年起开发建设。

小区在空间布局上，形成了"一轴、三区、四心"的规矩结构，即：以康桥路为轴线，串联整个小区的生活景观轴；在康桥路南北按规划实施的先后，形成"四个中心小区"，分别为：W21/24中心区、E5/12中心区、E14中心区、E15中心区。整个开发项目占地约65公顷，开发总量约100万平方米。其中包括：别墅、多层住宅、高层住宅、幼儿园、商场、酒店等等。至2008年底，W21/24中心区完成别墅90余幢，小区规模初现；E14中心区一期工程近10万平方米的小区经结构完成；E15中心区的一期工程

10余万平方米，交付使用；E5、E12地块的星级酒店及酒店式公寓的开发进展到规划设计阶段。

（五）亲和源社区：由亲和源股份有限公司投资建设，是国内领先的养老社区。2006年4月开工建造，2007年竣工，总投资5亿元。

社区位于秀沿路2999弄，东靠申江路，南贴秀沿路，西邻康新公路，北接上海城市外环线，占地面积6.9万平方米，建筑面积10.1万平方米，共建造16栋建筑，包括12栋公寓楼及会所（含商业街）、护理大楼、配餐中心、管理及活动中心等。社区公寓楼房型以小户型为主，建筑面积从65平方米至133平方米不等，共计800余套。公寓配有电梯，采取无障碍化设计，确保住户安全。每栋公寓均配有公共浴室、阅读室、活动室、餐厅等，每建筑组团均设有多功能的活动空间。在居室、各种活动场所及室外活动区域安装有紧急呼叫系统、红外线监视器、高精度定位仪等智能化系统，构筑全社区的安全监控体系。社区内建有大面积的景观绿地，绿化率达51%。

亲和源项目曾获2006年度精瑞住宅科学技术数字化住宅奖、上海市生态型住宅小区、首届上海优秀人文住宅评选活动的人文亲情金奖，及景观建筑大奖等多个奖项。

康桥工业区主要商品房楼盘名录

表7-2-1

序号	楼盘名称	地址	开发商	已开发面积（平方米）
1	康桥半岛	秀沿路1165号	上海康桥半岛（集团）有限公司	887000
2	绿宝园	沪南路2888弄	上海汇宝房地产发展有限公司	298000
3	康桥花园	康士路2弄	上海周康房产有限公司	41400
4	绿洲康城	康桥路1388号	上海振龙房地产开发有限公司	302000
5	亲和源社区	秀沿路2999弄	亲和源股份有限公司	101000
6	北欧阳光庭苑	康杉路111弄	上海日荣房产公司	44800
7	康桥老街	沪南公路2688号	上海绿地集团	29800
8	美林小城	沪南公路3468弄	上海康星房产公司	350000
9	经典花园	御青路999弄	上海民政房产公司	38600
10	提香别墅	秀沿路1弄	上海韵园置业	61000
11	天台新城	上南路3336弄	天台房地产公司	110000
12	中科大学村	杨高南路5777弄	正阳集团	360000
13	中邦城市	康沈路686号	上海中邦房地产公司	210000
14	绿地东上海	秀浦路9号	上海绿地集团	80000
15	康桥宝邸	康弘路508弄	上海科盛房地产公司	177000
16	海尚康庭	康弘路580弄	上海建工房产公司	158000

第三节　动迁安置房

一、概　况

随着康桥工业区开发建设的深入进行，工业区动拆迁的农户越来越多。为了妥善安置这些动拆迁农户，由工业区统一规划，分批建造了数量众多的动迁安置房。动迁安置房的建造方式分为两种，一种是由康管委指定实力较强、信誉可靠的房地产公司统一建造多层和小高层住宅区（又称动迁安置基地），然后将房屋按国家拆迁政策分配给动迁户，并按政策规定价格进行结算。另一种是按照规划，统一设计、统一管理，由动迁户自行建造，由康管委和当地政府进行配套建设，称为农民自建房小区。

康桥工业区内的农民动迁房绝大部分由康桥（集团）有限公司下属的周康房地产公司负责建造。最早建造的为1994年建成的周康一村和康花新村，以后又陆续建造周康二村、周康三村、周康四村、双秀北园、和合新村、汤巷中心村一街坊及双秀西园等。至2008年底，建造总建筑面积达56万多平方米，总住户达6100多户。为降低动迁安置房建设的成本，所需土地由政府以返征地形式供给，部分建设税费实行减免，所需建设资金由康管委筹集解决。

最早的农民自建房小区是1994年开工建设的康花新村自建房小区，最后建成的是2005年基本完工的太平小区南区。规模最大的为汤巷中心村自建房小区。2008年，工业区内共有太平、秀龙、营房、和合、沿南等自建房小区18个，有自建房452幢，而且环境优越，公建配套设施齐全，共有2000多户动迁户入住。自1999年以后，已先后接待了曾庆红、黄菊、张惠新、孟建柱、冯国勤、周慕尧、陈铁迪等各级领导以及澳大利亚、日本、伊拉克等友好代表团前来参观考察。农民自建房的用地由农民按政府规定价格批租，建造费用由农民自负，建造中的部分税费由政府减免或由康管委和康桥镇政府承担。

此外，根据市政府的统一规划，康桥工业区内还建造了一个市级动迁基地——上海配套商品房南汇康桥基地（俗称沿南四高小区），于2005年动工建设，2008年基本完工。

康桥工业区主要公寓式安置房小区情况表

表 7-3-1

序号	小区名称	地址	建造年份	幢数（幢）	户数（户）	建筑面积（平方米）	入住时间
1	周康一村	沪南公路秀沿路口	1993	22	592	43082	1994
2	人和新村	和合村六组	1994	2	40	2870	1995
3	康花新村	花墙村六组	1995	13	444	34242	1997
4	汤巷中心村	川周公路 3010 弄	1997	9	228	20293	1998
5	周康二村	康沈路 400 弄	2000	37	740	59017	2001
6	和合新村	和合村十三组	2000	7	150	11730	2001
7	周康三村	秀沿路 505 号	2002	19	430	35764	2003
8	周康四村	康沈路 465 号	2002	31	780	76777	2004
9	双秀北园	沪南公路 3150 弄	2003	18	585	56160	2004
10	双秀西园	梓潼村九队	2004	51	2140	227300	2008

康桥工业区主要农民动迁自建房小区情况表

表 7-3-2

序号	小区名称	地址	建造年份	户数（户）	建筑面积（平方米）	入住时间
1	康花新村	原花墙村六组	1995	67	13802	1996
2	康巴路西双秀小区	原秀龙村四、十组	1995、2003	157	32342	1996、2004
3	汤巷中心村	川周公路 3010 弄	1997	452	83984	1998
4	营房小区（南区、北区）	营房村一组南、北区	2000	108	22248	2001
5	人和新村	原和合村十三组	2001	120	24720	2002
6	太平小区（北区）	上南路北侧	1999	44	9064	2002
7	沪南路东秀龙南区、北区	原秀龙一、二组	2000、2003	161	33166	2002、2004
8	沿南七、八组	川周公路 3333 弄	2003	131	26986	2004
9	营房小区（西区）	营房四组	2003	50	10300	2004
10	周康三村东侧	营房五组	2003	8	1648	2004
11	太平小区（南区）	上南路南侧	2004	221	45526	2005

二、主要安置房小区选介

（一）上海配套商品房南汇区康桥基地

上海配套商品房南汇区康桥基地是根据市政府统一规划建设的主要用于上海市重大市政工程的动拆迁安置用房小区，位于康桥镇的沿南村和周浦镇的姚桥村，其中康桥镇部分占总面积的三分之二，周浦镇部分占总面积的三分之一。在康桥部分主要征用沿南村一组、二组、六组、七组、十三组、十四组等6个村民小组的100公顷土地，因此又俗称为“沿南四高小区”。整个安置基地总建筑面积100万平方米，计划入住人口3.4万人，主要安置来自黄浦、卢湾、虹口、杨浦等区的动迁户。基地2004年底动工，至2008年基本建成投入使用。基地内配套设施较为健全，区内有两条高标准的骨干道路——周东路和周邓路，并建有网格化的配套道路，公交线路直通区内，并规划在附近建设地铁站点。在基地内还建有1所九年制学校、2所幼儿园、1个社区医院，菜场、商店等服务设施也一应俱全。

（二）汤巷中心村

汤巷中心村是工业区内规模最大、配套设施最健全的动拆迁农民安置房小区，由农民自建房小区和公寓式安置房小区两大部分组成，位于横沔新镇西侧、城市外环线南侧，主要涉及上海城市外环线和100米林带、秀沿路延伸段、工业区开发建设等重大市政工程项目的动拆迁安置，从1998年5月起分期建设，被列为上海市五个农民动迁示范中心村之一。

至2008年底，中心村内有农民自建房452幢，有公寓房25幢，合计安置1475户，总占地面积35万平方米，总建筑面积11.2万平方米。

小区绿化面积12.2万平方米，占小区总面积的35%。公益性建房2700平方米，其中包括卫生所、图书馆、红十字服务站、宴会厅、超市、健身广场、社区活动中心等，同时还设有老年休闲室、棋牌室、桌球房、多功能教室、健身房、舞蹈房、乒乓房、电脑房、民乐室、消防安全陈列室、康桥镇预备役基地等多种配套用房。

1999～2007年，有多位党和国家领导人、市委、市政府的领导及国际友人到中心村参观考察。1999年12月，黄菊、孟建柱、冯国勤、周慕尧、陈铁迪等领导视察中心村；2001年11月，中央纪委副书记张惠新视察中心村；2001年6月，中央组织部部长曾庆红视察中心村；2001年11月，澳大利亚民族音乐艺术团访问中心村；2002年1月，日本国长与町长吉田安亲访问中心村；2007年9月，组织接待特奥会伊拉克体育代表团一行。

（三）周康四村

周康四村位于康沈路东侧，南临军民公路，北靠秀康路，东临咸塘港，是工业区中规模较大、档次较高的动迁居民住宅区。

周康四村分两期施工建设。一期工程于2000年动工，2002年竣工，建造住宅房370套，建筑面积3.1万平方米；二期工程于2003年开工，2005年竣工，建造住宅房410套，建筑面积4.5万平方米，安置动迁户372户。住宅区房型合理，道路、绿化、体育锻炼器材等设施齐全。沿康沈路的数十家商铺，安排有超市、菜场、饭店、小吃、房屋中介、铁路票务、五金建材等各种商店，给居民带来很大方便。这两期工程都获得南汇区优质结构奖。

第四节　房地产开发公司

一、概　况

1992年开始，在康桥工业区内从事房地产开发的公司由少到多，由小到大，由单一经济性质向多元化经济性质发展。

开发建设之初，康桥工业区内从事开发建设的房地产公司仅为南汇县的两三家企业，性质为单一的国有和集体企业。第一家从外区县进入工业区开发工业房地产的公司是长江经济联合发展有限公司，于1993年与上海康桥实业总公司共同投资3000万元，征地2.5公顷，建造长发标准厂房4.2万平方米。第一家从外区县进入工业区开发商品房的是上钢十厂下属的三川房地产公司，1993年在康花河以北征地3.3公顷，总投资2900万元，建造200幢小型别墅。第一家进入工业区的合资房地产企业是香港远东发展中国投资有限公司，于1997年与上海周康房地产公司合作，组建上海浦东康桥半岛房地产有限公司，注册资金9000万元，规划开发土地200公顷，建设康桥半岛房地产项目。后公司改组为上海康桥半岛（集团）有限公司。

至2008年底，在康桥工业区从事房地产开发建设的房地产公司有25家，性质有国有、中外合资、民营、股份制及混合所有制等。正在开发建设的房地产项目有绿洲康城亲水湾、保利林语溪、绿地香颂、中海御景熙岸等10多个项目，总建筑面积100万平方米左右。

康桥工业区主要房地产开发公司情况表

表 7-4-1

企业名称	注册地	开发项目
上海汇业房地产开发公司	康桥工业区横沔小区	周浦镇果园村龙威茗庭
上海康桥房地产开发经营公司	康桥镇上南路 6825 号	上南路康馨园等
上海康桥实业发展有限公司	康桥工业区康桥东路 1 号	康桥镇石门村石门标准厂房三期、康桥汤巷村中心村 A 地块
上海日扬房地产有限公司	康桥工业区康桥东路 1 号	川周公路东苑东区
上海康桥正阳投资有限公司	康桥工业区康桥东路 1 号	杨高南路中科大三期、四期、五期
上海康星房地产开发有限公司	康士路 1011 号 306 室	康桥镇梓潼村美林小城
上海富润房地产发展有限公司	康桥东路 1 号	秀龙村、梓潼村、海富城市花园一期、二期
上海康宸房地产开发有限公司	沪南公路 2502 号 111 室	康桥新苑
上海康邦房地产开发有限公司	沪南路 2502 号 108 室	秀沿路中邦城市
上海建工楠汇房产有限公司	康桥东路 1 号 408 室 1 号	康桥镇 3 #地块、秀康新城、海尚康庭
上海雨润房地产开发有限公司	康桥东路 1 号 408 室 2 号	川周公路秀康新城、康桥月苑
上海东坤置业有限公司	康桥东路 1 号 429 室	周浦 5 号地块
上海翔名实业投资有限公司	康桥东路 1 号	奥克斯科技园创研智造研发中心
上海电信创世纪建设有限公司	康桥镇康桥路 1100 号 509 室	中国电信园区
上海周康房地产有限公司	沪南路 2502 号	安康新村、双秀家园、和合二街坊、双秀西园、汤巷馨村
上海振龙房地产开发有限公司	沪南公路 2502 号 108 − 39 室	绿洲康城一期、二期
上海康桥半岛（集团）有限公司	沪南公路 2502 号	康桥半岛一期、四期密苏里、四期商铺、5C 区、5C 公寓、五期 DEF
上海汇宝房地产发展有限公司	康桥东路1300弄综合楼403室	绿宝园一期、三期、四期、体育馆、第二会所 / 物管楼
上海海东房地产有限公司	沪南公路 2502 号 209 室	和合村贵都家园

二、主要房地产开发公司选介

（一）上海汇宝房地产有限公司

公司创建于 1994 年 1 月，由上海浦东康桥（集团）有限公司和英属维尔京群岛尼特罗发展有限公司共同合作投资，注册资本 1500 万美元，总投资 2980 万美元。

公司在工业区内的沪南公路西侧、秀沿路南侧批租地块 45.4 万平方米，于 1999 年 4 月 14 日奠基开工营造绿宝园。至 2008 年底，绿宝园建成一至五期共182套高档别墅，以及2幢办公楼、1个篮球馆、1个多功能厅、2个会所及部分商铺等，总建筑面积为48万平方米。

2008年底，公司实现营业收入10.76亿元，其中销售收入7.54亿元，租赁收入3.22亿元，实现净利润1.16亿元，上缴税收8163万元。

2008年5月，公司获得“上海红十字会荣誉证书”，同时被评为2008年度“上海平安单位”。

（二）上海康桥半岛（集团）有限公司

公司的前身为上海康桥半岛房地产发展有限公司，由澳大利亚SPG集团公司控股，注册资本6611万美元。旗下拥有康桥半岛、长宁康桥半岛、康桥水乡三大地产项目以及餐饮娱乐、房产销售、物业管理、园林绿化、实业投资等相关产业。其位于工业区的康桥半岛项目在沪上享有较高的知名度和较好的业绩。康桥半岛占地158.6公顷，建筑面积120万平方米，规划总户数5851户，至2008年底已完成近90万平方米。2002年该项目获建设部建设创新奖，及“最具升值潜力楼盘”和“中国十大典型住宅”等奖项。2005年，公司获得“上海房地产18年·十大外资房地产企业”称号。

（三）上海周康房地产有限公司

1993年8月组建，是上海浦东康桥（集团）有限公司下属子公司，注册资本2000万元。

公司下设办公室、工程部、开发部、销售部、配套部、资产管理部等6个部门，主要从事房地产开发、销售、办证服务、售后服务等方面的工作。

公司坚持“服务康桥开发，服务动迁居民”的宗旨，承担了为工业区建造动迁户安置房的主要任务，先后建造了近百万平方米的动迁房和商品房，已建成的有康桥花园、和合新村、周康四村、安康新村、双秀家园北园、汤巷馨村B地块一期等住宅区。康桥花园获得首届上海商住楼（房）点评活动规划设计金奖，周康四村获国家建设部颁发的全国建筑安全奖，康桥花园东园获第二届上海市推荐商住楼品位楼盘调研活动（规划设计）荣誉优秀房型奖，双秀家园北园住宅小区获评上海市优质结构奖，汤巷馨村B地块一期获评第五届“上海市优秀住宅”评选规划建筑奖、中小房型设计奖、节能环保奖3个单项奖。2001～2003年，公司连续三年被市建委评为先进集体；2007年被市建设和交通委员会评为市先进公司；2008年被上海市重点工程实事立功竞赛活动评为市优秀公司。

（四）上海振龙房地产开发有限公司

2001年成立，位于康桥路1388号，注册资金1.03亿元，为上市公司厦门创兴置业股份有限公司投资的独立法人股份有限公司。公司在册职工80余人，是一个以房地产开发经营为主的股份有限责任公司。

振龙房产一直秉承“为您想得更多，为您做得更好”的经营理念，本着“责任为重、诚信为本、稳健经营、科学管理”的开发思路，先后在工业区内开发建设了“东方夏威夷别墅”、“金帝豪园别墅”、“绿洲康城—亲水湾二期”等30余万平方米的房地产项目，先后获得“五星特色别墅”、“上海十大亲水楼盘”、“2003年台湾购房者最喜欢的楼盘”、“2003年上海豪宅国际媒体视点楼盘”、“2005年上海十大国际化品质典范住宅”、“四高”优质小区等荣誉称号，累计上缴各种利税3亿元。公司因积极投身社区慈善事业先后被评为“先进集体”和“慈善帮困，爱满人间”单位。

从2008年起，公司投资开发70余万平方米的“绿洲康城—亲水湾”法式生活小镇住宅项目及五星级酒店项目，在康桥地区打造集居住、休闲、商业、科研和综合贸易一体化的现代新城区。

（五）上海保利建霆房地产有限公司

2008年5月8日落户康桥工业区，系保利地产下属的项目公司，在工业区内投资开发“保利林语溪”项目。项目位于外环线绿带以南、秀沿路以北、杨高路以西，占地面积12万平方米，规划建筑面积14.4万平方米。

公司秉承“和谐生活，自然舒适”的理念，在“保利林语溪”中创造了创新类独栋及私密性双拼别墅，每组别墅通过巧妙拼接，还原独栋别墅居住体验的同时，提升了双拼别墅的居住私密性；在品质公寓的空间设计上，通过入户花园的设计，成功将绿意引入室内空间，产品性价比大大提升。

至2008年底，公司完成投资9亿元，房产进入销售阶段。

第五节　物业管理

一、概　况

康桥工业区的物业管理是随着房地产业发展而产生的一项新兴服务行

业。随着康桥地区大量商品房小区、安置房小区和工业标准厂房的建成，大量居民的入住和企业的落户，需要一批专业的队伍来加强对各类小区和厂房的日常管理。于是，南汇当地的一批物业管理公司首先应运而生。1994年12月，浦东康桥（集团）有限公司公司创办了工业区内第一家物业公司——上海欣康物业经营管理有限公司，首批接手管理的物业是长发标准厂房和康桥花园居住小区等。随后，一些市区和外省市、甚至国外的物业管理公司也纷纷以各种形式陆续进驻康桥。至2008年底，在康桥地区从事物业管理的物业公司有31家，纳入物业管理的居住小区有62个，总建筑面积达375万平方米。

康桥工业区内的物业公司主要从事“保安、保洁、保绿、保修”四大职能。“保安”即由物业公司向管理小区派驻保安员队伍，做好门卫管理、夜间巡逻等小区安全保卫工作；“保洁”即派驻专职清扫队伍，做好小区公共部位的清洁工作；“保绿”即派驻绿化管理人员，做好小区绿化的养护工作；“保修”即落实专职维修人员，加强对小区公共设备的保养和维修，并协调有关单位加强对业主房屋质量问题的维修，以及做好业主房屋水电设备的维修服务工作。各物业公司积极配合康管委和当地政府完成文明创建、平安社区建设等重大任务，为创建国家卫生镇、全国文明村镇先进镇、市（区）文明小区等作出了很大的贡献。

康桥工业区的物业公司本着“管理有序、业主满意、行业领先”的工作目标，不断加强和推动物业管理和行风建设，进一步提高物业管理的整体服务水平，取得了比较明显的成效，并提升了自身的企业素质。在全工业区31家物业公司中，有一级资质企业7家、二级资质企业6家、三级资质企业18家。在2007年南汇区房地局开展的“物业服务星级达标活动”中，小区获得三星5家、二星8家、一星12家；个人获得三星2人、二星5人、一星13人。有不少物业公司曾获得市、区级先进集体称号。

依据《上海市住宅物业规定》，康桥工业区的物业公司由南汇区房地局进行管理。从2003年4月开始，具体管理工作由康桥房地所负责。管理的主要职责是：加强对物业管理企业日常工作的检查和考核；做好无人管理小区的物业维护管理工作；做好物业企业上报的业主违规违章行为的受理登记和协调处理工作；抓好各业主委员会的换届选举工作；加强维修资金运作的监督管理等。

康桥房地所把加强对物业公司的管理当作一项重要工作来抓，加强日常指导和监督，定期进行工作考核，每年召开总结交流大会，发扬先进，纠正不足，促进康桥地区物业管理行业的健康发展。

二、康桥工业区物业管理公司名录

2008 年底，康桥工业区有物业管理公司 62 家，如下表所示：

2008 年康桥工业区物业管理情况表

表 7-5-1

序号	小区名称	小区地址	面积（平方米）	幢数（幢）	户数（户）	所属物业管理企业	开发单位	所属居委	成立业委会情况	业委会主任
1	沔溪苑	川周公路2828弄35号	54020	11	487	澍骏物业	日扬房产	横沔老镇	第一届	何斌
2	康庭苑	川周公路高新河	19000	9	383	世德物业	日扬房产	汤巷中心村	无	无
3	罗山绿洲别墅	康桥路1801号	62748	205	204	和平物业	上海(振丰)房产	和合居委	第一届	卢小英
4	北欧阳光庭苑	康杉路111弄1～95号	44819	42	95	东方物业	日荣房产	和合居委	第一届	徐建武
5	康桥花园东园	康士路2弄	60060	26	611	欣康物业	周康房产	康桥花园	第二届	周连根
6	康桥花园南园	康杉路639弄	10580	9	68	欣康物业	周康房产	康桥花园	第二届	姚荣芳
7	双秀家园北园	沪南公路3150弄	110000	28	1112	欣康物业	周康房产	双秀居委	第一届	叶祥根
8	双秀家园西园	梓康路580弄	155100	34	1378	欣康物业	周康房产	双秀居委	无	无
9	绿宝园	沪南公路2888弄	122000	195	195	仲量联行	汇宝房产	无	无	无
10	东缘公寓	康桥路1055号	6990	2	84	东缘置业	海东房产公司	康桥花园	第二届	贾玲娣
11	康桥鑫都花苑	创业路66弄8号	27860	8	334	新房物业	鑫荣房产	汤巷中心村	无	无
12	绿地康桥新苑一老街	沪南公路2688号	298580	64	3278	绿安物业	绿地集团	康桥老街	无	无
13	美林小城	沪南公路3468弄37号101室	350000	114	3120	世德物业	康星房产	美林社工站	无	无
14	康馨花园	康杉路151号	23823	19	280	衡昌物业	上钢三川房产	康桥花园	第三届	左德礼
15	经典花园	御青路999号	38688	161	197	鼎欣物业	上海民政局房产	和合居委	第二届	王继军

续表 7-5-1

序号	小区名称	小区地址	面积（平方米）	幢数（幢）	户数（户）	所属物业管理企业	开发单位	所属居委	成立业委会情况	业委会主任
16	海通别墅	沪南公路3289弄	16556	58	58	正福物业	万丰房产	公元三村	第二届	黄定琪
17	和合小区	御青路1051弄	67125	18	682	格多物业	周康房产	和合居委	无	无
18	双秀家园西园	上南路6733弄	72000	19	734	格多物业	周康房产	双秀居委	无	无
19	康桥华庭	康桥路1123弄1～146号	35593	140	160	久远物业	联久置业	和合居委	第一届	周友良
20	明纶园	康杉路608弄1～26号	26291	7	278	爱德华物业	爱德华房产	康桥花园	第一届	王厚祥
21	康桥花苑	康士路15弄	64600	39	732	盛祥物业	周浦汇华房产 周康房产 浦东房产	康桥花园	第四届	
22	提香别墅	秀沿路1弄	61000	167	167	时和南都物业	上海韵园置业	南华城社工站	无	无
23	百舸馨苑	沪南公路2518弄	34599	7	300	百康金璟物业	百舸房产	康桥花园	无	无
24	天台星城	上南路	110000	22	930	天台物业	天台房产	南华城社工站	无	无
25	康桥北园	康花路38号	9172	2	96	欣康物业	海东房产 周康房产	康桥花园	第二届	张志诚
26	中科大学城	杨高南路5777号1支弄	360000	388	388	正阳圣维士物业	正阳集团	南华城社工站	无	无
27	康桥半岛1-3期	沪南公路2727弄1227号	264068	1388	1388	新独院物业	康桥半岛房产	康桥半岛	第一届	唐伟龙
28	康桥半岛4期	秀沿路1165弄	199316	868	868	新独院物业	康桥半岛房产	康桥半岛	第一届	张毅
29	康桥半岛5期	秀沿路1168弄	138862	795	795	新独院物业	康桥半岛房产	康桥半岛	无	无
30	城中花园	秀沿路1028弄	284635	29	2270	新独院物业	康桥半岛房产	康桥半岛	无	无
31	南华城	康桥镇	80500	78	936	泰欣物业	高科创业发展有限公司	南华城社工站	第一届	罗佩梅
32	双秀家园南园	沪南公路3150弄1～90号	44939	9	357	康旺物业	周康房产	双秀居委	第一届	张利民
33	周康一村	沪南公路秀沿路口	43082	23	534	康旺物业	周康房产	周康居委	第二届	蔡水贵
34	周康二村	康沈路400弄	58425	39	740	康旺物业	周康房产	周康居委	第二届	张光裕
35	周康三村	秀沿路505号	35764	22	430	康旺物业	周康房产	周康居委	第一届	冯云祥
36	周康四村	康沈路465号	81271	31	780	康旺物业	周康房产	周康居委	第一届	凌冀
37	绿缘别墅	沪南公路2785弄	12649	25	54	康旺物业	南汇电信发展有限公司	周康居委	第一届	顾金妹
38	汤巷中心村	川周公路3010弄	104715	242	451	康旺物业	汇业房产	汤巷中心村	无	无

续表 7-5-1

序号	小区名称	小区地址	面积（平方米）	幢数（幢）	户数（户）	所属物业管理企业	开发单位	所属居委	成立业委会情况	业委会主任
39	康桥新苑	创业路89弄	28013	9	216	康旺物业	汇业房产	汤巷中心村	第一届	范耀义
40	鸡味酒家	川周公路2907号	1775	1	20	康旺物业	汇业房产	横沔老镇	第一届	诸铭根
41	朱家店	川周公路2817号	2270	1	25	康旺物业	汇业房产	横沔老镇	第一届	刘龙明
42	火箭公寓	川周公路2989号	4052	2	40	康旺物业	汇业房产	横沔老镇	无	无
43	汇业公寓	川周公路3052号	5044	2	48	康旺物业	汇业房产	横沔老镇	无	无
44	海通多层	沪南公路3265号	32279	28	372	康旺物业	万峰房产	公元三村	第三届	沈银祥
45	人和新村	和合村	8921	2	120	康旺物业	珠海恒通置业	和合居委	无	无
46	和合新村	和合村	12330	5	150	康旺物业	康管会	和合居委	无	无
47	康花新村	花墙村	34242	12	444	康旺物业	康管会	花墙居委	第一届	翁建华
48	腾溪大厦	川周公路		1	24	康旺物业	汇业房产	横沔老镇	无	无
49	康管会住宅楼	康沈路250弄	13104	11	144	康旺物业	周康房产	周康居委	无	无
50	公元三村	梓康路51弄	72627	23	750	周房物业	南汇房产开发经营公司	公元三村	第一届	冯鼎足
51	宁怡苑	秀沿路2875弄	72974	21	565	康旺物业	康桥实业公司	横沔老镇	无	无
52	中邦城市	秀沿路	210198	24	1698	中邦物业	中邦房产	中邦社工站	无	无
53	秀康新城达成家园	康弘路508弄	59590	10	822	豫园物业	达周置业	秀康新城	无	无
54	秀康新城昱龙家园	康达路688弄	198411	46	2291	豫园物业	天昱通房产	秀康新城	无	无
55	绿洲康城清水湾	康桥路1298弄	16000	3	168	茂欣物业	振龙房产	和合居委	无	无
56	绿洲康城亲水湾	康桥路1558弄7号203室	110000	21	810	中远物业	振龙房产	和合居委	无	无
57	绿地东上海	秀浦路9号	80000	11	700	科瑞物业	绿地集团	无	无	无
58	汇业公寓二期	川周公路3038弄	11432	1	110	嘉乐物业	绿地集团	横沔老镇	无	无
59	康桥宝邸	康弘路508弄	177061	47	2359	豫园物业	科盛房产	秀康新城	无	无
60	海尚康庭	康弘路580弄	158024	40	2127	豫园物业	上海建工房产	秀康新城	无	无
61	汤巷馨村	秀沿路2501弄	65820	14	737	洲建物业	周康房产	汤巷中心村	无	无
62	绿洲康城—金帝豪苑	康桥路	36000	101	101	茂欣物业	振龙房产	和合居委	无	无

三、康桥工业区主要物业公司选介

（一）上海康旺物业有限公司

1998年成立，是由康桥镇集体和个人共同参股的股份制企业，专业从事商品住宅小区、动拆迁小区、别墅公寓、办公楼宇等物业的专业化管理。公司是上海市物业协会会员、上海市物业行业协会诚信承诺企业，具有二级物业管理企业资质。公司秉承“团结、务实、奋进”的企业精神与“以人为本、规范管理”的服务理念，以企业与业主“双赢”为目标，不断提高服务水平和创业能力，多次获评区级物业管理先进单位。

2008年，公司物业从业人员350多人，管理着康桥、周浦、临港等地区近100万平方米的各类物业，类型有商品房、动迁小区、别墅、工业厂房等。公司管理的康桥地区动迁小区，总面积达30万平方米。在动迁小区管理中，其服务内容包括物业提前介入、协助开发商对小区公建配套建设进行完善、协助政府进行房屋入住前的质量验收、制作业主入住宣传资料、办理动迁户入住手续、落实建设单位的质量保修、在动迁户集中入住阶段加强装修管理，及长效管理服务等方面，积累了比较宝贵的经验，是南汇地区管理动迁小区任务最大、工作最为成熟的物业公司之一。

（二）上海新独院物业管理有限公司

2001年1月成立，是澳大利亚盛高置地（控股）集团公司的下属公司，为一级资质物业管理企业、中国物业管理协会会员单位和上海市物业管理行业协会理事单位。公司坚持“精心管理、依法治理、持续发展、优化环境、确保安康”的管理方针，将制度建设和流程建设作为企业发展的核心内容，精心打造服务品牌，已通过ISO 9001、ISO 14001、OHSAS 18001三合一标准体系认证。

2008年，公司管理的物业面积已达400万平方米。管理类型涵盖超大型开放式综合商务中心、高档别墅、公寓房、豪华型高层等居住类物业和高档会所、国际学校等非居住型物业。在康桥工业区的主要管理项目包括康桥半岛、康桥水都、城中花园、康桥水乡等。

公司坚持“人性化”服务理念，实行项目经理负责制的管理模式。各管理处以区域管家为核心主导，区域保洁、保安、保修、保绿为单位小组，直接与业主面对面的沟通，一站式为小区业主做好全方位的服务，在上海市房地局进行的历次行风测评中，均保持在全市前25位。

公司、公司管理的项目及公司员工先后获得“亚洲品牌企业”、“价格诚信单位”、“上海市物业管理优秀住宅小区”、“上海市文明小区”、“上海市园林式小区”、“上海市十佳小区经理”等荣誉。

（三）上海中邦物业管理有限公司

公司前身为中邦置业集团有限公司物业管理部，由中邦置业集团有限公司与上海中邦房地产营销公司共同出资组建。在康桥工业区的主要管理项目为中邦城市小区，管理面积逾20万平方米。

公司坚持“以客为尊，以最大限度满足客户的不同需要”为首任，以人为本，视员工为公司的宝贵资产，注重培养人才，以丰富的管理经验，为顾客提供最优的服务。

公司拥有一支年轻化、知识化、专业化、高技能的管理队伍。管理层中，具有大专以上学历、中级以上职称、全国物业管理企业经理等上岗证书的逾三分之二，80%从事物业管理经历在5年以上，最长的超过12年。员工岗位有安保、保洁、工程维修等十余个工种门类。依托股东方导入，公司已初步形成适应不同类型物业的标准化管理模式。

（四）上海欣康物业经营管理有限公司

1995年注册成立，注册资金300万元，资质为二级，是上海市物业管理协会的会员单位，物业服务管理的主要范围为康桥工业区内各住宅小区与标准厂房。

公司自1995年接管4.6万平方米的康桥标准厂房后，管理的物业主要有：6.1万平方米的康桥花园东园、1万平方米的康桥花园南园、0.9万平方米的康桥花园北园、11.4万平方米的双秀家园北园及15.5万平方米的双秀家园西园，合计管理的住宅小区面积为34.9万平方米，工业标准厂房为4.6万平方米。

公司成立后，不断完善企业的规章制度和机构设置，逐渐发展壮大。公司注重员工的培训学习，从业人员持证上岗，2008年有职工105人，技术人员20人，具有中级职称的10人。公司不断提高员工的服务技能，在满意度、文明小区、达标、星级小区与个人的测评中，均得到好评。物业服务费收费率逾90%。

第八章　商业　金融

康桥地区的商业发展历史比较悠久。早在清代，老横沔镇的商业已比较兴旺，但在战火中几经兴衰。新中国成立后，康桥地区的商业经济逐步得到发展，但速度仍较缓慢。改革开放后，特别是1992年康桥工业区开发后，康桥地区商业迅猛发展，并迅速成长为康桥经济的一个主要产业。随着康桥工业区开发建设的不断深入，区内各种金融机构、税务部门、工商管理部门也迅速建立健全起来。这些机构在工业区开发建设中，发挥了投资融资、税务征收、市场管理等重要作用，有效地保障了康桥开发的顺利进行。

第一节　商业经济

一、概　述

改革开放以前，康桥地区的商业经济比较薄弱，在横沔镇上只有几家规模很小的国营商店。数量较多、并在农村设点较广的是集体性质的供销合作社，但商品销售总额也不大。1980年，横沔供销合作社（含代管国营商店）各门市部营业总额仅为584万元。周西地区没有自己的供销合作社，由周浦供销合作社代管，无相关商业活动。

改革开放后，乡镇集体商业开始发展起来。1979年元旦，横沔人民公社开办了上海郊区第一家乡镇集体商业企业——鸡味酒家。酒家以其独特的经营方式而闻名，并先后在市中心宁波路、浦江游船和惠南镇开设了分店。随后，横沔公社又陆续创办了玫瑰花时装商店、工业公司展销部、副业公司供销经理部、横沔商业公司等商业企业。与此同时，周西人民公社也创办了周西公社工贸公司综合商店、周西商业合作社等商业企业。

1985年以后，个体、私营商业在康桥地区开始蓬勃发展。在此期间，国营和集体商业也得到了进一步发展。

1992年康桥工业区辟建以后，地区商业经济迅速发展，商业企业种类不断增加，经营范围日益扩大，商业经济的构成成分也日益多元化，满足了人民群众日益增长的物质文化生活需要。1992年下半年，工业区内出现了首家私营酒家——新城酒家。2005年，康桥（集团）公司在康士路上办起了自己的酒店——康桥大酒店。2005年后，康桥工业区的商业经济发展进一步提速，各项商业经济指标均保持较快的增长势头：当年，康桥工业区的社会商品销售总额达20.1亿元，社会消费品零售总额达10.9亿元。经过短暂的几年发展，至2008年底，康桥工业区已累计拥有商贸企业538家，个体工商经营户2000多户，实现社会商品销售总额56.34亿元，社会消费品零售总额21.8亿元，各项指标与2005年相比都翻了一番。

在康桥工业区开发建设的进程中，伴随着工业化、城市化不断推进，地区的商业设施也不断完善，住宿餐饮、批发零售、居民服务等行业不断发展，逐渐形成了餐饮、住宿、汽车销售、房屋中介、五金建材、生活日用品等门类，吸引了以大众、宝马等汽车销售公司，大润发超市，永乐家电商场，五德会酒店等为代表的商业企业，提升了康桥工业区的商业氛围，初步形成康桥工业区的商业体系。

二、商业经济的成分构成

至2008年底，康桥工业区的商业企业经济成分构成状况与1992年相比发生了巨大的变化。商业企业性质从主要由国有及集体企业构成，发展成为国有、私营及外资企业竞相发展的格局，尤其是私营商业经济比例由原来的几乎空白，发展到企业户数占康桥工业区商业企业总数的84%，实现主营业务收入占康桥工业区商业经济总量的68%。

（一）国有及集体商业

2008年底，康桥工业区各类国有及集体商业企业共有25家，从业人员为1260人，实现年营业收入3659.6万元。

规模较大的国有和集体商业有：上海欧乐传动与控制技术有限公司、上海奥特玛特物流设备有限公司、上海西美工具进出口有限公司（SAAME）等。主要企业选介如下。

上海西美工具进出口有限公司：位于康桥东路1369号，主营进口去毛刺工具，以色列GRATTEC修边刀等。

公司前身是国营的陕西机械设备进出口有限公司，曾经是西北地区最大的外贸公司。20多年来一直致力于国内五金工具产品的对外出口和国外先进工具和设备的引进。公司下设市场部、销售部、技术研发中心、检验中心、包装厂、实验室、储运部等部门。公司全面代理以色列UNTERKOFLER公司的GRATTEC品牌修边刀、刮刀和倒角器工具。

上海奥特玛特物流设备有限公司：1995年创办，是中国专业的工厂家具和工厂存储空间规划及设备提供的厂商，也是国内最早从事运输保护包装的专业制造商和集成商。

公司的主要产品包括工作桌（工作台、钳工桌）、工具柜、工具车、置物柜、刀具贮存系列、仓储货架、托盘、物料箱、输送线等工业用品。其ATMET品牌的工位器具不仅满足了到中国内地投资的外商企业需求，而且还出口到日本及欧美地区的发达工业国家。

2008年康桥工业区主要国有、集体商业企业名录

表8-1-1

序号	商业企业名称	经营商品	企业地址
1	上海欧乐传动与控制技术有限公司	工业传动、液压传动和真空气动	严桥路371号
2	上海沪南成品油零售有限公司	成品油	沪南公路2445号
3	上海奥特玛特物流设备有限公司	仓储设备，物流辅助器材，绳索、扎带等	秀浦路3999弄37号厂房
4	上海西美工具进出口有限公司	工具进出口	康桥东路1369号
5	上海杭甬餐饮管理有限公司	餐饮	康桥镇沪南路2727弄100号
6	上海景文汽车销售有限公司	汽车销售	沪南公路2773号
7	上海北宏汽车销售有限公司	汽车销售	沪南公路2799号
8	上海宾悦汽车销售服务有限公司	汽车销售	沪南路3097号
9	上海横沔加油站有限公司	成品油	川周公路2758号

（二）私营商业

至2008年底，工业区内的私营商业主要包括私营独资、私营合伙、私营有限公司、私营股份有限公司等多种形式，共有各类私营商业企业455家，从业人数达5109人，实现年营业收入3.83亿元。其中规模较大的私营商业企业有：上海五菱汽车销售有限公司、上海禾众汽车销售有限公司、上海驰达汽车销售服务有限公司等。

主要私营企业选介如下。

上海五菱汽车销售有限公司：1997年成立，是2008年上海市最大的五菱汽车四位一体专营公司。主营业务有：整车销售、售后服务、配件供应、信息反馈。公司位于沪南公路2821号。

公司成立初期就以五菱汽车A级标准店进行建设，优越的购车环境、优质的售后服务体系使得公司成立后始终保持良好的五菱汽车销售业绩。在上汽集团、美国通用汽车公司和柳州五菱汽车三强联手后，提高了五菱汽车在微车行业中主导地位。“造百姓喜爱的车”是上汽通用五菱总公司的经营理念，而“销售百姓喜爱的车”也同样成为上海五菱汽车销售有限公司的宗旨。

公司建立了完善的售后服务跟踪体系，设立了五菱汽车特约维修站，对所售车辆除做好工厂规定的“三包”服务外，还向用户提供使用二年或4万公里行程的维修保养服务，对在上海市范围内销售的车辆提供上门抢修服务。

2008年公司销售的主导产品有：“五菱之光”6371、6372、6373车型——“实现新期望”；五菱6360车型——“事业、生活好帮手”；以及各式的双排、单排、箱式微型货运车。

上海驰达汽车销售服务有限公司：位于康安路818号，占地7800平方米，总投资1000万元。

公司由上海五菱汽车销售有限公司扩展而来。公司成立初期只有5名员工，至2008年，员工增至50多人。公司奉行“服务第一、用户至上”的服务宗旨和“热情、诚信、高效”的质量方针，实施标准化、规范化的管理。完善的设施，规范的管理，一流的服务，使公司多年来保持了在上海市同行中的领先地位。

公司成立初期年销售五菱车仅200辆，2008年，销售五菱车逾3000辆，年销售额逾1.5亿元。新建的维修车间，每天可接纳100多辆的五菱车辆进行检修。

上海凡德汽车销售有限公司：是宝德集团耗巨资在康桥工业区兴建的世界级宝马4S中心，为上海地区的宝马车客户提供BMW全系列的汽车销售、售后服务、原厂配件以及信息咨询等最完善的全功能服务。公司厂房占地近1.4万平方米，是华东地区有相当规模的BMW销售服务中心之一，厂内有250个停车位，有20个工位能同时为一般保养和机电维修提供服务，另有总共16个钣金和油漆的施工工位，在淮海中路8号的兰生大厦1层还设有一个豪华展厅。公司有BMW全系列的产品可供选择，其中有BMW 3系、5系、7系，BMW X3、BMW X5、BMW Z4以及全新BMW 6系和BMW M系、MINI等多种车型。

2008年康桥工业区主要私营商业企业名录

表8-1-2

序号	商业企业名称	经营商品	企业地址
1	上海五菱汽车销售有限公司	汽车	康安路818号
2	上海禾众汽车销售有限公司	汽车	沪南路2819号
3	上海驰达汽车销售服务有限公司	汽车	康安路818号
4	上海凡德汽车销售有限公司	汽车	沪南路2525号
5	上海其昌不锈钢集团有限公司	不锈钢	秀沿路99号
6	上海海昌汽车有限公司	汽车	沪南路2555号

（三）外资商业

至2008年底，工业区内的外资商业包括中外合资经营、外商独资经营两种形式，共有16家企业，从业人员223人，实现年营业收入17.47亿元。其中规模较大的外资商业企业有华谦商贸（上海）有限公司、昆山润华商业有限公司上海南汇分公司等。

2008年康桥工业区主要外资商业企业名录

表8-1-3

序号	商业企业名称	经营商品	企业地址
1	华谦商贸（上海）有限公司	便携式电脑	秀沿路2688号
2	昆山润华商业有限公司上海南汇分公司	超市	秀沿路1132～1180号

（四）其他商业

2008年底，工业区内其他类型的商业有限责任公司43家，从业人员662人，实现年营业收入5.80亿元。

三、主要行业

康桥地区的商业企业按经营规模分类，可分为大卖场、超市和普通商店。大卖场和超市有大润发、联华、好又多、镇北轻纺市场、振东汽配城、家兴建材市场、沪杭家具建材市场等。按经营商品的种类可分为专业商店和综合商店。专业商店较多的为汽车销售、服装、餐饮等种类。按商业行业划分，可分为汽车服务、菜市场、宾馆和餐饮业、生产资料供应及食品和日用百货等门类。

（一）汽车销售及服务业

汽车及零部件生产是康桥工业区的第二大主导产业，其中仅美国通用、福特公司、德国大众、中国一汽、中国东风、西安黄河等国内外著名汽车集团创办的企业就有数十家。加上康桥地区交通便利，落户企业众多，人口流动量大，逐步形成了一个规模较大的汽车生产和销售市场。从1994年开始，每年都有许多汽车销售和服务商在康桥开店经营，至2000年，沪南公路康花河至秀沿路段，已形成一条长约2公里的汽车销售街。至2008年底，汽车销售企业已向南延伸到上南路口，在康桥路、上南路、川周公路等路段还有许多汽车销售企业。销售的汽车品种有轿车、小客车、大客车、小货车、大货车、载重车、改装车、特种车等。与汽车相关的商店，如汽车配件、汽车装饰、洗车店等在工业区内也有200余家。

主要企业选介如下。

上海和平康桥汽车销售服务有限公司：2002年11月成立，注册资金2000万元，经营地址沪南公路2651号。2008年更名为上海融御商贸有限公司，主营汽车零售、维修服务。至2008年底，公司资产达4133.4万元，实现年营业收入2137.6万元；有从业人员32人，经营面积17527平方米。

锦通汽车销售公司：位于沪南公路2657号。属上海幼狮集团旗下的附属企业。公司销售德国大众原装进口车，及奔驰宝马、保时捷等高档系列车，并提供保险、上牌等系列服务。公司以公平、合理的价格回收旧车，并派专业人员免费提供上门评估看车，快速办理旧车置换、上牌等服务。

上海奥狮汽车销售有限公司：位于沪南公路2791号，注册资本200万元，主要经营汽车（不含小轿车）、汽车配件销售和汽车装潢。

上海顺泰汽车销售有限公司：位于沿南村七组，注册资本200万元，主要经营汽车（不含小轿车）及配件销售。

2008年康桥工业区主要汽车销售企业名录

表8-1-4

序号	企业名称	地址
1	上海锐方汽车销售有限公司	川周公路3318号
2	上海景文汽车销售有限公司	沪南公路2773号
3	上海奥狮汽车销售有限公司	沪南公路2791号
4	上海北宏汽车销售有限公司	沪南公路2799号
5	上海绿地途乐汽车销售有限公司	沪南公路2805号
6	上海升成汽车销售有限公司	沪南公路3373号
7	上海恩明汽车销售有限公司	沪南公路3403号
8	上海锦通汽车销售有限公司	沪南公路2657号
9	上海顺泰汽车销售有限公司	康桥镇沿南村
10	上海五菱汽车销售有限公司	康安路818号
11	上海禾众汽车销售有限公司	南路2819号
12	上海驰达汽车销售服务有限公司	康安路818号
13	上海凡德汽车销售有限公司	沪南路2525号
14	上海海昌汽车有限公司	沪南路2555号

（二）菜市场

康桥工业区创立之初，基本上还属农村，集镇规模较小，居民人口不多，无比较规范的菜市场，较多的是路边散乱的小型集市，居民只有到周浦镇才能找到上规模的菜市场。

随着开发建设的深入，越来越多的农村人口转为非农业人口，外区、县、外省市人口流入量也越来越多。为了满足区内企业和居民生活的需要，工业区管委会和康桥镇政府把建设菜市场作为一件为民实事工程。1995年，随着康桥花园商品房住宅区的建成，工业区内第一家菜市场——康花河集贸市场建成投用。从2005年起，根据市政府的要求，进一步满足周边居民的生活需求，加强规范管理，提高服务质量，开始建设标准化菜市场，逐步建成了康叶菜市场、周康菜管家菜市场、康楠菜场等3个标准化菜市场，基本能满足区内企业和居民的日常生活需求。

菜场选介如下。

康叶菜市场：是2006年创办的标准化菜市场，位于横沔新镇秀沿路2751号，营业面积2850平方米，总摊位150个。2008年底，经营户75家，其中粮油类4家、肉禽蛋类10家、水产品类10家、素菜类36家、干鲜果品类15家。康叶标准化菜市场的建成，丰富了横沔新镇地区的副食品供应，从根本上改善了周围的购物环境，成为工业区建设的一个新亮点。2008年，菜场营业额为821万元。

康周集贸市场：位于军民公路2912号，周康四村以南，康沈路以东。由周康房地产有限公司投资建设，总投资1200万元，占地面积4101平方米，建筑面积7383平方米。菜场分三层，其中一层菜场建筑面积2150平方米，二、三层作商业和商务使用。菜场配置有零售终端联播网、追溯系统，闭路电视监控等现代管理设施。

康花河集贸市场：1995年创办，是工业区内较早建立的菜市场，位于康花路58号。服务范围主要是康桥花园、康花新村两个住宅区的居民和邻近的企业。菜场经营品种有粮食类、油脂油料类，肉类、禽蛋类、水产品类、素菜类、豆制品，面制品及烟酒类商品等。

2008年康桥地区菜市场名录

表8-1-5

序号	名称	地址	营业面积（平方米）	建造时间	备注
1	康叶菜市场	秀沿路2751号（横沔新镇）	2500	2006	标准化菜场
2	康楠菜市场	康汇路200号（四高小区）	2130	2008	标准化菜场
3	康周集贸市场	军民公路2912号（三角地）	5823	2008	标准化菜场
4	沔溪菜市场	川周公路2657号（横沔老镇）	1300	2001	
5	康花河集贸市场	康花路58号（康桥花园）	1000	2004	
6	灵芯菜市场	康花路246号（花墙村）	800	2006	
7	义盛菜市场	上南路6568号（南华城）	900	2006	
8	康桥老街菜市场	秀康路临时菜场			在建

（三）宾馆和餐饮业

改革开放前，由于康桥地区只有横沔老镇一个小集镇，交通又不发达，没有一家像样的宾馆，餐饮业也很少。1979年，横沔公社创办了全市第一家集体餐饮商店——鸡味酒家，在全市知名度也较高，但也只是一家小型的餐饮企业，在最兴旺的1983年，年营业额也仅为71.65万元。

1992年工业区创立后，康桥地区宾馆和餐饮业蓬勃发展。随着大批企业和单位落户康桥，集聚人口越来越多，对发展餐饮和宾馆业提出了越来越高的要求，为发展这一行业提供了广阔的市场。1996年2月，由康桥（集团）公司投资建造的工业区内首家大酒店——康桥大酒店竣工营业，这是一家集餐饮、会务、住宿、娱乐于一体的二星级酒店，营业面积3500平方米，有大小餐厅10多间，标准客房和套房29间，大小会议厅多间。随后，康岛假日宾馆、华埠酒家、五德会酒家、世纪草堂、博雯大酒店、上海莫泰168连锁酒店（康桥店）等宾馆和酒家陆续在工业区内建成，企业规模越来越大，经营档次越来越高。同时，不同特色、不同品种、不同风味的小吃店遍布全区，约有数百家之多，满足了不同层次、不同爱好顾客的需求。

企业选介如下。

康桥大酒店：位于康桥路1011号，由康桥（集团）公司投资建造，1996年2月竣工营业，营业面积3500平方米，是一家集餐饮、住宿、会务、娱乐为一体的二星级酒店。内有大小餐厅和包间10多间，可同时容纳300人就餐。有标准客房和套房29间，有大小会议厅多间。内部配套设施齐全，有中央空调、国际国内长途电话、有线电视等，满足客户的工作和生活需要。

2008年，公司有从业人员63人，总资产1198.3万元，实现年营业收入630.1万元。

康桥半岛假日酒店（在建）：北临秀沿路、东临四季草堂，西临大润发商业中心，南临康桥半岛别墅区，由盛高置地（控股）有限公司投资建设，世界最大的酒店管理公司——洲际集团参与开发，依托Holiday Inn品牌进行酒店经营及酒店式公寓建设。项目总建筑面积9.3万平方米，其中包括3.2万平方米的酒店（24层约400套客房）、1.57万平方米的酒店式公寓（19层约170套客房）、5300平方米的会展中心（兼具会议、展览及宴会功能），及部分商业设施、停车场和人防工程等。

上海莫泰168连锁酒店：位于沪南公路2568号。毗邻康桥镇人民政府、上海申花足球队训练营地。酒店拥有标准房、大床房、商务大床房、家庭房，提供24小时热水、空调、免费上网、有线电视及传真、票务、商务服务。

上海海敦餐饮管理有限公司（原四季草堂）：以经营4000平方米以上的大型餐饮为主，投资“海敦”旗下的第一间餐厅——“四季草堂”，地处秀沿路1168号，濒临康桥半岛大型别墅住宅区，主营本帮菜、创意菜，在上海主流媒体——《周末画报》举办的优秀餐厅评选活动中，获“上海十佳创意菜餐厅”称号，被列为上海餐饮中餐行业500强之一。

五德会酒店： 位于川周公路横沔新镇，是一个半会员制餐厅，以“五德之禽”命名（《韩诗外传》记载：鸡有文、武、勇、仁、信五德）。酒店主营经典粤菜，拥有种类齐全的红酒及中国名茶等。

2008年康桥工业区宾馆和餐饮企业名录

表8-1-6

序号	企业名称	地址
1	上海杭甬餐饮管理有限公司	沪南公路2727弄100号
2	上海华埠餐饮服务有限公司	康沈路1015号
3	上海顺岛实业有限公司	秀沿路1058号
4	上海屹台邻餐饮管理有限公司	沪南公路2686号
5	上海博雯餐饮管理有限公司	康桥路1111弄1号
6	横沔鸡味酒家	川周公路2909号
7	上海五德会酒家有限公司	川周公路2832号
8	上海凯莱酒店有限公司	川周公路2689号
9	上海海敦餐饮管理有限公司	秀沿路1170号
10	上海康桥半岛乡村俱乐部有限公司	沪南路2727弄100号
11	上海浦东康桥大酒店有限公司	康桥路1011号~1021号
12	上海悦久餐饮管理有限公司	秀沿路1688号

（四）生产资料供应业

康桥工业区创立之前，康桥地区主要供应农业生产资料。商店大多为国营和集体性质，如药械部、竹木部、种子商店等，供应农药、化肥、种子、小型农具，农用竹木，农用薄膜等农用生产资料。

康桥工业区开发建设后，工业企业大量增加，农田急剧减少，与之相配套的农业生产资料供应大幅下降。至2008年底，只存在一些零散、小型的个体商店，国营和集体的农资商店均不再存在。代之而起的是大量的工业生产资料供应商店，供应品种有石油、钢材、电线电缆、电动工具、各种钢材及塑料管道等。企业性质部分为国有和集体性质，大多为股份制和民营企业。

企业选介如下。

华谦商贸有限公司： 2005年10月成立，注册资金6000万元，位于秀沿路3688号，经营面积200平方米。主要从事电子计算机及相关零配件批发业务，至2008年底，公司资产达2.44亿元，实现年营业收入14.87亿元。

上海欧乐传动与控制技术有限公司：位于秀沿路293号，是一家集生产、贸易、技术、服务于一体的专业型工程公司，主要从事工业传动、液压传动及真空技术等产品的开发和销售，与欧洲10多家知名公司有着良好的合作历史。公司经营业务分为工业传动、液压传动和真空气动三个部门。传动产品广泛应用于工程、建筑、化工、电力、船舶、采矿等机械工业，为中国机械工业提供了大量可靠的配套设备。工业传动产品主要有：联轴器，工业特种齿轮箱、液压块式和盘式制动器、电动滚筒。

2008年康桥工业区主要生产资料供应企业

表8-1-7

序号	企业名称	地址
1	上海中油康桥石油有限公司	沪南公路2787号
2	上海横沔加油站有限公司	川周公路2758号
3	上海端羊机电贸易有限公司	创业路26弄8号
4	上海锋芒工贸有限公司	沔青桥北首
5	上海培麟工贸有限公司	康梧路228号
6	上海奥特玛特物流设备有限公司	申江路3737号37号5房
7	上海纳铁福贸易服务有限公司	康沈路900号
8	上海欧乐传动与控制技术公司	康桥镇营房居委
9	上海沥高科技有限公司	康桥东路1365弄18号
10	上海西美工具进出口有限公司	康桥东路1369号
11	上海沪康工业气体有限公司	康桥路555号

（五）食品、药品和日用百货业

食品和日用百货商业在康桥地区一直存在。工业区创立前，主要由供销社开设的商店经营，在小集镇上的商店规模稍大一些，在每个村开设有农村综合商店，俗称“下伸店”，规模虽小，但经营品种不少，有油盐酱醋、锅碗盆筷、糕点糖果、针头线脑等等。

康桥工业区创立后，随着大批居住小区的建成，人口的大量导入，促进了食品和日用百货业的迅速发展。不但个体商店遍布工业区，一些大型超市、大卖场也陆续进驻康桥，如大润发超市、永乐家电、家兴建材市场、镇北轻纺市场、沪杭家具建材市场等等。随着居民生活水平的提高，一些经营高档消费品的商店，如黄金饰品、化妆品、电脑、手机、工艺品等商店也越来越多，使康桥的商业经济呈现出一派兴旺发达的景象。

企业选介如下。

大润发大卖场（昆山润华商业有限公司上海南汇分公司）：2005年1月成立，注册资金500万元，经营地址位于秀沿路1132～1180号，经营面积15000平方米。主要从事五金、食品、日用百货及家用电器等零售类业务。2008年，公司有从业人员502人，总资产9480.6万元，实现年营业收入3.89亿元。

上海捷路体育用品有限公司：位于康桥东路1088号，主营各式体育用品。捷路（JORO）品牌来自中国上海，其含义为简洁、活泼，充满令人雀跃的灵感，既充满亲和力，又不乏个性张扬的新主张。

上海童涵春堂制药有限公司：位于康桥路1096号，隶属于上海豫园旅游商城股份有限公司。公司拥有创建于清乾隆四十八年（1783年）的著名百年中华老字号“童涵春堂”国药品牌。主营西药品、进口新特药、保健品、参茸、中药饮片、医疗器械和生物制品等。

公司销售、利税等经济指标长年跻身全国医药商业企业百强之列，其中2005年列上海医药行业第12位，被中国商业联合会评为中国商业名牌企业。公司在康桥工业区建有建筑面积为6722平方米的恒温药品仓库，配备有薄层扫描等监控检测设备。以ERP质量监控系统管理物流，提升企业监控能力。

2008年康桥工业区食品和日用百货企业名录

表8-1-8

序号	企业名称	地址
1	上海双申食品贸易有限公司	康桥东路905弄21室
2	上海捷路体育用品有限公司	康桥东路1088号
3	上海康桥药业有限公司	康桥路1098号
4	大润发大卖场	秀沿路1132～1180号
5	上海童涵春制药有限公司	康桥路1096号

四、商业街与商业区

依托康桥的城市化进程，房地产项目成为康桥工业区商业设施拓展的重要载体，同时不断增加的城镇居民也成为促进商业经济发展的重要消费群体。1992年后，随着康桥工业区各类房产及商业配套设施的开发建设，康桥工业区累计新增商业建筑面积约40.4万平方米，逐步形成了秀沿路、康沈路、康桥路等主要商业街和横沔新镇等主要商业区。

（一）秀沿路商业街

秀沿路商业街规划范围为沪南公路至罗南大道的秀沿路两侧，西端连接高档住宅区绿宝园，东端连接建设中的康桥生产性服务业集聚区，并将设立地铁11号线、21号线相关站点。该商业街的核心为咸塘港以东地段的康桥半岛街区。该街区拥有1.4万平方米的低密度商业店面，及1.5万平方米的大润发超市。康桥半岛房产和商业项目由盛高置地（控股）有限公司开发建设，规划居住户数6505户，总居住人口26020人，总计用地170万平方米，建筑面积120万平方米，其中住宅105万平方米，商业服务设施12万平方米，社区会所0.7万平方米，内设餐饮、阅览、会务、游泳、网球、超市、茶室、咖啡等功能。

康桥半岛街区往东的秀沿路商业街，还布局了宁怡苑及汤巷馨村等房产商业开发项目。宁怡苑开发项目占地5.5万平方米、总建筑面积7万多平方米，其中商业设施1万平方米，属于沿街商铺格局。汤巷馨村一期项目占地6万平方米、总建筑面积10万平方米，其中商业设施1.4万平方米。汤巷馨村二期项目占地16.4万平方米、总建筑面积24万多平方米，其中商业设施3.2万平方米。至2008年底，秀沿路商业街已初具规模。

（二）康沈路商业街

康沈路商业街范围为：沿康沈路两侧，联络路至秀沿路路段，主要由周康四村、康桥新苑和中邦城市房产项目的商业设施构成。

（三）康桥路商业街

康桥路商业街范围为：沿康桥路两侧，西至康士路，东至罗山路，主要由绿洲康城、罗山绿洲、康桥花园、明纶园、百舸新苑、和合新村等房产项目的商业设施构成。

（四）横沔老镇商业街

横沔老镇位于康桥镇东部，横沔港与盐船港的交叉口。商业街部分保留老镇依河傍水、小街盘曲的街区格局特色。老街宽2米～3米。保存的历史建筑多为清末和民国时期建造，部分为明末及清朝中晚期建筑。其中区级优秀建筑有翊园（川周公路2607号）、华氏宅第（横沔街42号、44

号）等，体现该地区的繁荣和地位。此外正着手以翊园（小哈同花园）为轴心，沿门前的小河蔓延，建设以“休闲性商业”形态为主的商业旅游景区，并与南汇新场、下沙、大团、六灶等几大历史文化风貌区连贯起来，形成独特的旅游黄金走廊。

（五）横沔新镇和康桥小镇商业街

新建的康桥小镇商业街西至横沔新镇，东临申江路，用地面积1.7万平方米，总建筑面积2.5万平方米。设计为餐饮、休闲、健身、宾馆为一体的临河沿街式多层商铺，可为前来横沔历史文化风貌保护区观光的旅游者提供幽雅的休闲消费场所。

横沔新镇自20世纪70年代底开始建设，经过30多年的发展，已成为康桥地区最繁荣、最集中的商业区之一。商业区东至高新河，西至创业河，全长约2公里，沿川周公路两侧连片发展。商业区内有著名的横沔鸡味酒家和五德会酒家，有标准化的康叶菜市场，各类商店齐全，是康桥东部地区的主要商业中心。

（六）上南路商业街

上南路商业街分为东段和西段。东段为康沈路至吴迅中学。主要依靠周浦镇西市梢和康馨园、双秀家园、美林小区、双秀西园等住宅区的商业用房发展而成，商业街内有规模较大的镇北轻纺市场和国美家电商场，汽车销售商店也较多，是一个比较成熟的商业街区。

西段为浦三路至杨高南路。主要依靠天台星城和南华城的商业用房建成，已有各类商铺数十家。

2008年康桥工业区部分商业设施明细表

表8-1-9

序号	项目名称	用地面积（平方米）	建筑面积（平方米）	商业面积（平方米）	形态
1	康桥半岛集贸市场	6100	10348	10348	3F
2	和合三街坊	78900	102696	6703	2F
3	绿地康桥新苑	254240	321410	16551	多层、小高层
4	横沔花苑	88328	93270	5085	多层
5	中邦城市	209245	350000	42102	小高层、A地
6	横沔商业街	16913	24622	24622	2F、3F
7	双秀家园	419200	482100	9800	多层

续表 8-1-9

序号	项目名称	用地面积（平方米）	建筑面积（平方米）	商业面积（平方米）	形态
8	和合二街坊	51474	66325	8400	多层
9	周康四村	24800	76777	2600	多层
10	康桥半岛	1046986	1203351	120831	别墅、高层
11	康星房地产	411263	477330	13900	多层、高层
12	南华城	114012	158969	14428	多层、高层
13	康桥新苑	19384	28253	3571	多层
14	明纶园	16927	26000	1733	多层
15	绿宝园	400000	180000	60000	别墅
16	百舸新苑	21273	34020	2670	多层、高层
17	康桥花园	70596	100000	12546	多层
18	海富花园	405810	671547	19060	高层
19	联久置业	61429	35681	4087	别墅
20	康桥新苑三期	28608	42304	1410	多层
21	沔溪苑	43809	54964	4834	多层
22	康桥东苑	68315	90057	10843	多层

第二节 金融 税收 工商

一、金 融

（一）机 构

康桥工业区开发前，康桥地区仅有的金融机构是农业银行的营业所和农村信用合作社。随着康桥工业区的发展，建设银行、工商银行、中国银行、上海银行和华夏银行先后在工业区内设置营业机构。同时，浦东发展银行、深圳发展银行、交通银行、兴业银行、招商银行、民生银行、中信银行，及部分外资银行的各项业务，也逐步渗透到康桥工业区的单位、企业。至2008年，康桥工业区的主要金融机构有：

1．农村商业银行股份有限公司康桥支行：前身是周西乡信用合作社，于1962年周西人民公社成立时设立。1992年时在周浦镇中大街农业银行周浦营业所营业。1992年后历任主任：张国贤、朱学荣、张族、陈秋雯。1998年7月更名为康桥信用合作社，1998年8月搬迁到康沈路1348号。2006年8月上海市农村信用合作社整体完成股份有限公司改制，康桥信用合作社挂牌为农村商业银行股份有限公司康桥支行。2008年3月周浦、康桥、横沔和瓦屑四行合并。历任行长为陈秋雯、顾群。该行人民币存款1992年为3558万元，2008年达13.26亿元，是1992年的37.26倍；人民币贷款1992年为2227万元，2008年达6.25亿元，是1992年的28.05倍。

2．农业银行股份有限公司康桥开发区支行：前身是农业银行康桥支行下属的国际业务部，1996年1月成立。2001年农业银行南汇支行和农业银行上海康桥支行合并后，更名农业银行康桥开发区支行，历任行长：顾琪琪、夏卫东、姚建平、闵琪。营业地点：康桥路963号。人民币存款2000年为1.39亿元，2008年增加到12.44亿元，是2000年的8.94倍。人民币贷款2000年为4.66亿元，2008年增加到30.93亿元，为2000年的6.65倍。2000年外汇存款1156万元，外汇贷款5409万元。2008年底外汇存款为3528万美元，外汇贷款为5049万美元。

3．农业银行股份有限公司康桥支行：前身是农业银行横沔营业所，1979年国家恢复农业银行时成立，2003年升级为支行，营业地点：川周公路2868号。1992年后历任行长：阚炳荣、张伟、宣春、诸晓春、刘亿祖。人民币存款1995年为1.03亿元，2008年增加到6.35亿元，为1995年的6.16倍。人民币贷款1995年为8674万元，2008年为2030万元，呈明显下降，主要原因是信贷业务归并到农业银行康桥开发区支行。

4．工商银行股份有限公司康桥支行：1994年8月成立，营业地点：康桥路1000号。历任行长：马凤兮、张炜磊、王根明。人民币存款1995年为1000万元，2008年增加到8.44亿元，为1995年的84.39倍。人民币贷款1995年为500万元，到2008年增加到7.91亿元，为1995年的158.23倍。外汇存款123万元。

5．建设银行股份有限公司康桥支行：1994年11月成立，营业地点：沪南路2586号。历任行长为华克俭、余晓刚、吴永萍、华克俭、吴清华。2008年人民币存款11.97亿元，人民币贷款9.61亿元，外汇存款1045万元，外汇贷款350万元。

6．中国银行股份有限公司康桥支行：1996年2月成立，营业地点：康桥路1023号。历任行长：郑佩华、张佩娟、马海英。2008年人民币存款8.17亿元，外汇存款1546万元。

7．上海银行股份有限公司康桥支行：2004年2月成立，营业地点：康沈路1030号，2008年11月搬迁到周东路732号，行长吴正辉。2008年人民币存款7.88亿元，人民币贷款3.17亿元。

8．华夏银行股份有限公司南汇支行：2008年8月成立，营业地点：秀沿路887号，行长周东辉。2008年人民币存款6.14亿元，人民币贷款3.75亿元。

（二）金融服务

康桥工业区成立后，各家金融机构为服务区内企业，增加了许多结算品种，如大额支付、网上银行等。这些金融产品实现了资金的即付即收，既方便了企业结算业务的办理，又加速了企业的资金周转，节约了大量的资金使用成本。

各银行在严格执行国家金融法律、法规前提下，结合康桥工业区的产业导向及各项发展扶持政策，为企业量体裁衣，设计不同的金融产品。针对房地产业务投资量大、期限长的特点，出台了物业性贷款。这种贷款的优点是期限长，最长可达15年，给企业的资金周转带来了很大的缓冲期，保证了企业资金的正常运行。针对中小企业贷款难的问题，创新了无抵押、无担保的贸易融资和企业供应链融资的方式，为中小企业的发展带来了生机。

康桥工业区内的金融机构主要开展了存款、贷款、结算、外汇和理财等服务业务。主要有以下几个金融服务种类。

存款：对公存款、个人储蓄等。

贷款：对公贷款、个人贷款（包括购房按揭）等。

结算：支票、贷记凭证，大额支付、电汇、银票、本票和网上银行等。

外汇：外汇存款（包括对公、对私）、外汇贷款（包括对公、对私）和国际结算等。

理财：基金、第三方托管和其他各种理财产品等。

康桥工业区内的金融机构灵活应用金融政策、金融法规，致力于提供专业化、人性化的服务，获得了入驻企业的普遍支持和好评，也帮助区内企业获得了良性的发展，保证了十多年来康桥工业区主要经济指标在南汇区的支柱地位。

二、税　务

（一）康桥税务所的成立

1992年5月，南汇县税务局周浦第二税务所成立康桥小组。1993年10月，南汇县税务局成立康桥税务所，所址设在沪南路2502号。2003年4月，南汇区国家税务局康桥税务所变更为第八税务所，所址搬迁至周浦镇年家浜路442号。

（二）主要税种

康桥税务所征收的主要税种有增值税、营业税、企业所得税、个人所得税、印花税、房产税、土地使用税、土地增值税等。

（三）税收政策的变革

随着市场经济深入发展，以及中国加入WTO以后经济社会中发生的新变化，自1994年起，在“统一税法、公平税负、简化税制、合理分权、理顺分配关系、保障财政收入、建立符合社会主义市场经济要求的税制体系”的思想指导下，依据财政、效率、公平原则，对原税制进行了规模大、范围广、内容深刻、影响力强的结构性改革。

1．1994年1月1日起国家实行税制改革，其主要内容是：第一，全面改革了流转税制，实行了以比较规范的增值税为主体，消费税、营业税并行，内外统一的流转税制。第二，改革了企业所得税制，将过去对国营企业、集体企业和私营企业分别征收的多种所得税合并为统一的企业所得税。第三，改革了个人所得税制，将过去对外国人征收的个人所得税、对中国人征收的个人收入调节税和个体工商业户所得税合并为统一的个人所得税。

2．1994年1月1日起，南汇区税务部门根据当时的外商投资企业税收政策，一是对投资于康桥工业区外环线以北约8平方公里区域的外商投资企业，予以享受浦东新区的优惠税率，减按15%的税率征收企业所得税，且免征地方所得税；二是对在南汇其他地区开办的生产性外商投资企业，减按24%的税率征收企业所得税，按3%的税率征收地方所得税。

3．从2008年1月1日起，国家开始实行新的企业所得税制度：即统一税法并适用于所有内外资企业；统一按25%税率征收；统一并规范税前扣除范围和标准；统一并规范税收优惠政策；统一并规范税收征管要求。

（四）历年税收情况

康桥工业区税收总收入及财政结算情况表

表8-2-1

年　份	1993	1996	1999	2002	2005	2008
税收合计（万元）	1100.00	5290.00	12902	27016.54	173964	409942.11
增长幅度（%）		381%	144%	109%	544%	136%

如下图所示：

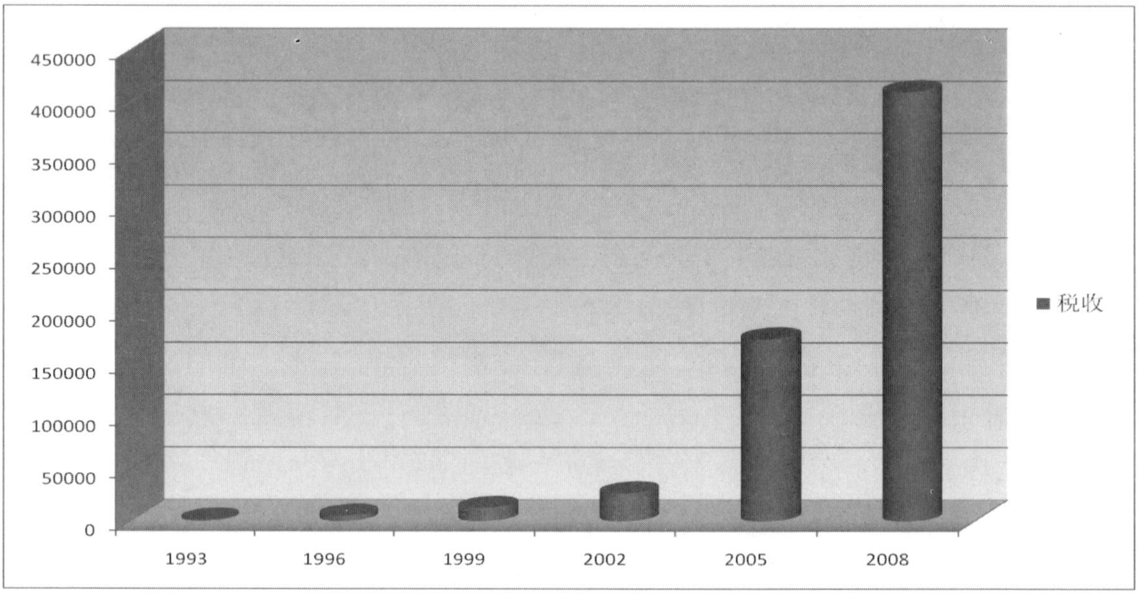

根据《关于建立闵行、宝山、南汇、奉贤区市级工业园区专项发展资金的实施方案》（沪财预〔2004〕21号），康桥工业区2004～2007年按此财政扶持分配方案执行结算。2004～2007年，根据康桥工业区管委会户管企业税收上缴数结算的开发区专项资金情况如下表所示。

2004～2007年康桥工业区户管企业税收上缴数结算专项资金情况表

表8-2-2

年　份	结算款（万元）	其中	
		2002年基数部分	专项资金
2004	21554.86	8958.64	12596.22
2005	15524.56	8958.64	6565.92
2006	29038.52	8958.64	20079.88
2007	42289.65	8958.64	33331.01
合计	108407.59	35834.56	72573.03

同时，康桥工业区根据市、区、管委会制定的产业发展导向及相应的财税扶持政策，对部分户管企业按其税收贡献采取了资金扶持。

2001～2008年康桥工业区主要税种收入情况表

表8-2-3

征收年份	2001	2002	2003	2004	2005	2006	2007	2008
增值税（万元）	4807.36	7467.56	45290.54	53105.63	56064.51	103713.2	125445.5	147138.30
增长幅度（%）		55.3%	506%	17.2%	5.6%	85%	21%	17.3%
企业所得税（万元）	4151.22	4647.40	8464.93	14256.42	19728.23	34681.65	34523.5	135048.67
增长幅度（%）		11.9%	82.1%	68.4%	38.4%	75.8%	0%	
外商投资企业和外国企业所得税（万元）			9913.46	16283.29	22980.84	22455.35	27686.9	6687.24
增长幅度（%）				64.2%	41.1%	0%	23.3%	
营业税（万元）	7999.93	12303.13	28552.92	34635.57	44288.02	49851.81	57286.5	59703.95
增长幅度（%）		53.8%	132%	21.3%	27.8%	12.5%	14.9%	4.2%

注：自2008年起，内、外资企业所得税税率统一，外商投资企业和外国企业所得税合并到企业所得税。

（五）税收管理

21世纪开始，康桥税务所以“税收征管软件”上线为契机，创新管理模式，通过加强对重点税源户的税源预测和管理、加强大、中型企业的税源跟踪、加大对地方税收的稽查和监控、加强对康桥优惠政策的贯彻和落实，使康桥工业区税收工作实现科学化、精细化，充分发挥税收政策对企业的扶持和促进作用。

除此之外，根据中央和市、区关于税收属地化管理的要求，康桥工业区管委会招商中心也协同税务部门，扎实推进税源管理，确保税收落地。一方面，巩固规范税源、外建税、零商税等工作，保证税收征管合规合法；另一方面，根据园区项目建设情况，紧跟项目公司，加强沟通协调，疏通纳税通道，做好建筑税的规范和落地。

由于地区经济的快速发展，康桥地区的税收工作实现跨越式发展。2000年以后，在电子信息业、汽车及零部件制造业，以及房地产业的推动下，工业区的税收进入高速增长阶段。2008年，尽管受金融危机的影响，康桥地区的税收还是完成了41亿元，比上年增长38.9%，完成年度计划的111%，特别是地方级财政收入全年完成12.2亿元，比2007年增长约1倍，以上指标均达到了工业区开发以来的最高水平。

三、工　商

（一）工业区工商所的建立

工业区开发起步阶段的工商管理由周浦工商所派员承担。1997年1月1日，南汇县工商行政管理局决定成立周浦第二工商所，直接管理康桥工业区的工商业务，地址在沪南路2502号。2001年，国家工商行政管理局更名为国家工商行政管理总局，省级以下工商部门开始垂直管理，该所即更名为上海市工商行政管理局南汇分局周浦第二工商所。

（二）工商管理

周浦第二工商所通过对企业注册登记、查处不正当竞争行为、维护市场稳定、维护消费者权益等方面的市场监管，其管理模式已从有形市场的具体事务管理，转向对各类市场主体全面实施市场准入、退出、竞争、交易等行为的监督管理。

（三）工商登记企业及组成结构

1996年底，康桥工业区内企业总户数为321户，其中私营企业为131户，占总数的41%；内资企业为137户，占总数的43%；外资企业为53户，占总数的16%。

2001年底，工业区内企业开业总户数为1757户，其中私营企业为1160户，占总数的66%；内资企业为456户，占总数的26%；外资企业为140户，占总数的8%。

2008年底，工业区企业开户为6641户，其中私营企业为5354户，占总数的81%；内资企业为807户，占总数的12%；外资企业户数为480户，占总数的7%。

（四）注册资本

1992～1996年，企业注册登记的资本金累计为27.07亿元和1.92亿美元；至2002年底，工业区企业注册登记的资本金累计为98.58亿元和4.01亿美元；至2008年底，工业区企业注册登记的资本金累计达到307.21亿元和9.32亿美元。

第九章　教育　卫生

康桥工业区在实现经济快速发展的同时，坚持“以人为本，全面发展”，大力加强教育、卫生事业的建设，工业区内教育、卫生事业的建设和发展，提高了群众的文化素养，方便了人民生活，保障了人民健康，促进了社会的和谐发展。

第一节　教　育

一、发展历史

康桥地区历来经济比较发达，教育事业发展较早。清朝末期，横沔地区就有私塾20余处，周西地区火熹晨于1909年创办明德小学堂。民国初期，新学兴起，教育有了很快发展。周西地区相继办起7所小学。横沔地区也有曹儒刚、瞿光史创办的沔南小学。

解放后，由于各级政府重视人才的培养，康桥地区的教育事业蓬勃发展。学校不但数量多，设施好，而且中学、小学、幼儿园门类齐全。1988年秋，由美籍华人吴迅资助50万元，在周西乡第一初级中学建造以其父亲吴木铨命名的教学楼。为纪念吴迅先生关心家乡教育事业、捐资助学的崇高品德，原周西乡第一初级中学更名为吴迅中学。

20世纪90年代至21世纪初，随着康桥工业区开发建设的不断深入，经济的快速发展，各类高科技、高品位工业项目纷纷落户，对人才的需求越来越大，要求也越来越高。工业区管委会在抓紧开发建设的同时，把发展教育事业提高到完善城市功能，增强园区综合竞争力的高度，全力引进大学、中学、小学、幼儿园各类学校，使工业区内的教育事业有了突飞猛进的发展。国内一些著名学校纷纷落户康桥。

学校落户后，康管委又与康桥镇政府一起，加大教育经费的投入，改善学校硬件环境；实施优教工程，加强学校的软件管理；不断探索，实现教育的创新突破。这些措施，使这些学校引得进，办得好，教育事业有了长足的发展。中科大研究生院、上海建桥学院、上海中侨学院、尚德实验学校、复旦康桥学校、中国福利会幼儿园、巴金儿童文学幼儿园等学校建办以来，不但使康桥地区教育的品位有了很大的提高，而且在社会上产生了很好的影响。至2008年，工业区内共有各类学校20所，其中公办学校6所，其他所有制学校14所。

康桥地区教育事业的发展，具有三个显著的特点：

一是学校种类全齐。工业区开发以前，这一地区的教育不但数量少，设施一般，而且学校种类也只限于中、小、幼的普通教育，从来没有大学。2000年10月，温州企业家周星增率先在工业区办起了第一所大学——上海建桥学院，至2008年底，康桥地区已有大学四所，实现了大、中、小、幼各类学校种类的全覆盖。

二是办起了特色学校。中国科技大学上海研究生院是构筑人才培养高地和推动变革创新的基地，中国交通港湾工程学院是主要为航务企业培养水工、机电、驾驶等专业的学校，上海申花足球学校重点为体育事业培养足球后备人才，上海美国学校、上海英国学校则是培养外语人才的摇篮。

三是多种所有制学校全面发展。康桥工业区成立前，只有单一的公办学校，经过16年的开发，这一地区公办、民办、合资办学等各种所有制已经全面发展，展现了各自的优势。建桥学院、中侨学院、尚德实验学校、中福会幼儿园等都是上海一流的民办学校。

二、教育管理和教育经费

（一）教育管理

20世纪90年代初，康桥工业区全面开发建设，管委会在抓经济工作的同时，重视引进市内外的民营经济在康桥办学，取得很大成果。一批大学、中学、小学、幼儿园名校的落户，方便了学生的就读，又提升了地区的品位。这些民营学校实行三重管理，行政由康桥镇政府管理，教学业务由区教育局管理，党务工作和精神文明建设由工业区党工委负责。

为了支持教育事业的发展，鼓励教师做好本职工作，1993年8月，康桥实业总公司出资30万元，设立康桥教育奖励基金，用于鼓励在第一线辛勤耕耘的优秀教师。从此，公司按基金会规定，在全县每年评选10名优秀教师。对优秀教师，除颁发证书外，还授予“荣誉职工”的称号。教育奖励基金的设立，有力地提高了教师的工作积极性。

（二）教育经费

无论是解放前还是解放后，公立学校的经费都由各级政府财政承担。解放初期，每学年南汇县文教科都会向公办学校下拨教师工资、办公费、基建修缮费、图书资料等。1989年后，南汇县对各镇实行财政包干，教师工资和学校办公、基建等费用均由镇财政支出。为平衡各乡镇的教育经费使用，从2005年起，公办学校的经费基本上都由区教育局统筹解决。

解放前，私立学校经费主要在学生缴纳学费和地方征收的屠宰税、牙税、土地捐附征教育经费中列支，也有部分由地方绅富捐助。新中国成立后一段时期存在的民办学校和耕读小学，经费由学校所在的人民公社和各生产大队分级负担。康桥工业区开发后引进的大学、中学、小学、幼儿园学校，大部分为民营学校，经费由各学校自行解决。除学生交纳的学费外，许多学校还办有经济实体，开发第三产业，弥补教育经费的不足。

三、各类学校选介

（一）学前教育

1．中国福利会幼儿园

中国福利会幼儿园位于秀沿路1368号康桥半岛住宅区内，由著名爱国民主人士宋庆龄女士于1949年7月24日亲自创办，是上海解放后最早成立的寄宿制幼儿园之一，为上海市示范性幼儿园。2002年9月，该校从浦东金桥搬迁至康桥。幼儿园占地3.33公顷，建筑面积14000多平方米。幼儿园创设一流的教育设施，有室内温水游泳池、塑胶跑道、大型户外活动器械、各类活动室等。幼儿园共开设班级22个，在园幼儿500多人。

中福会幼儿园努力走科学管理、依法治园的道路。为实现学校《幼儿园工作规程》中提出的教育目标：“让每个孩子都能得到充分而又和谐的发展”，幼儿园开展了“学习生存”现代课程模式的研究，从“学生活、学做人、学学习”三方面入手，提出了园本课程的目标、内容、实施、评价的思路及其特色。该课题1998年被立为市级课题；2000年，获得浦东新区科研成果推广二等奖；2001年8月，“学习生存”课题获得上海市第七届教育科学研究成果二等奖。

2．巴金儿童文学幼儿园

巴金儿童文学幼儿园位于康士路2弄康桥东园内，属民办所有制学校，创办于2001年5月，是中国第一所以儿童文学命名的寄宿制、双语制幼儿园。该幼儿园实施素质教育，旨在培养儿童成为坚强正直、团结友爱、自由活泼、健康向上的一代新人。

幼儿园有一支幼教专科毕业、高学历、富有幼儿教育经验的优秀中青年教师队伍。学校下属的以双语教育为特色的试点教学部，以海外幼儿园的先进模式办学，由留英幼儿教育专家主持，强调儿童的个性培养，鼓励相互协作，积极参与学习，让孩子在潜移默化中养成自理能力和主动学习的能力。

（二）基础教育

1．康桥镇第一小学

康桥镇第一小学是一所具有悠久历史和教学特色的公办学校。学校原位于康沈路、上南路口，有70多年的历史。1998年，在市原领导陈至立、龚学平、周慕尧等领导的亲切关怀下，易地新建，新址位于梓康路120号。学校占地1.21万平方米，建筑面积6200平方米，由两幢教学楼及体育馆、图书楼、专用教室、体操场等组成。2000年后，学校又进行了大规模的改建，假山石径、喷泉雕塑、景观河道等优美的环境为学生提供了很好的学习、活动空间。2008年，学校开办班级26个，在校学生1080多人，教师74人。

学校以"农村小学'乐学乐教'学校文化建设的实践研究"课题为抓手，努力探寻"乐学乐教"的核心价值观，创建"求知的学园、活动的乐园、生活的花园、温馨的家园"的校园文化，使教师、学生在一个充满欢乐文化的校园中不断享受"明理崇德之乐、好学长知之乐、善玩健体之乐、赏艺创美之乐、掌技展特之乐"和"敬业爱生之乐、教学相长之乐、能思善辩之乐、彰显个性之乐、收获成功之乐"。

学校先后被评为上海市少先队红旗大队、上海市安全文明校园、南汇区文明单位、南汇区行为规范示范学校。

2．康城学校

康城学校是一所全新的公办九年一贯制学校，位于拯安路30号。2008

年8月，由原康桥镇第二小学和横沔中学两所学校并建而成。新校舍占地面积5.1万平方米，建筑面积2.46万平方米，有教职工143人，班级42个，学生1506人。

康城学校以“博采众长、不断创新、厚积薄发、务实超越”为办学思路，以“铸魂、育根、奠基”为育人目标，以“珍惜、珍爱、珍视，自觉、自信、自强”为校训，以树立“自我进取和发展”意识的人生观，“学校、学生利益至上，凝心聚力，共赢共进”的价值观、“成就学生成就他人才能成就自己”的崇高职业信仰为核心打造校园文化，以“打造理想康城，让师生健康成长”，即营造“和谐健康共赢共进的学习型小社会”、“让学校和师生全面而个性化发展”为办学目标，以师资、课程、文化为基石，以“大德育、大体育、大语文”为突破口，“传承、协调，创新、发展”，探究九年一贯制衔接和贯通“育人”的实施途径和策略，全面推进素质教育，办“领导放心、康桥人民称心、师生舒心”的学校。

3．吴迅中学

吴迅中学前身为公办周西乡第一中学，1986年创建。位于上南路6818号，占地面积2.32万平方米，建筑面积9834平方米。1988年秋，美籍华人吴迅捐建教学楼一幢，经市、县批准，周西乡第一中学易名为吴迅中学，并由原初级中学改为全日制完全中学。2008年底，学校有27个教学班，学生1200多人，教职工110人，其中高级教师6人，一级教师48人；其中本科毕业生66人，占教师总数的60%，；具有高级职称教师10人，中级职称教师51人，近年来有6人获得市优秀教育工作者、市园丁奖等荣誉称号。学校有现代风格的教学楼，有设施齐备的实验楼，有漂亮的综合楼、计算机房、语音室，各类专用教室一应俱全。有供700余名师生同时用餐的食堂，并为高中远道学生提供住宿。香港同胞董允捐建的“思瑛图书馆”，馆内藏书近2万册。

4．上海复旦康桥学校

上海市民办复旦附中康桥学校创建于2001年，是一所全市范围及境外招生的九年一贯制寄宿学校。校址位于周川公路2878号。2008年底，学校有35个教学班，学生1000余人，其中韩国等国留学生30余人，有教职工近300人。

学校用地面积为3.54万平方米，绿地面积（含道路、河浜）2.56万平方米。其中体育场地8110平方米，有足球场、篮球场、网球场、游乐场、乒乓房等教学配套设施。

学校充分利用全小班化优势，做到因材施教。在基础学科方面，实行“下保底，上不封顶”教学策略；在技能学科方面，实行“允许落后，鼓励冒尖”教学策略。

学校先后获得上海市文明单位，上海市民办学校优级学校、上海市诚信建设单位、上海市安全文明校园单位、美中教科文重点合作学校、上海市艺术教育特色学校、南汇区体育特色学校、南汇区科技特色学校等称号。

5．上海尚德实验学校

上海市民办尚德实验学校是一所小学、初中到高中的十二年寄宿制学校，2003年9月1日正式开学。校址位于秀沿路1688号。校园占地14.5万平方米，建筑面积13.6万多平方米，建有27栋建筑单体，分教学、运动、图书实验、学术研究、生活五大区域。

2008年底，尚德实验学校有小学、初中、高中、国际四个学部，共计116个教学班。其中小学54 个班、初中46个班、高中12个班、国际部4个班，在校学生4300多人，其中港澳台及外国留学生112人，与国外9家中学建立国际友好关系。

学校先后获得上海市行为规范示范校、上海市平安校园、上海市安全文明示范校、上海市科技教育特色示范学校等20多种市区级荣誉称号，被确立为《新闻晚报》中华小记者联盟成员、上海市教育委员会教学研究室教学改革实验基地、上海市中学生业余数学学校协作基地、上海教育报刊总社小记者培训基地等。

学校承担的“十五”教育部重点课题“生态体验：培养健康人格的德育模式研究”暨“体验式道德学习研究”的子课题“生态体验与绿色学校创建研究”和学校“参与·体验·感悟德育模式研究”等上海市级课题都取得了丰硕的研究成果。

6．上海申花SVA足球学校

2001年创建，由上海申花SVA文广足球俱乐部和上海浦东康桥（集团）

有限公司合办。学校位于城市外环线的南侧，沪南公路西侧。学校总投资2亿多元，占地20万平方米，建筑面积3万多平方米。有国内外学生390多人，编为14个教学班，21个训练队，教职工110多人。

学校创办以来，逐步形成了严格管理、科学管理、创新管理的品牌效应，在教育教学，足球训练等方面取得了骄人的成绩。先后获评为南汇区文明单位、行为规范示范学校，通过了社会力量办学A级学校评估。校足球队获得上海市第12届运动会少年男子乙组冠军；U-15年龄组华东赛区冠军；第15届中、日、韩、新四国青少年足球邀请赛冠军；有3个队员代表中国队参加亚洲U-14足球比赛；11名队员代表上海队参加第五届城市运动会足球赛并获亚军；59名学生获国家级三级裁判员证书；39名学生获国家二级运动员称号；8名运动员获国家一级运动员称号。

（三）高等教育

1．上海中侨职业技术学院

学院由上海致达集团投资兴办，始创于1993年，是一所纳入国家统一招生计划，面向全国招生，具有独立颁发国家学历文凭资格的全日制普通高校。

学院位于周川公路2788号，占地15.8万平方米，建筑面积10.3万平方米。2008年6月，在校生4300余人，教职员工220人。高级职称教师占专任教师比例为31.1%；具有硕士以上学历教师占专任教师比例为40.6%。图书馆馆藏纸质图书16.7万册，电子图书7万册，教学行政用房5.15万平方米，学生宿舍总面积4.67万平方米。有一幢实验实训楼，55个实验实训室；其中“汽车运用技术校内实验实训基地建设”列入上海民办高校教学高地建设项目。

学院实行三年制专科教育，设有外语系、经济系、管理系、应用技术系、应用艺术系等5个系共31个专业和方向，另设基础教育部、继续教育部和高等教育研究所，共有15个党政管理机构。学院建立了以就业为导向、以技术应用能力为主线的教学体系，把学生实践能力和职业技能培养摆到核心位置；推行人才规格和质量与职业资格标准接轨，努力提升学生的应用能力；同时通过多种多样的人文教育和社团类活动，提高学生的综合素质水平，为社会培养出高级技术应用性专门人才。

学院积极开拓毕业生就业渠道，促进毕业生充分就业。2007届毕业生就业率达98.41%。学院对外交流广泛，与美国、加拿大、西班牙、日本、韩国、马来西亚等国高校建立了友好合作关系，为毕业生出国深造创造了较好的条件。

2005～2006年度，中侨学院被评为市教委系统文明单位，2006～2007年度连续被评为上海市平安单位。

2．上海建桥学院

2000年创办，原名上海建桥职业技术学院。学校由上海建桥（集团）有限公司和上海建桥投资发展有限公司共同创办。学校总投资6亿元。地址设于康桥东路1500号。校园占地面积35万平方米，校舍建筑面积26万平方米。2005年9月，经上海市人民政府批准，升格为一所以本科教育为主、专科教育为辅的普通高等院校，更名为上海建桥学院。学校在校学生近万人，其中本科生占58%。学校向社会输送了7届共计1.45万名毕业生，平均就业率逾97%。学校有专职教师352人，其中高级职称占38%，硕士155人，博士16人；同时建有一支稳定的兼职教师队伍。

学校设有信息技术、商贸管理等9个系，20个本科专业，24个专科专业。10年来，学校办学取得了累累硕果：连续三届被评为上海市文明单位；是国家首批自主招生改革试点院校之一；拥有1门国家级精品课程，5门市级精品课程，14门市级重点课程，1个市级教学团队，3个市级本科特色专业项目。学生在各类技能和文体大赛中屡获大奖，如全国首届大学生广告艺术大赛金奖，连续五届全国微软办公软件认证（MOS）竞赛第一名，全国首届“创意·创新·创业”电子商务挑战赛一等奖，2006年“高教社杯”全国大学生数学建模竞赛二等奖、上海赛区一等奖，上海市数控机床操作竞赛一等奖等。

3．中国交通港湾工程学院

中国交通港湾工程学院由三航局职工中等专业学校和上海港务技术学院兼并而成。1996年8月，学院由浦电路130号迁至沪南公路2618号。校区占地面积1.73公顷，建筑面积9608平方米。其中教学行政楼5190平方米，学生宿舍4156平方米，有各类教室16间、特种教室6间，电脑房2间，体育场占地2294平方米，配有足球场、篮球场和羽毛球场等体育设施。

2008年底，学院有学生500余人，教职工200多人。其中中、高级职称教师24人，专业技术职称教师12人，副教授、副研究员6人。

学院主要为航务企业培养水工、机电、财会、物资、政工等专业人才。学校曾先后被评为交通部党校系统先进党校、上海市成人教育先进单位、上海市交通邮电系统文明单位、1997～2000年上海市文明单位。党校培训部获得上海市新长征突击队称号。叶宝妹、翁银宝、周景乡、叶刚、钱松年分别被评为交通部先进教师、先进教育工作者、上海市成人教育先进工作者、上海市党校系统先进教师。

4．中国科学技术大学上海研究院

2004年7月30日，以高等数理研究中心揭牌为标志，中国科技大学上海研究院正式宣告成立。包括诺贝尔物理学奖获得者G.Thooft教授、弦论创始人之一J.Schwarz教授以及朱清时、谷超豪等10位中国科学院院士在内的海内外著名专家学者亲临参加庆典。

该研究院位于秀浦路99号，是中国科学技术大学在上海创办的一所新型研究院，是中国第一个按普林斯顿高等研究院模式建立的高等研究院。

依托中国科技大学卓越的教育品牌、雄厚的科技实力与一流的师资力量，上海研究院突出总体构想——举办硕、博两个层次7个方向的管理学科研究生班和2个博士后流动站；多方联合与合作设立三个具有全国影响的管理教育论坛；与中央相关部委和地方党委、政府合作，携手境内外的学术机构建设4个研究中心；借助海外校友资源，国际合作开办“海外研修移动校园”。结合专业学位教育的基本特点，打造建设十门精品课程、举办百场报告会、开发千个案例和MBA/MPA万里行等“十百千万”工程，形成了MBA、MPA领域独特的办学优势。

（四）成人业余教育

康桥镇成人学校

康桥镇成人文化技术学校是2001年由原横沔成校与周西成校两所学校合并而成。学校位于拯安路49号。20多年来，学校规模日益扩大，教育功能逐步齐全，教育设施日益完备，设有电脑房、多媒体教室、书画室、乒乓房等专用教室及标准教室。校园整洁优美，文化气息浓郁。学校有专职教师8人，其中本科学历6人、大专学历2人，常年聘请高层次师资做兼职教师。校内设有党校、社区学校、老年学校、妇女学校、现代农业远程教育点及康成职业培训中心。学校在成人高等教育上坚持走“联合办学”之路，与上海电力学院、西南财经大学网络教育学院及天津大学网络教育学院等高校联办，在读大专学员150多人。学校在办好学历教育的同时，积极开展职业培训、为企业及再就业人员提供上岗培训的平台。每年培训250人左右。家政服务员培训被区妇联命名为培训示范点。全镇有12个社区教育教学点被评为南汇区社区教育合格教学点，有13个镇级社区教育试点单位。镇社区学校深入发掘本地人才，充分发挥人才优势，大力发展社区教育，努力提高康桥镇社区居民素质。精心组织并积极参与暑期教育及双休日学生素质教育。相继推出书法、篆刻、舞蹈、声乐等课程，老年教育颇具特色。

康桥地区部分学校情况表

表9-1-1

学校名称	单位地址	体制
康桥第一幼儿园	梓康路17号	公办
康桥第二幼儿园	拯安路75号	公办
巴金儿童文学幼儿园	康士路2弄	民办
中福会幼儿园	秀沿路1368号	民办
康花幼儿园	康花新村内	民办
太平幼儿园	康桥镇太平村	民办
周东幼儿园	康弘路528弄6号	民办
康桥第一小学	梓康路120号	公办
上海英国学校	沪南公路2729弄600号	民办
工友学校	沿北村四组	民办
康城学校	拯安路30号	公办九年一贯制
吴迅中学	上南路6818号	公办完全中学
复旦康桥学校	川周公路2878号	民办一贯制
上海尚德学校	秀沿路1688号	民办一贯制
上海申花足球学校	沪南公路2600号	民办
长宁国际学校康桥分校	绿宝苑内	民办
上海建桥学院	康桥路1500号	民办
上海中侨学院	川周公路2788号	民办
康桥成人学校	拯安路49号	公办、成人教育
中科大研究生院	秀浦路99号	公办

第二节 医疗 卫生

一、发展历史

解放前，康桥、横沔地区缺医少药，卫生医疗条件极差，各种疾病经常流行，许多农民常常被疾病折磨而死。解放后，共产党和人民政府十分重视农民的身体健康，广泛开展爱国卫生运动，建立和健全医疗卫生服务机构，发展医药卫生事业，许多危害农民健康的流行病、多发病得到有效控制，劳动人民的健康水平大大提高。

康桥工业区建立后，随着开发建设的深入，经济建设的快速发展，区内的卫生医疗条件有了很大改善。工业区与所在的康桥镇紧密配合，做好医疗卫生工作：

一是建立全覆盖的医疗保障体系。在开发建设过程中，康管委始终以有利于经济发展，有利于提高人民群众的生活水平为出发点，切实维护征地农民的正当权益，让他们在开发建设中得到实惠。因此在征地安置过程中，始终如一地认真解决好征地农民的养老和医疗保障问题，1992～2004年，为近5000名征地农民办理了“一补二保”(城镇养老和医疗保险)。2005年初，康管委与康桥镇人民政府、上海国际医学园区共同出资10亿多元，在市、区两级主管部门的大力支持下，以“土地换保障”的形式，为117个暂未开发的生产队2.5万多农民办理小城镇养老和医疗保险，成为南汇区唯一实现社会保障全覆盖的地区，彻底解决了区内农民养老和医疗的后顾之忧。

二是不间断地加强社区卫生医疗机构的建设。1992年以来，市、县（区）、乡（镇）和工业区几乎每年都加大对卫生医疗事业的投入，使卫生医疗机构的硬件设施越来越健全，医疗器械设备的先进性越来越提高。原横沔卫生院经多次扩建和改造，建设成为规范达标的康桥镇卫生服务中心，成为一所集医疗、预防、保健、康复、健康教育和计划生育技术服务“六位一体”功能的一级甲等医院。对16个村、居卫生服务站也加强了投资建设，先后有双秀小区卫生服务站、美林小城卫生服务站、南华城卫生服务站、周康小区卫生服务站和横沔老镇卫生服务站，创建成为上海市标准化社区卫生服务站，为社区居民提供了基本医疗服务。

三是广泛深入地开展爱国卫生运动。康管委与康桥镇一起，建立健全工业区的卫生工作领导机构，建立联席会议制度，领导和协调全国卫生镇的创建工作。利用多种形式广泛开展宣传教育，全面提高人民群众的环境卫生意识。加大资金投入，建设和完善区内的公共卫生设施。建立健全卫生保洁制度，实现卫生工作的长效管理。广泛发动群众，实行联合执法，反复开展市容环境中的乱停车、乱张贴、乱设摊、乱搭建、乱晾晒、乱堆放的“六乱”现象整治，对小餐饮店、小食品店、小熟食店、小超市的“四小”行业和美容美发、沐浴、足浴、KTV、游艺厅、棋牌室的“六小”门店专项整治和对城郊结合部的“城中村”、动迁工地、建筑工地的专项整治，优化城乡环境，提高工业区卫生工作的管理水平。2008年，工业区所在的康桥镇被评为全国卫生镇。

二、康桥社区卫生服务中心

1959年7月，横沔人民公社成立后，周浦公社医院横沔医疗站改为横沔公社医院，时有医务人员20余人，设内科、外科、针灸科、口腔科、妇产科。1960年10月，横沔公社医院更名为横沔公社卫生院。1984年3月，由于政社分设，成立横沔乡，横沔公社卫生院更名横沔乡卫生院。卫生院占地面积1365平方米，建筑面积1589.75平方米。核定床位30张，职工57人。康桥镇社区卫生服务中心即由原横沔卫生院改建扩建而成，1987年，从横沔老镇河西街北首（林家楼房）搬至横沔新镇拯安路58号。1993年，横沔乡卫生院被评为一级甲等医院。1994年8月，更名横沔镇卫生院。1997～2000年，卫生院连续被评为县级文明单位。

改革开放后，县、乡（镇）两级政府不断加大对卫生院的投入，使医院的硬件设施得到根本改善。

1985年，县、乡两级筹集资金44.0万元，于横沔新镇拯安路58号建新医院，其中门诊楼 996平方米，病房楼1265.5平方米，综合用房179平方米，合计2440平方米。1994年，县、乡两级筹集资金25.5万元为病房楼加顶，综合楼加层304平方米。1998年，县、乡两级又筹集资金6.5万元为门诊楼加顶,造锅炉房16平方米。1989～2000年，卫生院添置200毫安X光机、万用手术床、高频电刀、血球分析仪、更新海鹰B超等医疗仪器，共投入资金18.5万元。

1986～2000年，卫生院共筹集资金76.08万元，用于完成新医院的基本建设工程。在上级部门的指导下，医院的管理体制进行了多次改革。1985年，卫生院院、科、组长实行聘用制，科室劳务分配实行经济责任目标管理，同时职工奖励、奖金分配方案均实行民主管理，由职工代表大会讨论决定。1987年起，全院凡有经济收入的科室均采取目标管理，取得了明显的经济效益和社会效益。1989年，卫生院开设了中药房、口腔科。

20世纪80年代中期后，卫生院医疗业务水平迅速提高。内科原只进行心力衰竭、心率失常、肺部感染、急性肠道感染、泌尿系感染等疾病的治疗，后来可进行高血压脑病、脑血管意外、肝硬化腹水、急性农药中毒等抢救治疗。外科从无到有，已能进行急性阑尾炎、疝修补等手术。针伤科原仅能开展关节疼痛的针灸理疗，后来能进行四肢骨折的手法复位石膏固定等手术。检验科原仅进行3大常规检查，后来能进行肝功能、二对半、丙肝、CEA、HP、钾、钠、氯、二氧化碳结合率等的检查。放射科原先30毫安X光机仅能作胸透检查，后引入200毫安X光机，已可进行躯体、胸腹部摄片、胃肠造影等项目；同时还增加了心电图，B超等方面的检查手段。

2001年1月，南汇县人民政府决定将横沔镇卫生院并入周浦医院，性质为县属集体所有制。行政、人事、医护、防保、财务等均归周浦医院统一管理，但社区卫生服务的基本功能没有改变。2001年，卫生院投入近100万元，利用原合管站和医院的空房改造开办了48个床位老年护理院，收治情况良好。卫生院占地面积扩至4779.21平方米，建筑面积4382.25平方米，核定床位30张，职工62人，其中卫技人员44人。临床科室有内科、外科、妇产科、口腔科、儿科、中医科、针伤科等；专科门诊有精神科、肺科、性病等。医技科室有放射科、检验科、B超心电图室等；职能部门有行政、总务、财务、防保科等。

2006年4月，根据上级关于基层卫生院体制设置的规定，横沔卫生院又从周浦医院中划分出来，并改名为康桥镇卫生服务中心。中心进行了扩建和改建，成为一所集医疗、预防、保健、康复、健康教育和计划生育技术服务“六位一体”功能的一级综合医疗机构，是上海市中医药服务社区示范点单位。中心下设16个卫生所（室）、6个社区卫生服务站，覆盖30个村、居民委员会。

至2008年底，康桥镇社区卫生服务中心有在编职工47人，人事代理工21人，其中医技人员58人，防保人员18人，另有乡村医生42人。核定床位30张，实际开放床位93张。

康桥地区卫生医疗机构历届领导名录

表9-2-1

机构名称	姓名	性别	职务	任期年限
横沔卫生院	顾祥云	男	副院长	1992～1994
	周荣才	男	院长	1993～1994.11
	龚天明	男	副院长	1993～
	陆瑞维	男	副院长	1993～1994.11
	王永彬	男	院长	1994.11～2000.12
	林石民	男	副院长	1997～2000
	宋德香	女	并院后负责人	2001～
	周荣才	男	党支部书记	1992～1993
	龚水华	女	党支部书记	1993～1996
	王永彬	男	党支部书记	1996～1999
	顾来根	男	党支部书记	1999～
康桥镇卫生服务中心	宋德香	女	主任	2006.4～2008.12
	傅　彬	男	副主任	2006.4～2008.12
	许国祥	男	副主任	2006.4～2008.12
	宋德香	女	支部书记	2006.4～2008.12

三、卫生服务站

美林小城卫生服务站：坐落于上南路6852号美林小城内，建筑面积300平方米。2008年创建成为标准化卫生服务站。站内配备医生2人，护士2人，为社区居民提供基本的医疗服务。

南华城卫生服务站：位于浦三路4688号南华城小区内，建筑面积120平方米。2008年创建成标准化社区卫生服务站。服务站配备医生1人，护士1人，为社区居民提供基本的医疗卫生服务。

周康小区卫生服务站：位于康沈路436号，建筑面积153平方米。2008年创建成标准化卫生服务站。服务站配备医生5人，护士1人，为附近居民提供基本的医疗服务。

横沔老镇卫生服务站：位于横沔老镇，建筑面积300平方米。服务站配备医生4人，护士1人，为社区居民提供基本的医疗卫生服务。

另外，康桥工业区还设置16个村、居卫生服务所（室）。

康桥工业区村居卫生服务机构情况表

表9-2-2

机构名称	机构地址	机构名称	机构地址
第一卫生所	康沈路436号	沿南村卫生所	川周公路3258号
第二卫生所	汤巷中心村	双秀卫生所	梓康路402号2楼
第三卫生所	营房4组	太平村卫生所	太平6组
第四卫生所	川周公路2687号	和合村卫生所	和合村御青路911号
怡园村卫生所	怡园村（周邓路）	花墙村卫生所	康花新村
新苗村卫生所	新苗村980号申江路旁	叠桥村卫生所	创业路487号
火箭村卫生所	川周公路3126号	石门村卫生所	石门村委会
沿北村卫生所	双沿中路	康桥老街门诊部	沪南公路2688弄88号

第十章　开发管理机构

1992年5月8日，中共南汇县委、县人民政府作出决定，开辟开发康桥工业区。为了加强工业区开发建设的管理，南汇县委、县政府相继成立了相关管理机构。1992年5月12日，县委、县政府联合发文，设立康桥工业区管理委员会（以下简称康管委）。紧接着，与工业区相关的领导机构和办事机构也相应建立，并在短时期内进入正常运转，为工业区的开发建设提供了强有力的领导支撑和坚实的组织保证。

第一节　工业区管理委员会

一、领导机构

工业区成立之初，与工业区开发建设相关的领导机构有三个：一是南汇县人民政府康桥工业区领导小组；二是南汇县周浦地区管理委员会；三是上海浦东康桥工业区管理委员会。它们从不同的层次、不同的角度、不同的职责范围负责康桥工业区的领导、服务和协调工作。

（一）南汇县康桥工业区领导小组

1992年7月23日，南汇县人民政府成立康桥工业区领导小组（以下简称“领导小组”）。领导小组对于工业区开发初期一系列重大问题的决策，以及开发建设中重大事项的推进，提供了有力的组织保障。

1．领导小组成员

组长：南汇县县长陈文泉；副组长：中共南汇县委常委、南汇县常务副县长徐麟，南汇县工业副县长顾正明；组员包括康管委主任徐江以及规划、建设、土地、劳动等相关局机关的主要领导。

2．领导小组的工作职责

代表县政府加强对工业区开发建设的管理和监督；讨论、决定和审理工业区开发建设中的重大事项；对工业区的一些重大问题进行协调和处理。

3．重要决策

1992年7月23日，领导小组会议决定，康桥工业区附近地区项目布局控制范围为：外环线南侧500米；梓康河以东，杨南路以西，外环线以南，周南、周横公路以北的地区。1992年8月21日，领导小组会议讨论了工业区延伸开发区域的规划构思。1992年10月8日，领导小组讨论了康桥工业区延伸开发区域总体规划。1992年12月10日，领导小组根据县委、县府“把康桥作为浦东开发的南大门、后花园、主战场”的要求，明确加紧推进基础设施建设、集中推进动迁工作和农民安置房建设、抓紧启动项目落地、启动招商等工作。同时，要求制定康管委下一阶段工作目标，加强康管委工作班子建设，理顺和调整好工作职能。

（二）南汇县周浦地区管理委员会

为了加强周浦地区规划、建设等方面的协调，1994年5月6日，中共南汇县委、南汇县人民政府决定成立南汇县周浦地区管理委员会，由康管委、周浦镇、周浦乡、周西乡、横沔乡及县各有关部门的负责人组成，办公地点设在康管委办公楼内。周浦地区管委会对于初创的工业区在规划执行、市政建设、项目审批等方面的统筹协调，发挥重要作用。

1．周浦地区管委会成立时组成成员

主任：徐江；副主任：徐桂珍（兼）、谈金国（兼）、裘惠本（兼）、邱学国；委员：盛宝珊、周正康、李国权、潘卫东、潘祥生、童火根、顾绍耕（兼）、吴惠平（兼）、龚金花（兼）、徐惠中（兼）、程振德（兼）、薛国权（兼）、陶国强（兼）、缪明根（兼）、陆德贤（兼）、颜国平（兼）、梁尚文（兼）、王建军（兼）、陈阵（兼）、杨才均（兼）。

2．周浦地区管委会的工作职责

负责区域内的规划编制和规划建设管理；负责区域内的项目审批和“一站式”服务；负责区域内重大市政基础设施的协调建设。

3．重要会议和主要决策

1994年5月24日，周浦地区管委会第一次全体成员会议在康管委会议室召开，县四套班子领导出席会议。会议讨论了康管委今后的工作任务、管理职能、运行方式等。

1994年8月25日，周浦地区管委会第一次主任办公会议在康管委会议室召开。会议听取康管委对将实施的《关于周浦地区规划管理的意见》所作的形态介绍和说明，以及对《上海浦东康桥工业区总体规划调整图》的介绍，并就如何实施周浦地区的规划管理和加快该地区的开发等问题进行讨论。与会人员对着手组建地产开发公司推进地区开发达成共识。

1994年11月25日，周浦地区管委会规划管理会议上，康管委对南府〔1994〕51号文件作了解释性说明。与会人员认为要实施周浦地区的规划管理，必须发挥县职能部门、周浦地区管委会和三镇一乡三方的积极作用。

1995年7月，经县委领导同意、县委宣传部批准，周浦地区宣传工作领导小组正式成立。小组由县委宣传部副部长金卫民、康管委综合处副处长童火根、县广播电视局副局长张仁祥、周浦镇党委宣传委员王林祥、康桥镇党委宣传委员周家宝、横沔镇党委宣传委员宋美云6人组成。金卫民任组长，张仁祥、童火根任副组长。

（三）上海浦东康桥工业区管理委员会

康桥工业区管理委员会是南汇县人民政府的派出机构，代表南汇县人民政府对工业区的开发建设进行全面管理。管委会成立之初，领导成员由专职委员和兼职委员共同组成。专职委员常驻康管委，兼职委员是与工业区的开发建设紧密相关的县委、县府委、办、局、行负责人。

1．康桥工业区管理委员会组成成员名录和任职时间

主任：徐江（1992～2003）、邱学国（2003～2004）、井剑平（2004～2008）、张龙（2008～　）。

副主任：邱学国（1992～2003）、朱正标（1998～2000）、王关泉（1994～2002）、王志德（1996～2004）、盛宝珊（2001～2008）、张国樑（2003～2008）、顾文标（2003～2006）。

委员：盛宝珊（1992～2001）、李国权（1992～2002）、潘祥生（1992～2008）、汪铭（1994～2000）、周正康（1992～2003）、童火根（1992～2001）、潘卫东（1992～1993）、王佩珍（1999～2001）、倪志军（2000～2006）、陈鹰（2003～　）、李德文（兼）（1992～1996）、顾绍耕（兼）（1992～1996）、陶国强（兼）（1992～1996）、吴惠平（兼）（1992～1996）、丁富灵（兼）（1992～1996）、陶淼鑫（兼）（1992～1996）、奚志勇（兼）（2000～2004）。

县（区）政府调研员：谈金国（1995～2000）、张利群（1994～2003）

2．康桥工业区管理委员会工作职责

上海浦东康桥工业区管理委员会是代表南汇县（区）政府对康桥工业区开发建设进行管理和服务的机构。其主要职责有：（1）负责对下属办事机构的管理、监督和指导；（2）负责工业区开发建设重要政策的起草、上报、批准后的贯彻实施；（3）负责工业区开发建设规划的编制、实施和监督；（4）负责开发建设过程中的征地、拆迁和安置工作；（5）组织开展招商引资工作；（6）组织开展人才招聘工作；（7）做好区内企业的服务工作；（8）加强工业区内的社会事业建设；（9）加强工业区内的社会主义精神文明建设。

3．康管委办公地点变迁

1992年5月至1992年6月底，原周西乡铝制品厂办公楼二楼。

1992年7月至1994年8月，原周西乡种子场，由康管委建造的两幢两层楼临时房内。

1994年8月至2008年底，沪南路2502号，由康管委建造的四层办公楼内。

二、康桥工业区管理委员会内设机构

1992年刚成立时，机构设置为三处一室，即规划处、项目处、综合处和办公室。1994年增设社会发展处、市政办。1998年增设市政处。1999年，原财务科升格为财务处。2001年增设招商中心。2006年撤销综合处，设立生产性服务业集聚区筹建办公室。至2008年底，康管委的内设办事机构包括九个处室，即招商中心、项目处、规划土地处（以下简称“规土处”）、市政管理处（简称“市政处”）、社会发展处（简称“社发处”）、财务处、党群工作部、办公室和生产性服务业集聚区筹建办公室（简称“筹建办”）。

（一）招商中心

1．工作职责

负责招商信息的发布、咨询和招商引资工作；负责客户谈判、组织合同评审和签约工作；负责对洽谈客户、入驻企业相关信息的收集。

2．人员配备及任职时间

主任：邱学国（2001～2003）、井剑平（2003～2005）、潘祥生（2005～2008）、董华新（2008～　）。

副主任：奚志勇（2001～2006）、潘祥生（2001～2005）、邵自红（2005～　）、夏多（2006～2008）、沈荣（2007～　）、曹燕君（2008）。

（二）规土处

1．工作职责

负责工业区规划编制、实施及管理工作；协助项目规划、征地、环保等方面的申报、审批手续办理；实施工业区内的土地管理工作。

2．人员配备及任职时间

处长：陶国强（1992～1993）、倪志军（2005～2006）。

副处长：沈季良（1994～1997）、倪志军（1997～2004）、葛海沪（1997～2003）、陈银生（2003～2006）、沈燕（2006～　）、张宏（2007～2008）。

（三）项目处

1．工作职责

负责为落户项目前期申报、后期审批等做好服务；负责工业区内的统计工作；负责工业区内企业安全生产工作。

2．人员配备及任职时间

处长：李德文（1992）、潘祥生（1992～2005）、沈季良（2005～2006）、潘祥生（2008）。

副处长：裘彭年（1993～1996）、沈季良（2002～2004）、王志浩（2005～ ）。

（四）市政处

1．工作职责

负责工业区内市政工程项目的申报和建设；负责工业区内市政项目配套工程的建设；负责建成后市政工程的日常管理；负责为工业区内企业提供市政后续服务。

2．人员配备及任职时间

处长：王志德（1999～2003）、陈鹰（2003～2008）、张桂福（2008～）。

副处长：苏正康（1998～2003）、王雷（2003～2008）、孙波（2008～）。

（五）社发处

1．工作职责

负责拆迁、拆房和安置工作；负责征地工的管理和安置工作；负责信访工作，并将投诉信息及时传递至相关部门，并及时反馈。

2．人员配备及任职时间

处长：汪铭（1994～2000）、张剑平（2005～2006）、夏多（2006～2008）、黄平（2008）。

副处长：倪志军（1994～1997）、张剑平（2000～2005）、赵建华（2007～）。

（六）财务处

1．工作职责

负责康管委的财务工作；做好与其他部门之间的财务信息沟通工作；指导下属单位的财务管理工作。

2．人员配备及任职时间

处长：杨昌硕（2000～2008）、高成富（2008）、张宏（2008～ ）。

副处长：梁沂（1999～2003）、李建华（2002～ ）、高成富（2008～）。

（七）党群工作部

1．工作职责

负责工业区党建工作；负责工业区、集团工会和集团妇联、共青团等群团工作；负责集团组织人事工作；负责工业区、集团统战工作。

2．人员配备及任职时间

主任：张国樑(2005～2008)

副主任：毛宜军（2008～　）、李建华（女）（2008～　）。

（八）办公室

1．工作职责

负责康管委、集团公司文秘、档案工作；负责工业区形象策划、对外宣传、重大活动和会议的组织工作；负责来宾接待工作；负责法律咨询、参与项目谈判工作；负责康管委、集团公司后勤保障工作。

2．人员配备及任职时间

主任：盛宝珊（1992～2000）、周正康（2000～2005）、夏多（2005～2007）、盛宝珊（2007～2008）、夏多（2008）。

副主任：周正康（1992～2000）、陈鹰（2000～2003）、夏多（2003～2005）、吴依平（2005～2008）、李建华（女）（2008～）、薛明（2008～）吴晓丹（2008～）。

（九）筹建办

1．工作职责

负责工业区生产性服务业集聚区的规划设计和报批；负责生产性服务业集聚区的建设和管理。

2．人员配备

主任：盛宝珊（2006～2008）、吴海钧（2008～　）。

副主任：陆炯（2006～2008）、吴海钧（2006～2008）。

（十）综合处（1992年设置，2006年撤销，有关职能移交至办公室）

1．设立之初的工作职责

工业区的对内对外宣传工作；工业区相关政策的起草工作；工业区的动拆迁工作（注：社发处成立后该职能移交至社发处）；工业区征地工的安置工作（注：社发处成立后该职能移交至社发处）；工业区的统计工作（注：2003年该职能移交至项目处）；工业区宣传资料的编印工作。

2．人员配备及任职时间

处长：顾绍耕（1992～1999）、王佩珍（2002～2003）、张国樑（2003～2008）

副处长：李国权（1992）、吴惠平（1992）、童火根（1992～2001）、沈季良（1997～1999）、王佩珍（1999～2001）、梁沂（2003～2005）、吴依

平（2005）、李建华（女）（2007～2008）。

（十一）市政办（1994年设置，2005年撤销，部分人员并入办公室，原横沔的人员划归康桥镇政府）

1．设立之初的工作职责

工业区公共环境卫生的管理；园区内违章建筑、乱设摊等的整顿；执行城建监察中队的职责，对园区发生的违章事宜进行执法。

2．人员配备及任职时间

主任：张利群（1994～2000）、王雷（2000～2005）。

副主任：刘渊（1995～2001）

三、运行机制

康管委运行过程中严格按照民主集中制的原则，重大事项由集体讨论决策，具体工作分工负责。在管委会班子层面，实行主任负责制，全权负责处理康管委的各项日常工作。各处室实行处、室长负责制，负责落实完成各项具体工作任务。在集体决策机制方面，主要有主任办公会议、主任扩大会议、联席办公会议和专题协调会议四种。

（一）主任办公会议

每周一上午召开，由康管委主任召集和主持，全体副主任参加，调研员列席会议。会议内容包括：

1．对上周的工作进行回顾总结。

2．对本周的工作进行安排。

3．对重大问题讨论决策。

（二）主任扩大会议

每周一晚上召开，由康管委主任召集和主持，除全体副主任外，各处、室负责人参加会议。会议内容包括：

1．各处、室负责人汇报上周工作情况和本周工作打算。

2．各处、室将需要讨论的问题提交会议讨论，会议不能讨论解决的，汇总后交主任办公会议或党政联席会议讨论。

3．由主任按照主任办公会议精神和各处室工作汇报，总结上阶段的工作，布置本周的工作任务。

4．传达、学习上级重要文件，重要会议精神，讨论制定本单位学习、贯彻的实施意见。

5．讨论、决定开发建设中的重要政策、法规。

6．传达主任办公会议关于机构和人事变动的决定。

（三）联席办公会议

联席办公会议有党政联席会议和党、政、企联席会议两种。党政联席会议是由党工委和康管委领导班子共同参加的会议；党、政、企联席会议是由党工委、康管委和集团公司领导班子共同参加的会议。联席会议一般只讨论开发建设中的重大问题。会议由党工委书记或康管委主任召集，一般每月召开一次，遇有重大、紧急问题，可以临时召开。会议内容有：

1．学习、传达上级重要文件、重要会议精神，讨论制定本单位学习贯彻的实施意见。

2．讨论、制定工业区开发建设的重大政策和规章制度。

3．讨论、确定工业区的重要人事任免事项。

4．康管委主任向会议汇报工业区开发建设的进展情况。

5．就工业区开发建设中的重大问题进行讨论，并提出处理意见。

（四）专题协调会议

为了解决工业区开发建设中的一些重大具体问题，康管委邀请区（县）相关部门的负责人召开专题协调会议，讨论、协商解决这些具体问题的办法。如为解决征地农民工的安置问题，就邀请区（县）劳动、社会保障、医疗保障、公安等部门的领导参加；为解决规划编制和调整问题，就邀请区（县）发改委（原计委）、规划、土地、城建等部门的领导参加；为解决用水、用电、通讯问题，邀请区（县）供水、供电、电信等部门的领导参加。邀请对象有时由康管委出面邀请，由康管委领导主持协调。为提高协调效力，很大部分由区（县）政府出面通知相关单位参加，由区（县）委书记或区（县）长亲自主持协调。

四、主要工作

工业区管理委员会履行区（县）政府赋予的工作职责，紧跟浦东开发开放的发展形势，紧密结合工业区的实际，勇于实践，大胆创新，推进工业区经济和社会发展。

（一）领导和管理队伍建设

一是抓好领导班子的自身建设。加强政治理论学习，提高政治思想水平；改进工作作风，增强执政能力；加强各项制度建设，提高工作的规范化、科学化、民主化程度，当好开发建设的领头羊。二是抓优秀人才的引进。1992 年开始，康管委组织召开多次人才招聘会，积极参加市、区（县）的人才招聘活动，并多次深入大专院校直接进行招聘，先后引进了数十名优秀人才，为工业区的开发建设增添了中坚力量。三是抓青年干部的培养。注意加强对他们的政治思想教育，为他们提供学习深造的机会，把他们安排到开发建设第一线去锻炼，使他们在健康的环境中茁壮成长。1992～2008 年，已有数十名中青年干部走上了处、室和下属企业的领导岗位，有的走进了党工委、康管委和集团公司的领导班子，成为工业区开发建设的中坚力量。

（二）编制开发建设规划

1992 年 5 月始，工业区着手编制经济、社会发展规划，在康管委集体讨论确定基本原则的基础上，委托南汇县建设局和上海城市规划设计院进行具体设计和编制康桥工业区总体发展规划。草稿形成后，又多次征求工业区所在地康桥、周浦、横沔镇及县土地、环保、水利、邮电、供电等部门的意见，并组织专家进行论证，报南汇区（县）人民政府批准。随之又制定了一系列的详细规划和各项专门规划。为提升工业区的开发建设水平，努力向国家级开发区靠拢，2005 年起进一步完善了园区规划体系框架，其中包括战略层面的总体规划、审批管理层面的控制性详细规划、园区内重要地段及节点的城市设计规划等，用以指导工业区未来发展和整体形象建设，提升工业区开发建设的质量和内涵。

（三）争取和制定招商引资优惠政策

1992 年底开始，康管委就组织精干人员，根据国务院对浦东新区优惠政策覆盖范围的文件，积极到市政府有关部门争取相应的优惠政策，经多方努力，终于取得成功。1994 年 8 月，市外资委和市财政局联合发出《关于康桥工业区外环线以北地区享受浦东新区政策的通知》的文件。随之，南汇县财政局和南汇县税务局根据这一文件制定对康桥工业区的实施意见，使康桥工业区成为上海各市级工业区中享受优惠政策最多的一个工业区，对中、外投资者产生了强大的吸引力。随后，上海市、南汇区（县）及康桥工业区本身又陆续制定了关于纳税奖励、人才引进、规费减免、招商引资、融资支持、科技奖励等多方面的优惠政策，为加快康桥工业区的开发建设不断提供新的动力。

（四）加强基础设施建设

1992年开始，康管委在资金、人力、技术各方面都相当困难的条件下，花大力气加强工业区的各项基础设施建设，努力改善工业区的投资环境，为开发建设打下坚实基础。1992年下半年，康管委融资1.6亿元，历时1年零3个月，建成首条东西贯穿工业区的骨干道路——康桥路。随后积极配合县政府实施沪南公路、周南公路的拓宽工程，积极配合市政府实施外环线、罗山南路、杨高南路、沪芦高速公路的建设，又自筹资金陆续完成了康花路、秀沿路、秀浦路、康意路、康凌路、康杉路、康士路等数十条配套道路建设。同时，积极进行供电、供水、下水、通讯、邮电等其他配套基础设施的建设。工业区的基础设施水平从开发初期的“四通一平”，提高到后来的“六通一平”，再到“七通一平”，基本实现了道路网格化、供电环网化、供水标准化、通讯国际化，能充分满足工业区内各类中外投资者的生产、生活需求。

（五）开展招商引资

1995年开始，康管委采用多种有效措施，全方位大力开展招商引资工作。一是康管委成立招商引资领导小组，加强对招商引资的领导。二是明确职能部门，先期由项目处负责，从2001年起，成立招商中心专职从事招商引资的各项工作。三是建立招商队伍，建立5个招商小组，积极开展招商工作。四是先后组织了多个大型招商会，并积极参加市、区（县）组织的招商活动，在国内外积极开展招商。五是制定招商奖励政策，委托中介机构进行招商，鼓励广大干部职工和社会各界人士积极为工业区招商。至2008年底，工业区共引进外资企业364家，内资企业1836家，康桥工业区成为中外企业家投资创业的乐园。

（六）调整产业结构

工业区管理委员会密切关注国内外经济形势的变化，经常调查分析工业区开发建设中出现的新情况、新问题，及时调整工业区内的招商引资重点和产业结构，确保工业区各类经济的健康发展。在开发建设初期，由于开发资金有限，基础设施又不够健全，因此以吸纳大、中型工业企业为主。21世纪初，大规模的基础设施建设在大部分区域已基本完成，又恰遇上海市中心的企业大量外迁，因此以吸引高科技、低污染、高产出企业为主，同时适量发展房地产、服务业等第三产业。2005年后，工业区土地资源日益紧张，工业区大力开展以吸引楼宇经济、总部经济为主的“少地招商”、“无地招商”，积极发展以企业管理中心、研发中心、营销中心、结算中心、物流中心为主的生产性服务业，加快打造生产性服务业集聚区，努力实现康桥经济的跨越式发展。

（七）社会建设

随着开发建设的深入进行，工业区的城市化程度越来越高。至2008年底，全工业区已征用土地2000多公顷，占全部耕地的60%以上。为此撤销生产队建制142个，撤销村建制11个。至2008年底，已动迁居民8430户，征地“农转非”农民22000多人。同时，随着大批企业的入驻和大量商品房的建成，市区和外省市进入工业区的人口越来越多。2008年底，工业区内有户籍常住人口4.5万人，而在工业区内工作和居住的其他常住人口已超过10万人。面对快速城市化，康管委同康桥镇人民政府共同加强社会建设，贯彻“以人为本”的方针，努力建设社会主义和谐社会。一是建立和完善社会管理组织。在动迁房小区和商品房小区及时组建居民委员会。至2008年底，全工业区已组建居委会18个，并相应建立了18个社区工作站。各住宅小区基本上都建立了业主委员会，实行居民管理自治化、民主化。二是切实为居民办实事。加快动迁居民居住小区建设的步伐，至2008年底，已有12000多户动迁户住进了动迁新房，其中自建别墅式新房2100多户，公寓式新房10000多户。同时还加强了卫生院、中小学校等的建设，整治了黑臭河道，加强了绿化工作，美化了生活环境，提高了生活质量。三是加强社会事业的硬件建设。加大投资，不断改善村、居委会的办公条件，陆续建成了镇文化中心和村、居文化活动室，在37个社区和绿化点内安装了体育健身器材，为满足区内居民的文化体育活动提供了比较完善的设施保障。

（八）精神文明建设

一是抓好工业区党工委、康管委自身的精神文明建设。抓好领导班子和机关干部经常性的政治理论学习，抓好思想政治工作，抓好严格的党风廉政教育，不断提高康管委全体工作人员的整体素质。1997 年，康管会成功创建为县级文明单位；2001 年，康管委成功创建为市级文明单位。二是指导工业区内企业单位的文明创建工作。工业区 26.88 平方公里区域内，有将近 300 家外资企业和近 1600 家内资企业。整个工业区基层精神文明建设任务面广量大，基层精神文明创建活动主要体现在文明单位的创建上。至 2008 年底，康桥工业区共创建成功 3 家区级文明单位和 3 家市级文明单位。三是和康桥镇党委、政府紧密协作，抓好镇级和村、居的文明创建工作。双方统筹规划，密切配合，共同努力做好各项工作，工业区所在的康桥镇 2007 年被评为国家卫生镇，2008 年获“全国文明村镇创建工作先进村镇”称号。区域内的 34 个村，其中有 6 个村创建为市级文明村，11 个小区创建为市级文明小区；有 4 个村创建为区级文明村，5 个小区创建为区级文明小区，是整个南汇区创建数量最多、创建率最高的地区。

1992 年底康桥工业区管理机构设置及人员配备表

表 10-1-1

序号	部门	正职领导	副职领导	工作人员
康管委领导成员	主　任：徐　江 副主任：邱学国 成　员：李国权　盛宝珊　周正康　童火根　潘祥生　潘卫东　顾绍耕（兼） 陶国强（兼）　李德文（兼）　丁富灵（兼）　陶淼鑫（兼）　吴惠平（兼）			
1	办公室	盛宝珊	周正康	周援朝　张旭红　王　雷　邱学明　周兆亭 杨金龙　宋凤珍　潘大妹　顾亚娟　曹惠安
2	规划处	邱学国 陶国强		王云子　郇桂鑫
3	项目处	李德文	潘祥生	裘彭年　王志浩　曹燕君
4	综合处	顾绍耕	李国权 吴惠平 童火根	倪志军　刘　渊　周明祥　范春燕
5	财务科	江焕莹		施利亚　李少敏　柳　林

2005年底康桥工业区管理机构设置及人员配备表

表10-1-2

序号	部门	正职领导	副职领导	工作人员
党政领导	井剑平 许才明 顾文标 盛宝珊 张国樑 潘祥生 周正康 陈 鹰 王佩珍			
1	办公室	夏 多	吴依平	张旭红 周倜人 朱德祥 聂明锋 邬莺蕾 顾雪权 唐 曦 曹学勤 吴晓丹 陆凤华 杨金龙 倪智慧 杨 骅 倪 华 陆 琴 张介清 夏正俊 毛宜军 金卫星 郭锦麟 潘宝平 黄 嘉 曹卫安 郑福兴 周春官
2	规土处	倪志军	陈银生	张 宏 姚丁健 陆 炯 孙根民 沈 燕 张黎明 姚春军 盛瑜华
3	招商中心	潘祥生	邵自红	陶 盈 陈震孟 方杰华 曹燕君 孙瑜真 张 娜 沈 荣
4	项目处	沈季良	王志浩	赵顺东 强继斌 蒋益平 张 丹
5	社发处	张剑平		赵建华 赵永红 乔玉泉 桂卫明
6	市政处	陈 鹰	王 雷	赵金荣 单忠慧 孙 波 徐耀清 王忠心 孙 华 孙国财 邬桂鑫
7	综合处		梁 沂	李建华(女) 刘 渊
8	财务处	杨昌硕	李建华	朱烈勇 杨世村 陆 俐 张秀娣 施利亚 邢 红 李少敏 柳 林 董根妹 施丽华 江正治 瞿建芳 杨 静 艾 辉 赵莉平 梁竹青
9	党群部			沈 萍

2008年底康桥工业区管理机构设置及人员配备表

表10-1-3

序号	部门	正职领导	副职领导	工作人员
党政领导	张 龙 许才明 陈 鹰 夏 多 黄 平 舒廷飞 盛宝珊 张国樑			
1	招商中心	董华新	邵自红 沈 荣	王 涛 陈震孟 周倜人 唐 曦 刘 瓅 孙瑜真 陶 盈 方杰华 马紫薇 张 娜
2	规土处		沈 燕	姚春军 盛瑜华 孙根民 姚丁健 尹广辉 包文斌
3	项目处		王志浩	蒋益平 强继斌 赵顺东 沈安妮 张 丹 张介清
4	市政处	张桂福	孙 波	单忠慧 孙庆峰 王忠心 徐耀清 赵金荣 曹宇杰 唐 弟 孙 华 王 雷
5	社发处		赵建华	赵永红 乔玉泉 桂卫明 刘 渊 朱烈勇
6	财务处	张 宏	高成富 李建华	朱烈勇 艾 辉 李少敏 江正治 梁竹青 杨 静 杨世村 邢 红 陆 俐 赵莉平 施丽华 瞿建芳 柳 林 简 文

续表 10-1-3

序号	部门	正职领导	副职领导	工作人员
7	党群工作部		毛宜军 李建华(女)	沈　燕 倪　华 沈晓翔 马炳中 沈　萍
8	办公室		薛　明 吴晓丹	杨　骅 陆凤华 陆　琴 方小歌 金卫星 曹卫安 黄　嘉 邬莺蕾 潘保平 袁民钦 赵　莉 汪燕萍 周春官 曹学勤 倪智慧 聂明锋 徐　峰 朱德祥 张旭红 郑福兴 夏正俊 吴依平
9	筹建办	吴海钧	陆　炯	张黎明 王善林 黄　霄 张大磊

第二节　上海浦东康桥（集团）有限公司

康桥工业区的开发建设既需要政府行为的主导，又需要有企业行为的推动。为此，在康桥工业区辟建的1992年，就组建了康桥实业总公司。1992～2008年，从上海浦东康桥实业总公司到上海浦东康桥（集团）有限公司，公司发挥了工业区管委会无法替代的作用，在资金融通、招商引资、市政建设等方面作出了很大的业绩，康桥（集团）公司下属的11个子公司也有了长足的发展。

上海浦东康桥（集团）有限公司的发展经历了三个重要阶段。

一、上海康桥实业总公司

为了解决康桥工业区开发初期的资金问题，康管委领导班子成员到任后，就着手组建了南汇县第一家股份制的开发公司——上海康桥实业总公司。

1992年6月18日，康桥实业总公司正式成立。公司由上海工商银行、中国人民银行上海分行、中国农业银行上海信托投资公司，以及南汇县供销合作总社、南汇外贸公司等13家单位出资入股，注册资金为1000万元。康桥实业总公司主要从事康桥工业区的市政公用基础设施建设、房地产经营、参与项目投资、兴办各种经济实体、建筑勘察设计施工及信息技术劳务输出的咨询代理等业务。上海康桥实业总公司发挥企业法人的作用，积极行使投资和融资的职能，为公司未来的发展奠定了基础。

（一）股东构成

南汇县供销联社、南汇县液化气管理所、南汇县建筑总公司、南汇县信用合作联社、南汇县市政工程公司、南汇县劳动服务公司、南汇县康桥开发总公司、南汇县通讯实业公司、南汇县外贸公司、南汇县财政局、南汇县房地产公司、农行上海信托投资公司、中国银行上海分行、工行南汇职工技术协会、上海晨光物业服务中心、上海融业商务有限公司、上海南田实业公司

（二）上海康桥实业总公司成立时领导成员名录

董事长：徐江；总经理：徐江；副总经理：邱学国、李国权、潘祥生。

二、上海浦东康桥（集团）公司

为适应工业区开发建设发展的需要和部分经营业务的变化，康桥实业总公司董事会决定对原有公司进行改制。1994年7月28日，经上海市工商行政管理局批准，原上海康桥实业总公司改制为上海浦东康桥（集团）公司。康桥（集团）公司为全民所有制企业，注册资金5058万元。公司下属6家全资型企业，6家契约型企业。主要从事招商引资、市政建设、房地产开发、物业管理等业务。集团化的管理使公司内部权责清晰、业务规范，这种全新的企业组织形式为工业区的开发注入了活力。

（一）股东会

股东会是公司的最高权力机构。股东会由康桥工业区管理委员会、上海南供投资发展有限公司、上海益流实业总公司、上海南汇建筑工程有限公司四家股东组成。

（二）董事会

公司首任董事会组成人员为：

董事长：徐江；副董事长：陈阵、吴锡森、李志道；董事：贾春廷、成功望、朱银祥、张文骏、吴颂根、康建国、王文伟、施关根、李国富、秦永虎、王统规、武国泰、钱蓓莉、董雪梅、潘惠麟。

（三）监事会

公司首任监事会组成人员为：

监事长：王统规；监事：武国泰、许林樵、程天民、朱正标、李国富、

梁尚文、周正康、张剑平。

(四)经营班子

公司首任经营班子成员为:

总经理:徐江;副总经理:邱学国、李国权、潘祥生、汪铭。

(五)组织结构

康桥(集团)公司的管理层次结构如下:

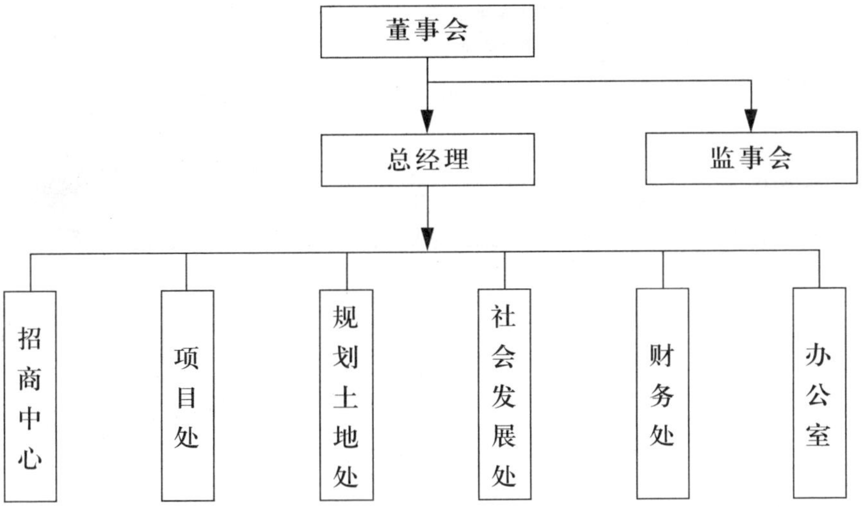

三、上海浦东康桥(集团)有限公司

1998年6月29日,为了提升公司档次,规避金融风险,经上海市工商行政管理局批准,上海浦东康桥(集团)公司改制为有限责任公司,名称变更为上海浦东康桥(集团)有限公司, 公司主营业务拓展为:设备安装、技术咨询、兴办各类经济实体、建筑材料、工业用原料、机械及电器设备、有关的工业产品、房地产开发、物业管理、从事货物及技术的进出口业务。公司逐步向多领域、多地域、多层次的方向发展。

(一)股东会

上海浦东康桥(集团)有限公司成立时股本金构成为:康桥管委会7189万元,南汇县供销联社328万元,南汇县液化气管理所323万元,南汇县建筑总公司164万元,合计8004万元。

（二） 董事会（2008 年 12 月 31 日）

董事长：张龙；副董事长：夏多；董事：盛宝珊、张国樑、张龙弟、王文伟、陈树荣、郑启明、唐晓军、张健增、瞿坤章、史湛洪、徐嘉泽、米嵘。

（三）监事会（2008 年 12 月 31 日）

监事长：许才明；监事：潘祥生、高永敏、王萍、伍斌、姚龙飞、秦永虎。

（四）经营班子（2008 年 12 月 31 日）

总经理：张龙；副总经理：夏多、黄平；总经理助理：舒延飞。

（五）组织结构

康桥（集团）公司的管理层次结构如下：

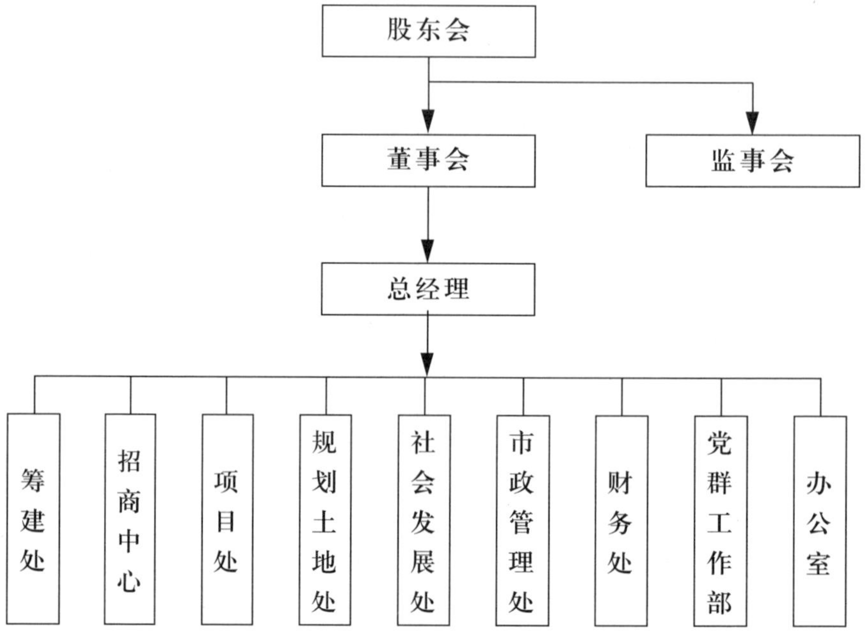

（六）注册资本调整情况

（1）1998 年 11 月，公司注册资本 8004 万元。

表 10-2-1

股东单位	出资金额（万元）	占公司注册资本的比例
上海浦东康桥工业区管理委员会	7189	89.82%
上海南供投资发展有限公司	328	4.1%
上海市南汇县液化气管理所	323	4.04%
南汇县建筑总公司	164	2.05%

（2）2006年10月，公司注册资本增至人民币4.75亿元。

表10-2-2

股东单位	出资金额（万元）	占公司注册资本的比例
上海南供投资发展有限公司	368.424	0.78%
上海市南汇县液化气管理所	362.232	0.76%
上海南汇县建筑总公司	184.212	0.39%
上海浦东康桥工业区管理委员会	8689.932	18.29%
上海市南汇区康桥资产经营管理有限公司	37895.2	79.78%

（3）2008年11月，公司注册资本增至7.75亿元。

表10-2-3

股东单位	出资金额（万元）	占公司注册资本的比例
上海浦东康桥工业区管理委员会	3946.84	5.09%
南汇区就业促进中心	184.212	0.24%
上海南田实业公司	182.664	0.24%
南汇区建筑总公司	184.212	0.23%
南供投资发展有限公司	368.424	0.48%
南汇区市政建设公司	369.972	0.48%
康桥镇集体资产管理公司	184.212	0.24%
上海益流能源（集团）公司	362.232	0.47%
上海农村商业银行南汇支行	993.816	1.28%
长城投资控股（集团）公司	891.648	1.15%
东方资产管理公司上海办事处	520.128	0.67%
南汇区房产经营开发有限公司	600.624	0.77%
上海彪炳置业有限公司	160.992	0.21%
南汇区财政局	654.804	0.84%
南汇区国资委	67895.200	87.61%

（七）上海浦东康桥实业总公司、康桥（集团）公司、康桥（集团）有限公司历任主要领导名录

董事长：徐江（1992～2004）、井剑平（2004～2008）、张龙（2008～）。

监事长：王统规（1994～2004）、秦永虎（2004～2006）、许才明（2006～）。

总经理：徐江（1992～2002）、邱学国（2002～2004）、井剑平（2004～2008）、张龙（2008～　）。

四、运行体系和议事规则

（一）运行体系

公司按《中华人民共和国公司法》和公司章程运行。

公司设董事会。董事会是股东会休会期间的最高权力机构。董事任期届满，可以连任。

董事会对股东会负责，行使公司章程规定的职权。

公司设监事会，负责对公司运行的监督工作。

公司设总经理一名，由董事会决定聘任或者解聘。总经理负责公司的日常经营和管理工作。

（二）议事规则

根据《中华人民共和国公司法》和公司章程的规定：

公司重大事项必须由公司股东会讨论决定。

公司经营中的重要事项由公司董事会讨论决定。

董事会会议由董事长召集和主持；董事长不能履行职务或者不履行职务的，由副董事长召集和主持；副董事长不能履行或者不履行职务的，由半数以上董事共同推举一名董事召集和主持。

董事会对所议事项作出的决定由二分之一以上的董事表决通过方为有效，并制作会议记录，出席会议的董事应当在会议记录上签名。

公司的重大事项必须由三分之二以上的董事表决通过。

董事会决议的表决，实行一人一票。

公司日常工作中的重要事项由总经理办公会议讨论决定。

董事会的工作情况必须定期向股东会汇报。总经理的工作必须定期向董事会汇报。

监事会有权列席董事会。可随时检查总经理的工作情况。

（三）日常管理

公司的日常管理由总经理负责，副总经理协助总经理做好日常管理，公司具体事务由总经理委托公司各部门负责处理。

为了讨论、处理康桥工业区开发建设中的重大事项，康桥（集团）有限公司长期坚持每周一的总经理办公会议制度。

周一总经理办公会议讨论和处理的事项主要有：

1．传达、贯彻中央、市、区（县）三级党组织和政府的重要精神。

2．讨论决定康管委、（集团）公司工作中的重要事项。

3．通报各处、室在开发建设中的工作进度，并研究处理碰到的困难和问题。

五、各子公司简介

为了落实康桥（集团）有限公司开发建设和管理的各项工作，康桥实业总公司成立不久，就组建工程建设公司、股份投资公司、综合经营公司3个子公司。以后，随着开发事业的需要，更多子公司得到设立，至2008年，集团公司共设立有11家子公司。

（一）上海周康房地产有限公司

1993年8月成立，2002年，注册资本增至2000万元。主要从事配套商品房的开发、建设 、安置和售后服务等业务。

1993年来，公司建造公寓房1.1万多套，建筑面积上百万平方米。其中，康桥花园荣获首届上海商住楼（房）点评活动规划设计金奖；康桥花园东园获第二届推荐商住楼品位楼盘调研活动（规划设计）荣誉优秀房型奖；双秀家园住宅小区被评为市优质结构奖。2008年，汤巷馨村一期项目在市房地产协会举办的第五届上海市优秀住宅评选中，获得规划建筑、中小房型设计、节能环保3个单项奖。2001～2003年，公司连续三年被市建委评为先进集体。2008年，公司被市政府评为优秀公司。

至2008年，周康房产公司从初创时的3人增加到33人，下设办公室、工程部、配套部、销售部、开发部、资产管理部6个部门。在房产开发的实践中，公司培养与锻炼了一批开发、设计、工程管理、房产营销、售后服务方面的人才，已具备承揽建设较大规模房产项目的能力。

（二）上海康桥建设工程有限公司

1994年成立，成立时名为上海康桥实业总公司工程建设公司，2001年改制为股份制有限公司，2008年注册资金2500万元。主要从事：建筑装潢、市政工程、房屋建筑工程、钢结构工程、机电设备安装、体育场地设施工程、地基与基础工程以及建筑装潢材料的销售，是一家具有工业与民用建筑二级总承包资质的综合性施工企业。

公司创建后来，先后承建上海四高小区标准厂房、上海康桥工业区通用标准厂房为代表的工业建筑工程，绿宝园一至五期、康桥半岛一期D区等为代表的国际化社区高端房地产项目，以及上海建桥学院、上海申花足球学校为代表的现代教育教学、体育场馆（地）设施项目。公司施工的各类建筑总面积达104万平方米。公司施工的项目先后获得建设部安全奖、上海市和南汇区优质结构工程、全优工程、文明工地等荣誉。公司被评为守合同重信用AA级企业、优秀施工企业。

至2008年，公司拥有各类中高级专业工程技术人员270余人，各类施工机械200多台（套），各项指标在同行业中均属领先水平。

（三）上海康保实业有限公司

1994年12月成立，由上海市保安服务总公司南汇县公司和康桥集团公司联合投资创办。公司以保安服务、安全技术防范设计、设备安装等为主营业务，此外还承接会务、大型活动及贵重物品守护、运送、特殊应急保安服务等业务。

1994年来，康桥保安公司秉承市保安服务总公司提出的“安全第一、优质服务、遵守合同、信誉至上”的宗旨，围绕主营业务的发展，确立了“诚信，安全、创新、高效”的企业理念，精心打造出一支素质过硬，服务一流，管理规范的保安队伍。1998年，在全市保安队列会操比赛中，获得二等奖。

公司管理机构设有总经理室、人防技防部，后勤保障部、财务部、办公室五个部门。经过多年发展，业务范围从康桥工业区辐射到浦东北片地区、临港新城、虹梅商务区等地，承担的保安服务单位达90余家，入驻单位行业有政府机关、金融商务、工厂学校及中外企业等。

（四）上海欣康物业经营管理合作公司

1994年成立，主营动迁房、商品房和标准厂房的物业管理、绿化工程和康桥地区的部分市政服务等。

公司成立后，把握浦东开发和康桥工业区建设的机遇，业务逐步拓展。由公司承担物业管理的康桥花园东园1998年被评为文明达标小区。承接的绿化工程远东大道十五标、上海浦东国际机场南干线二标、外环线

100米林带1999年绿化工程四标段被评为市级优良工程。

至2008年，公司注册资本300万元，在编员工15人，下设财务科、办公室、经营科、安全科。

（五）上海汇康建设工程投资咨询有限公司

2001年3月成立，主要经营范围：项目投资咨询、室内装潢、园林绿化、服务、建筑装饰、市政园林技术服务、建筑装潢材料、五金交电、汽摩配件、文教体育办公用品、批发、零售；土石方工程；绿化种植；绿化养护工程。

公司拥有ISO 9001质量管理体系认证证书及上海市园林绿化企业养护能力评定证书，公司承接的各类市政基础设施、房产项目、园林绿化等工程的管理咨询业务数百项，得到业主的广泛好评。

至2008年，公司注册资本200万元，在编员工9人，下设办公室、园艺部、工程部3个部门。

（六）上海巨硕投资管理有限公司

2005年3月成立，经营范围：投资管理，设备安装及技术咨询，仓储，建筑材料，工业用原料（除危险品），机械及电器设备的销售；从事货物及技术的进出口业务，物业管理。

2008年，前期已投资的约9.54万平方米标准厂房已出租面积8.48万平方米，出租率89%，租金收入2220.9万元。2008年，公司投资了世界五百强ABB定制厂房及巨硕保税仓库项目。ABB定制厂房项目总建筑面积约7万平方米，总投资约4.6亿元（含土地），交付使用后每年租金收入4000万元。ABB公司进入康桥后，年产值可达20亿元，年上缴税收超过1亿元，为康桥工业区乃至南汇区产生较大的贡献。巨硕保税仓库项目建筑面积约1700平方米，总投资约6000万元。2009年6月可投入使用后，巨硕保税仓库可增加康桥工业区的服务功能，提高康桥工业区的投资形象。公司还有未开发土地约6万平方米，地处周邓路旁边。计划用合作开发项目等方式，以较少的投资开发较高层次的项目。

至2008年，公司注册资本2.1亿元，设总经理1人，副总经理2人，在编员工8人。

（七）上海欣卫清运保洁服务有限公司

2005年12月12日成立，注册资金100万元。主要承接康桥工业区范围内住宅区及各企业单位的垃圾清运、道路保洁、粪便清运、管道疏通等工作。

至2008年，公司已服务清运单位78家，全年清运垃圾量约10080吨。公司在编职工6人，设办公室、财务科、经营科、安全科4个部门。

（八）上海周康绿地有限公司

1994年成立，具有园林绿化施工三级资质。

公司成立后，承接了远东大道15标、上海国际机场南干线2标、外环线100米林带、杰西博工程机械（上海）厂房、和合小区等绿化工程，同时还承接康梧路、康桥路、申江路、秀沿路、外环线四标、康桥花园东园广场等道路及小区的养护工程。公司注重职工素质的提高，组织员工参加多种技术培训、安全培训，造就了一批有一定专业水准的工程技术队伍。

至2008年，公司注册资金200万元，在编员工12人，下设办公室、财务科、经营科、工程科、安全科5个部门。

（九）上海新康桥投资咨询服务有限公司

2007年12月5日成立，以招商引资为主要功能。公司注册资本500万元。

公司充分运用康桥地区的政策优势，选择优质注册型企业注册康桥，推动地区经济发展。凭借工业区优越的地理位置和优惠的政策优势，先后引进了大新华物流、其昌不锈钢、天懋集团等一批知名企业注册康桥。

（十）上海南康拆房工程有限公司

1999年9月成立，主要从事房屋拆除、房屋维修、服务、建筑材料、电线电料等业务。公司先后承接了中科大、中国电信、中隆纸业、宏和电子、耀皮玻璃、康桥半岛、绿洲康城、昌科科技、巨硕置业、四高小区等企业和商品房小区的拆迁以及康桥地区农民动迁房拆迁等，16年内拆除总面积约190万平方米。

至2008年，公司注册资金100万元。在册职工6人，其中高级经济师1人，工程师2人，会计师1人。

（十一）上海康桥投资有限公司

1992 年 6 月成立，成立时公司名称为上海康桥投资公司，1998 年转制为有限公司。经营范围有：开发基地、兴办实业、参加工业、商业、贸易、运输、房地产业及其他第三产业的项目投资参股，组织投资洽谈咨询及代理业务。2001 年 4 月经南汇资产经营有限公司和上海浦东康桥（集团）有限公司协商，注册资金增至 1.5 亿元。

第十一章　中共组织　群众社会团体

随着康桥工业区开发建设的不断深入，如何通过加强工业区党的建设，促进工业区经济的持续健康发展，成为工业区的重要课题。在上级党委的指导下，1992～2008年，工业区党的机构不断完善，党员队伍日益壮大，党员的活动和管理也有了加强，党员队伍成为工业区开发建设中的一支中坚力量。

2000年9月，工业区党工委成立以后，党员管理工作日趋规范。2004年，工业区开始启用市委组织部下发的“党员统计年报”软件，使党员管理逐渐实现网络化和信息化。至2008年底，组织关系挂靠在党工委下辖各支部的党员数达1145人。

为了加强工业区基层党的建设，加强对党员的管理和服务，党工委专门设立了党员服务中心，成为全市最早建立党员服务中心的工业区之一。2008年3月，党员服务中心通过了市委组织部的验收。服务中心年均接待党员来电、来访400余人次，成为工业区“两新”组织发展和服务的平台，以及基层党员的阳光驿站。

随着开发建设的深入，落户康桥的企事业单位也越来越多。至2008年底，工业区共有工业企业2400家，大、中、小、幼学校20多所，员工和学生6万多人。除了加强党的建设外，工业区迫切需要在各基层单位中发展群众团体和社会团体组织，使它成为工业区经济发展的帮手、党联系群众的桥梁。

在工业区党工委和康管委的重视关心和基层单位的配合下，从1992年7月康管委成立第一家工会起，至2008年，工业区内各种群众团体迅速发展，建立工会的单位有62家，建立团组织的有11家。这些群众团体接受南汇区（县）相关条线和工业区群团管理组织的双重领导，以工业区条线领导为主。

在南汇区和工业区群团管理组织的领导下，各单位群众团体根据各自的职责，开展有声有色的工作，在促进本单位经济发展、推动工业区开发建设、丰富员工文化生活、维护员工合法权益等方面作出了贡献。

第一节　中共组织建设

工业区将党组织建设作为党的工作重点来抓，康管委党的机构从支部到总支，再到党工委，从单纯抓开发到重视党的建设，从无专人管理到建立党员服务管理中心，康管委党的工作得到蓬勃开展。

一、党组织的机构沿革

康桥工业区管委会组建后，为了切实抓好开发建设过程中党的政治、思想、组织和作风建设，服务工业区开发和社会稳定大局，1993年4月14日，南汇县委组织部发出南委组〔1993〕25号文件，批准建立中共康桥工业区管委会支部委员会，其组织关系隶属于县机关党工委。支委有5人组成，盛宝珊任党支部书记，李国权任副书记，周正康、潘祥生、童火根任支部委员。

1999年8月16日，县机关党工委同意建立上海浦东康桥工业区管理委员会党总支。党总支书记为盛宝珊，副书记为周正康，总支委员为童火根、王佩珍、潘祥生。总支部下辖管委会机关党支部、集团公司所属公司党支部和工业区联合党支部3个支部。特别是联合党支部的建立，满足了区内企业零星党员挂靠组织关系的需要。

2000年9月18日，南汇县委批准建立中共上海浦东康桥工业区工作委员会和中共上海浦东康桥工业区纪律检查工作委员会。中共上海浦东康桥工业区工作委员会由徐江、邱学国、朱正标、周正康、盛宝珊、王佩珍和陈鹰组成。徐江任书记，邱学国、朱正标、周正康任副书记，陈鹰任纪工委书记。

2008年6月，工业区党工委研究决定，设立康桥集团公司第一党支部和第二党支部，集团公司下属子公司党支部设周康房地产有限公司党支部、康桥建设工程有限公司党支部、欣康物业经营管理有限公司党支部和周康拆迁有限公司党支部4个支部。

二、党员发展和党员管理

工业区党工委建立后，充分重视在园区开发主体——康桥集团公司员工，特别是青年员工中发展党员。1993～2008年，先后发展中共党员25人。进入21世纪后，党工委每年要发展3～4人入党。

三、党员教育

加强党员的思想教育，是工业区历届党组织的一项重要工作。党组织对党员主要开展了以下六个方面的思想教育工作。

（一）“康桥精神”的教育和发扬

工业区开发建设需要思想保证和精神武装。历届党组织都注意在开发建设实践中培育提炼“康桥精神”，宣传发扬“康桥精神”。

1992年10月，在康桥工业区领导小组召开的康桥路建设总结表彰大会上，时任南汇县委书记的许德明首次提出“康桥精神”：一是艰苦奋斗，努力拼搏的精神；二是团结协调，通力合作的精神；三是精心组织，精心指挥，科学求实的精神。

1994年2月12日，管委会主任徐江在职工大会提出，建设康桥要发扬一种“康桥精神”，就是：“全局的观念，创新的意识，奉献的精神”。从此，“康桥精神”成为党员干部开发建设康桥的巨大精神力量。

2001年开始，开发建设进入收获期，园区面貌显著改变，经济指标迅速上升，部分党员干部产生了骄傲自满情绪，面对这种情况，工业区党组织又发出二次创业的号召，要求党员干部“励精图治，一以贯之；艰苦创业，一如既往；无私奉献，一腔热忱”。

（二）“三讲”教育

管委会讲学习、讲政治、讲正气的“三讲”教育活动于2000年4月正式展开。整个“三讲”活动分4个阶段，即思想发动阶段，自我剖析、听取意见阶段，思想交流、开展批评阶段和认真整改、巩固成果阶段，前后两个月。通过“三讲”教育，提高党员干部改造主观世界的自觉性，找出存在的问题，提出整改措施，振奋了精神，促进了工作。

（三）“三个代表”重要思想学习教育

2001年2月24日起，工业区党工委在党员干部中开展了“三个代表”重要思想（中国共产党应始终代表中国先进生产力的发展要求，始终代表中国先进文化的前进方向，始终代表最广大人民的根本利益）的学习教育活动。整个活动分学习提高、听取意见、自查自纠和整改落实4个阶段。党工委成立由徐江、周正康、陈鹰组成的领导小组。2月26日晚，党工委召开中层以上党员干部会议，对“三个代表”重要思想的学习教育活动进行动员部署，提出了三个方面的要求：一是学习好，理解好上级规定的文章、文件；二是收集解决好领导干部存在的问题；三是组织好4个活动，开好一次学习讨论会、收集好对领导班子和个人的意见、开好一次民主生活会、拿出一套整改方案。在按计划完成学习教育活动的各项任务后，2001年底，党工委召开“三个代表”重要思想学习教育活动总结会，肯定了教育活动的成果。

（四）科学发展观学习教育

以胡锦涛为总书记的党中央提出我国经济和社会要科学发展的要求，工业区党工委通过发资料自学、召开报告会、讨论会等多种形式，组织党员认真学习领会，贯彻执行，取得很好的成果。2004年4月12日，党工委举行了科学发展观学习交流会，各处室围绕五个方面作了发言：一是中共十六届三中全会提出的坚持以人为本，树立全面、协调、可持续的发展观，促进经济社会和人的全面发展；二是发展是硬道理，科学发展观的落脚点仍是发展；三是适时实施发展方式的转变；四是认真研究思考“五个统筹”中“统筹经济和社会协调发展”的问题；五是坚持以人为本，实行人性化的开发管理。

（五）保持共产党员先进性教育

为增强共产党员的历史使命感和政治责任感，在工业区开发建设中更好地发挥先锋模范作用，根据区委部署，党工委自2005年7月11日起，开展了为期半年的保持共产党员先进性教育活动。工业区管委会党支部、集团公司党支部和工业区内各单位党支部的全体党员参加了本次专题教育活动，其中在职党员263人，区管党员干部8人，流动党员9人。7月11日工业区动员大会后，共经历了学习动员、分析评议、整改提高三个阶段。

全体党员认真进行学习交流，深入谈心和自我剖析，并结合查找出来的问题积极整改。整个先进性教育活动期间共组织集中学习13次，中心组学习5次，围绕活动的开展多次召开座谈会和通报会。除按照上级要求保质保量地完成各项规定动作外，还组织“八个一”系列主题实践活动，包括慰问动迁户、举办“学习园地”、举行“我们身边的共产党员”事迹报告会等八个方面。整个活动过程中有近20篇活动报道被《南汇报》和区委先进性教育活动办公室简报录用，上海电视台“先锋”栏目和南汇电视台也对有关活动进行采访报道。

（六）党风廉政建设教育

康桥工业区党组织把党风廉政建设工作放到突出地位，切实做到“三个加大”：

一是加大制度建设力度。针对现有管理模式，真正形成以制度管人、以制度管事的工作机制，规范党员干部的履职行为。以党风廉政建设责任制为龙头，建立健全“一把手”负总责，分管领导具体抓落实，其他班子成员“一岗双责”的工作机制，扎实推进惩防体系建设，进一步形成反腐倡廉合力；制定和完善了“三重一大”集体决策机制，并把其推行到各直属公司，通过“三重一大”的推行，完善了决策监督机制，增强决策的透明度；建立健全财务预算、资金集中管理、项目投资分析等财务会计管理体系，如《建设项目招投标管理暂行办法》、《固定资产管理办法》、《业务招待费的使用管理办法》等；在干部选拔任用上实行“三加一”，纪检工作提前介入。

二是加大监督检查力度。党组织发挥党内监督、监事会监督、审计监督、管理部门监督和民主监督的职能作用，实现各个监督主体之间的优势互补，形成监督合力。通过加强职工代表大会、厂务公开等民主管理形式，将涉及职工切身利益的事项、职务消费情况等，作为职工代表大会报告或厂务公开的重要内容。另一方面严肃查处工作，强化责任追究，做到令行禁止。通过对照《廉洁从业规定》中的要求，结合深入学习实践科学发展观活动和贯彻落实中纪委关于国有企业领导人员廉洁自律“七个不准”的规定，认真查找在反腐倡廉建设和领导人员廉洁从业等方面的薄弱环节，分析原因，认真总结，提出建章立制和加强管理的意见和建议，促进企业健全管理制度、完善监督机制。

三是加大查信办案力度。做到有信必查、有查必果，上级交办的必查，重点查处侵犯民生和经济领域中的问题。通过查信办案，一是提高威慑力，二是提高党员干部执行纪律的自觉性。通过查信办案，既能保护干部，又能惩治腐败，及时了解本地区执行廉洁自律方面的情况，及时总结经验，促进公司健康、有序和规范地发展。

四、党员活动

工业区各级党组织在党工委的领导下，根据中央和市委、区委的有关会议和文件精神，结合工业区和本单位实际，开展了丰富多彩的党员活动，主要有：

（一）1995年7月19日，管委会党支部举行庆祝建党75周年纪念活动，要求发扬康桥精神，把康桥建设得更好。

（二）1997年6月20日，在香港回归祖国怀抱前夕，管委会党支部举办香港回归报告会，邀请瓦屑中学特级教师华士珍作香港回归专题报告，80多名党员干部参加讲座。

（三）1999年9月底，为欢庆中华人民共和国建国50周年，管委会党支部组织员工参加上级党组织举办的文艺会演，获得多个奖项。

（四）2001年6月29日，在党的80华诞到来前夕，党工委举办纪念活动。

（五）2002年11月，党工委组织学习党的十六大精神。在区委、区政府的统一部署下，工业区全体党员干部以饱满的政治热情，认真学习党的十六大精神，大家纷纷表示，十六大提出的“全面建设小康社会，开创中国特色社会主义事业新局面”的总体目标，对于康桥工业区而言，是又一次历史性的机遇。

（六）2002年12月17日，党工委召开第一届党员代表大会，选举出席南汇区第一届党代会代表，南汇区副区长、工业区党工委书记徐江出席，党工委副书记邱学国主持会议。经过代表们的酝酿和热烈讨论，最终推选徐江和周正康为党代会代表。

（七）2003年6月30日，工业区党员干部100余人在申花足球学校小礼堂举行纪念建党82周年暨学习党的十六大精神交流大会，党工委领导井剑平、陈鹰等出席会议，党工委书记井剑平作题为《继往开来创新业，与时俱进奔小康》的主题演讲。

（八）2004年5月8日，党工委委员陈鹰传达区委组织部《关于开展“让人民高兴、让党放心的好班子、好干部标准”大讨论活动的通知》精神并宣读《康桥工业区党工委2004年开展“让人民高兴、让党放心”活动计划》。

（九）2005年6月15日，区委中心组与康桥工业区党工委中心组举行了以“重要战略机遇期与南汇可持续发展”为主题的联组学习会，学习会的主要内容是加快工业区建设，加大骨干企业引进力度，加快形成主导产业，参加会议的有市督导组领导、区委中心组领导、工业区党工委中心组成员、区各委办局领导以及有关乡镇和园区的领导。

（十）2005年6月29日，在庆祝中国共产党诞生84周年之际，工业区党员干部200余人在康桥文化中心举行隆重的“颂歌献给党”主题联谊会，为党的生日献上了一台饱含深情的颂歌。

（十一）2005年8月16日，“我们身边的共产党员”主题实践活动报告会在申花足球学校小礼堂举行，工业区近200名党员干部参加了报告会。

（十二）2005年10月24日，党工委召开学习贯彻党的十六届五中全会精神学习会。工业区党员干部100余人参加。

（十三）2005年12月2日，工业区保持共产党员先进性教育活动总结大会在申花足球学校小礼堂举行，按照议程，各支部首先作了交流发言，大家结合先进性教育活动的实际，分析了个人和支部在学习过程中积累的一些经验和心得，党工委有关负责同志作了总结发言。

（十四）2005年12月，为了巩固先进性教育活动的成果，对全体党员开展深入持久的教育，特编辑《康桥工业区保持共产党员先进性教育活动成果汇编》，书中收录了“我们身边的共产党员”主题活动、工业区保持共产党员先进性具体要求和长效机制、党员学习心得等内容。

（十五）2006年3月，党工委举行“学习党章、遵守党章、贯彻党章、维护党章”专题组织生活会。

（十六）2006年6月29日，党工委组织全体党员召开纪念建党85周年座谈会，与会人员纷纷回顾了党从成立至今的丰功伟绩，并就各自工作实际和工业区新一轮开发建设作了发言。

（十七）2006年12月1日，工业区举行了学习贯彻党的十六届六中全会交流会，就如何深入贯彻落实科学发展观，实现未来又好又快发展的体会和设想进行了交流。

（十八）2007年6月1日，康桥工业区党工委组织全体中层干部，认真学习中国共产党上海市第九次代表会重要精神，并对下一阶段的工作进行了部署。

（十九）2007年8月10日，区委召开全区党政负责干部会议，传达了市委书记习近平在南汇调研时的讲话精神。康桥工业区党政主要领导在会议结束后的第一时间召开康桥工业区党政领导班子会议，传达会议精神并展开热烈讨论。

（二十）2007年10月15日上午，中国共产党第十七次全国代表大会隆重召开，康桥工业区党工委组织全体党员和部分干部、青年全程收看党的十七大开幕式，听取胡锦涛总书记代表第十六届中央委员会向大会所做的报告。

（二十一）2008年4月18日，党工委召开基层党支部书记会议，党工委书记许才明提出要求：一是认真学习党的十七大精神，认清各单位在工业区开发中的地位和作用；二是发扬创新精神，做好组织发展工作；三是以科学发展观为统领，以一流党建促一流发展。

（二十二）2008年6月20日上午，康桥工业区党工委组织党员、员工近百人收看了“全国抗震救灾英模事迹报告会”。

（二十三）2008年10月17日，党工委组织30多名党员干部参观“全国廉政文化大型绘画书法展上海巡展”。

康桥工业区管委会历任党组织领导成员名录

1993年4月至1999年8月，康桥工业区管委会党支部成员：

书记：盛宝珊；副书记：李国权；支部委员：周正康、潘祥生、童火根。

1999年8月至2000年8月，康桥工业区管委会党总支成员：

总支书记：盛宝珊；副书记：周正康；总支委员：童火根、王佩珍、潘祥生。

2000年9月至2008年12月，康桥工业区党工委领导成员：

(1) 2000年9月至2003年5月，书记：徐江；副书记：邱学国、朱正标、周正康；纪工委书记：陈鹰；委员：盛宝珊、王佩珍。

(2) 2003年5月至2006年9月，书记：井剑平；副书记：顾文标；纪工委书记：陈鹰。

(3) 2006年9月至2008年12月，书记：许才明；纪工委书记：陈鹰。

康管委基层党支部书记名录

1．1999年康管委党总支，下属支部3个：

康管委机关支部	书记：童火根
康桥集团有限公司支部	书记：梅秉璋
下属单位联合支部	书记：王佩珍

2．2000年建立工业区党工委，下属支部3个：

康管委机关支部	书记：吴依平
康桥集团有限公司支部	书记：缪德海
工业区联合支部	书记：沈萍

3．2008年，工业区党工委下属支部6个：

康桥集团有限公司第一党支部	书记：夏多
康桥集团有限公司第二党支部	书记：黄平
上海周康房地产有限公司党支部	书记：苏正康
上海康桥建设工程有限公司党支部	书记：罗加昌
上海欣康物业经营管理有限公司党支部	书记：缪德海
上海周康拆迁有限公司党支部	书记：张桂福

1992～2008 康桥工业区发展新党员名录

表 11-1-1

序号	姓名	部门	入党时间
1	葛海沪	规土处	1996.11
2	赵金荣	工程部	1997.10
3	赵永红	社发处	1998.12
4	毛宜军	办公室	1999.12
5	夏　多	办公室	2001.8
6	强继斌	综合处	2001.8
7	陆　炯	规土处	2001.8
8	陈银生	规土处	2002.8
9	唐　曦	办公室	2003.8
10	曹　芳	周康房产	2004.8
11	蒋益平	项目处	2004.8
12	王　雷	市政处	2004.9
13	陆晓华	工程公司	2005.12
14	唐　杰	工程公司	2005.12
15	周宇伟	周康房产	2005.12
16	张　宏	规土处	2006.1
17	沈　燕	规土处	2006.1
18	徐耀清	市政处	2006.1
19	陈凯元	工程公司	2006.11
20	徐志强	物业公司	2006.12
21	艾　辉	财务处	2007.5
22	夏正俊	办公室	2007.5
23	方杰华	招商中心	2007.9
24	朱黎虹	周康房产	2007.12
25	季军燕	周康房产	2008.7

五、“两新”党组织建设

工业区党工委成立后，区内新经济组织和新社会组织（以下简称“两新”组织）的党组织建设提上了议事日程。在南汇区委组织部和区社会工作党委的关心和指导下，党工委按照“为企业所需要，为党员所欢迎，为职工所拥护，为所有者（经营者）所理解和支持”的原则，积极探索，破解难题，“两新”组织建设取得很大成果。

1999 年，工业区建立的第一个“两新”党组织是上海西岱尔电子有限公司党支部，支部书记王依平。此后，又逐年在申花足球学校、上海华阳手套有限公司、莱必泰上海机械有限公司等企业中发展党组织，数量越来越多。至2008年底，工业区共建立党委2个，党总支4个，党支部48个，下属党员共有1148人。所有符合条件的“两新”组织都有了党的组织，实现了规模以上非公有制企业党组织的全覆盖。

2008年康桥工业区“两新”党组织情况表

表11-1-2

序号	单位名称	党员数	组织建制
1	上海尚德实验学校	138	党委
2	上海延锋江森座椅有限公司	267	党委
3	上海耀皮汽车玻璃有限公司	63	总支
4	上海耀皮工程玻璃有限公司	65	总支
5	上海和平康桥汽车销售服务有限公司	28	总支
6	昌硕科技（上海）有限公司	256	总支
7	上海施耐德配电有限公司	30	支部
8	上海乔治弗歇尔管路系统有限公司	8	支部
9	上海菲曼特医疗器械有限公司	12	支部
10	上海凯密特尔化学有限公司	8	支部
11	上海沪工高峰工具有限公司（上海）	18	支部
12	上海圣人梦服装有限公司	3	支部
13	延锋百利得（上海）汽车安全系统有限公司	32	支部
14	上海阿海珐电力自动化有限公司	14	支部
15	上海泛美佳丽纺织有限公司	10	支部
16	上海高砂鉴臣香料有限公司	15	支部
17	上海汉康（康桥）电线电缆有限公司	9	支部
18	上海西岱尔电子有限公司	4	支部
19	上海华阳手套有限公司	4	支部
20	上海康桥半岛（集团）有限公司	28	支部
21	康斯博格汽车零部件（上海）有限公司	16	支部
22	宏仁企业集团上海厂区	10	支部
23	上海宇虹电子有限公司	4	支部
24	上海佰良机电有限公司	6	支部
25	上海达众摩托车有限公司	3	支部

第二节　群众组织　社会团体

一、工　会

（一）康管委工会

1．组织沿革

1992年7月2日，经南汇县机关工会批准，康桥工业区成立了首家工会——工业区管理委员会工会。工会委员会由5人组成，李国权任工会主席，张剑平任副主席，徐惜春、王仲德、刘渊任委员。

1995年7月14日，经南汇县总工会批准，工业区组建了第一届上海浦东康桥工业区工会工作委员会，李国权任工会主席。工业区工会工作委员会建立后，在区内企业中逐渐发展工会组织，在化解劳资矛盾、维护职工合法权益等方面发挥了应有的作用。

2005年4月1日，上海浦东康桥工业区工会工作委员会进行改选，选举周正康为工会主席。

2006年12月26日，上海浦东康桥工业区工会工作委员会由张国樑担任主席。

2．工会工作

为了全面推动工业区的工会组建工作，2007年6月20日，党工委、康管委联合发出《关于工业区内企业依法成立工会的通知》，要求工业区内的基层单位认真贯彻执行。

根据南汇区总工会的要求，2008年6月，工业区工会向基层工会下发了《工资集体协商手册》等宣传资料，推进区内企业签订集体劳动合同，进一步维护职工的合法权益。

为了切实维护女职工的特殊利益，为女职工办实事、做好事，2008年8月22日，工业区工会对基层工会女工委员举办了“女性健康知识进企业”专题报告会，邀请全国总工会健康知识讲师作专题讲座。

帮扶救助困难职工是工会工作的一项主要任务。2008年5月，工业区工会开展汶川大地震在沪受灾职工慰问活动，对工业区内66名受灾职工进行了慰问，补助金额3.3万元。

2008年8月，根据南汇区总工会《关于为都江堰市“职工书屋”捐书的通知》，工业区工会发动基层工会积极参加捐书活动，共计募捐图书2100册。

2008年10月，工业区工会下发开展 “送温暖、献爱心”活动通知，各基层企业工会积极参与，昌硕科技（上海）有限公司工会表现尤为突出。此次共募集棉被、毛毯、衣裤等合计3910件，募集资金16950元。

（二）基层工会

1．组织发展

2007年6月20日，党工委、康管委联合发出《关于工业区内企业依法成立工会的通知》，要求工业区内各单位认真贯彻执行。至2008年底，工业区基层工会发展到62个，覆盖企业总数83家，工业区工会会员总数达到16406人（其中农民工会员9384人），参加产业工会或行业工会的企业有31家，基本实现康桥工业区正式建成运营企业工会组建的全覆盖。

2．签订集体劳动合同

工业区工会始终把化解劳资矛盾、维护职工合法权益当作工会维护社会稳定、促进社会和谐的一项基本任务，具体开展了努力维护和完善职工权益，敦促企业与职工签订劳动合同，指导企业工会开展平等协商、签订工资集体协议和女职工特殊权益专项合同等工作。至2008年底，共有24家企业与其工会签订3项集体合同，并在区人力资源和社会保障局备案。

2008年康桥工业区基层工会组织情况表

表11-2-1

序号	基层工会组织	会员数	工会主席
1	上海泰利福汽车零配件公司工会	500	顾　群
2	中川金属（上海）有限公司工会	11	朱　谨
3	吉兴装饰有限公司工会	98	许静虹
4	夏弗纳电磁兼容（上海）有限公司工会	400	顾伟雄
5	来实建筑系统（上海）有限公司工会	41	严世周
6	上海尚德实验学校工会	342	辛奎斌
7	汉威康桥电线电缆有限公司工会	40	金　怡
8	上海特波电机有限公司工会	300	曾国祥
9	海莎纺织辅料（上海）有限公司工会	283	杨之龙
10	上海浦东宇虹电子有限公司工会	29	王　芳
11	上海万禹医疗用品（上海）有限公司工会	32	顾嘉维

续表 11-2-1-1

序号	基层工会组织	会员数	工会主席
12	上海艾斯迪克汽车装备制造有限公司工会	20	徐毅罡
13	上海郁金香地毯制造有限公司工会	50	何焕琼
14	上海诚天智能卡有限公司工会	60	束建生
15	绍矿磁性材料（上海）有限公司工会	380	陆　峰
16	佩特涂料（上海）有限公司工会	86	王　翔
17	上海瑞博密封件有限公司工会	340	赵　红
18	上海鑫业熔铸设备制造有限公司工会	60	金　晶
19	鹏安物流系统设备（上海）有限公司工会	22	杨　娟
20	世腾汽车皮件（上海）有限公司工会	166	顾　红
21	上海亿光机电有限公司工会	53	杨志平
22	上海竹本容器包装有限公司工会	102	崔荣全
23	创世湃轲包装技术（上海）有限公司工会	28	金　婷
24	四国服装（上海）有限公司工会	41	陈　静
25	上海佰良机电有限公司工会	30	李跃年
26	上海泰瑞机械设备有限公司工会	30	檀炳姣
27	上海久华纱服饰有限公司工会	352	都甑萍
28	特富麦克（上海）不中断供电系统磁性器件有限公司工会	88	曹祥雄
29	上海沪桥密封制品有限公司工会	59	彭其林
30	优利多船舶设备（上海）有限公司工会	35	胡开颜
31	上海乔治弗歇尔管路系统有限公司工会	102	周　晶
32	上海永信热技有限公司工会	20	瞿华治
33	福迈服装（上海）有限公司工会	30	蒋夏芬
34	上海华尊电源有限公司工会	50	吴伟慷
35	上海振龙房地产开发有限公司工会	80	翟金水
36	上海中豪纸业有限公司工会	43	张　峻
37	上海江森自控国际蓄电池有限公司工会	302	余崇刚
38	上海远东钛设备公司工会	31	张雄鸣
39	上海依莱达电动车有限公司工会	20	陈克玲
40	上海中隆纸业有限公司工会	80	徐莉娜
41	上海莱必泰数控机床股份有限公司工会	264	陆永康
42	上海三松礼品有限公司工会	86	吴国仁
43	施耐德（上海）电器部件制造有限公司工会	105	夏蔚军
44	群韵饮料机械（上海）有限公司工会	70	蒋若安
45	上海彦言劳务咨询有限公司工会	45	黄永喜
46	上海木兰特化妆品有限公司工会	20	方贾敏
47	上海其昌不锈钢集团有限公司工会	50	陈福贵
48	豪乎迪医疗器械（上海）有限公司工会	121	刘文山
49	昌硕科技（上海）有限公司工会	7936	王武斌

续表 11-2-1-2

序号	基层工会组织	会员数	工会主席
50	瀚森尤为涂层（上海）有限公司工会	15	朱　平
51	上海康桥建设工程有限公司工会工会	583	罗加昌
52	上海浦东康桥（集团）有限公司联合工会	230	毛宜军
53	上海西岱尔电子有限公司联合工会	89	王依萍
54	上海康桥半岛（集团）有限公司联合工会	288	唐　鸣
55	格来纳亚洲塑料技术（上海）有限公司联合工会	200	史周红
56	上海达众摩托车有限公司联合工会	229	毛永明
57	宏仁企业集团上海厂区工会	914	李　宏
58	上海康桥工业区联合工会	8	沈　燕
59	上海汇宝房地产发展有限公司联合工会	45	孙美华
60	上海驰达汽车销售服务有限公司联合工会	50	候北芳
61	上海华阳手套有限公司联合工会	20	丁绪良
62	超科林半导体设备（上海）有限公司联合工会	194	蔡　敏

二、共青团

（一）组织沿革

随着工业区开发建设的深入开展，区内外、市内外的大批青年涌入各企事业单位就业、求学，共青团组织也随之发展起来。

2001 年 11 月，康桥工业区管委会团工委成立。2003 年、2005 年分别进行了改选。至 2008 年底，工业区团工委下属团支部已由最初成立时的 4 家发展为 11 家，团员数也由最初的 30 余人发展到 500 余人。

（二）共青团工作的开展

共青团的主要工作是：

1．贯彻落实党工委和区团委的指示精神和工作任务。

2．制订和组织实施工业区团工委年度工作计划，开展形式多样、适应康桥实际和青年特点的活动，服务青年、服务大局。

3．强化两新组织团建工作，寻求两新组织团建创新之路。

4．组织加强团员和青年的思想政治工作和团员发展工作。

5．组织区内优秀团员、青年的评选和推荐工作，以及推荐优秀团员、青年入党和举荐优秀青年干部工作。

（三）团工委历届领导成员名单

2001～2003年，书记：葛海沪；副书记：夏多；委员：艾辉、王善林、沈燕、陈志红。

2003～2005年，书记：夏多；副书记：艾辉；委员：吴晓丹、陶盈、杨路。

2006～2008年，书记：艾辉；副书记：薛明、丁蓓；委员：吴晓丹、姚春军、唐杰、杨骅。

（四）团工委下属支部名称及历任支部书记名录

康桥（集团）公司支部　书记：艾辉、吴晓丹、沈晓翔。

周康房地产有限公司支部　书记：曹芳、俞杰。

康桥建筑公司及欣康物业公司支部　书记：邱海龙、陆晓华、曹燕琴。

汇康咨询公司支部　书记：张春红。

巨硕公司支部　书记：傅晓虹。

申花足球学校支部　书记：陈志红、陈琳。

康桥半岛支部　书记：冯劲义、徐俊。

尚德学校支部　书记：杨路、丁蓓。

泰利福公司支部　书记：潘建平、刘志峰。

宏和集团公司支部　书记：袁瑞。

三、妇工委

（一）组织发展

康桥工业区妇女工作委员会成立于2006年12月18日。工作委员会由5名成员组成：李建华、沈萍、黄嘉、蒋益平、曹芳。李建华任妇工委主任。

（二）妇工委工作职责

1．在南汇区妇联的指导下开展妇女工作。认真宣传贯彻执行党的妇女工作方针政策。及时传达上级妇联的指示精神，并制定具体措施，狠抓落实。

2．制订康管委妇女工作年度目标管理方案，并组织实施。

3．抓好“四自”、“四有”教育，组织妇女开展“双学双比”活动，及时总结推广妇女工作中的典型。

4．维护妇女儿童的合法权益，接待妇女来信来访。协助教育部门抓好本地幼儿教育，帮助解决少儿工作中的有关问题。

5．组织妇女积极参加建设小康社会和开展公益活动，发挥妇女在“四个文明”建设中的作用，并做好推荐优秀妇女作为党的发展对象和后备干部的工作。

6．抓好有关妇女的报纸杂志征订发行工作。

7．积极完成党的中心工作和上级妇联、本级党委交办的其他工作。

（三）妇工委工作

在工业区党工委领导下，各妇女组织根据自身的职责，开展了相应的工作。

1．参加上级活动，落实评优工作。2007 年 11 月 18 日，李建华、贾小艳二人代表康桥工业区出席上海市南汇区第二次妇女代表大会。在这次大会上，贾小艳当选为南汇区第二届妇女联合会执行委员会委员。

2．评选女工典型。南汇区妇女联合会召开 2007～2008 年度“三八”红旗手（集体）表彰大会，康桥工业区评出 “三八”红旗手和“三八”红旗集体各两个：尚德实验学校初中部语文教师杨桂云，上海汇宝房地产有限公司副总经理姚威萍，上海延锋江森座椅有限公司康桥面套工厂 F7 组，上海周康房地产有限公司。

四、商　会

（一）组织发展

商会，作为工业区工商界的社会团体，在南汇区工商联的指导帮助下得以组建。2002 年 10 月 15 日，康管委发出“关于筹建南汇区工商联合会康桥工业区分会的通知”（沪康管〔2002〕286 号）。2003 年 4 月 16 日，南汇区工商联康桥工业区商会成立。大会选举产生会长 1 人，副会长 4 人，秘书长 1 人，副秘书长 1 人。吸纳区内会员企业 48 家。到 2008 年 12 月止，共发展会员企业 57 家。

（二）商会工作

康桥工业区商会主要承担了以下职能：

1．强化服务功能。商会积极参加与海关、商检、投资审批、供电、供水、供气以及环保、消防、动拆迁、企业开张等许多方面的协调工作，开展好服务。

2．引导企业扶贫帮困。部分会员企业与区内贫困家庭定期联系，送上精神与物质的帮助。在2008年四川抗震救灾等社会公益活动中，共捐款20多万元。

3．商会会员联谊、参观学习活动。每年组织商会会员单位团拜活动，利用南汇的桃花节、鲜花港开放等机会，搭建会员互相交流的平台，并到外省、市及上海市其他工业区进行参观学习，了解、借鉴商会工作方面经验。

（三）南汇区工商联康桥工业区商会第一届执委会组成成员名录

执委会成员11人，他们是：潘祥生、王佩珍、王伟贤、邹建明、姜晓勇、庞超贻、丁传兴、刘国青、刘焕章、张桂福、夏多。

（四）康桥工业区商会第一届领导成员名录

会长：潘祥生；副会长：王伟贤、邹建明、姜晓勇、王佩珍；秘书长：夏多；副秘书长：陈震孟。

第十二章 精神文明建设

1992年康桥工业区成立后，工业区党工委和管委会按照党中央的要求，坚持“两手抓，两手都要硬”的方针，在抓好开发建设的同时，积极开展社会主义精神文明建设。工业区文明单位创建取得显著成果，各项园区活动得到蓬勃开展，园区文化气息日渐浓郁，初步形成了具有康桥特色的园区精神。

第一节 机构与活动

一、机构设置

1996年5月28日，为贯彻中央关于物质文明和精神文明建设两手抓、两手都要硬的方针，康管委决定成立精神文明建设领导小组。

组长：王关泉；副组长：盛宝珊、周正康、童火根；成员：张剑平、郭锦麟、王仲德、葛海沪、李建华。童火根兼任精神文明建设办公室主任。

精神文明建设办公室的主要职责是：

（一）制定本单位精神文明建设的规划；

（二）根据文明单位的评比标准，组织开展精神文明建设的各种活动；

（三）做好文明单位创建活动的记录，收集文明创建的文字、影像资料；

（四）搞好精神文明建设的总结，接受上级的检查、评比。

各基层单位的精神文明建设一般由党支部（总支）书记亲自抓，支部宣传委员具体负责，规模较大的单位配备精神文明建设专职干部。

二、精神文明建设活动

（一）政治思想教育活动

2000年4月，康管委领导干部中开展了“三讲”教育活动。2001年2月24日起，工业区党工委在党员干部中开展了“三个代表”重要思想学习教育活动。2004年4月，工业区党工委组织科学发展观的学习，经过系统学习，组织康管委各处、室围绕转变经济增长方式、统筹协调发展、以人为本进行交流发言，收到良好的学习效果。2005年7月，工业区党工委在共产党员中开展保持共产党员先进性的教育活动。全体党员对照标准，查找差距，明确了努力方向。为了巩固先进性教育的成果，党工委编辑了《康桥工业区保持共产党员先进性教育活动成果汇编》。

（二）奉献爱心，扶贫济困活动

1．参加“希望工程”活动

1998年7月12日，康管委主动与南汇县“希望工程”办公室联系，捐资4000元，资助云南省文山自治州文山县的10名困难儿童完成九年制义务教育。受资助的孩子大多为小学生，家庭年收入只有1000元左右。康管委党支部书记盛宝珊、支委童火根也以个人名义，捐资400元，帮助两名孩子读好书。

2．参加长江、松花江特大洪涝灾害救助活动

1998年，长江、松花江发生特大洪涝灾害，给灾区人民的生命财产带来巨大的损失。通过康管委党支部的发动，在短短的两天里，康桥（集团）有限公司和康管委的职工共捐款58060元，在南汇县机关党工委所属单位中居第一。干部员工们还为灾区人民捐赠棉被、羊毛衫、呢大衣等共430件。

3．参加2008年“5·12”四川汶川大地震抗震救灾

2008年5月12日，四川汶川地区发生的8.2级特大地震，牵动全国人民的心。康管委及各下属单位全体干部群众立即行动起来，开展爱心救助活动。区内各企事业单位共捐助948万元、个人捐款 33万元以及6台挖掘装载机等救灾物资，为灾区人民送去关爱和温暖。

（三）文化建设活动

1993年起，康管委出资30万元，设立康桥教育奖励基金，每年奖励在第一线辛勤耕耘的优秀教师。

1999年9月底，为欢庆中华人民共和国建国50周年，康管委党支部组织员工积极参加上级党组织举办的文艺活动，获得多个奖项。女生小组唱《我和我的祖国》、《创业者之歌》在南汇县机关党工委举办的迎国庆文艺会演中获集体一等奖。郭锦麟的电子琴独奏《爱欢闹的人》获个人二等

奖，沈萍的演讲《祖国啊，母亲》获演讲比赛一等奖。王仲德的《选地》等三幅摄影作品，选编进《中华人民共和国建国50周年》大型画册。同年1月，王仲德的摄影作品《我们的公司在这里》等十幅照片，被中国革命博物馆收藏，并在历史的丰碑——纪念改革开放二十年展览中展示。

在庆祝建党80周年前夕，县文明委举办的61个上海市农口级以上文明单位“庆建党80周年，展文明单位风采”文艺演唱活动中，康管委的女声小组唱《康桥有支创业的歌》、《南湖红船扬起风帆》获得三等奖，并参加了由市文广局主办的“献给母亲的歌”文艺专场演出。规土处陈银生参加区委组织部举办的党史知识竞赛，获得一等奖。

2002年5月，是康桥工业区开发建设十周年纪念日，康管委举办系列文化活动。4月28日，召开“康桥地区城市化发展战略研讨会”，围绕“在工业化的进程中推进农村城市化”的主题，徐江作了中心发言，区委书记陈策、市计委、市经委、市外资委等与会者发表了许多重要意见。5月8日，在申花足球学校召开工业区开发十周年纪念大会，区委书记陈策等区领导、康管委、康桥镇政府、部分区内企业经理等300多人参加大会。康管委主任徐江总结十年开发的经验和所取得的五个方面成果，对十年开发中的十佳企业、十佳工程建设者进行表彰，员工们表演自己编演的节目。此外，康管委还编印工业区开发大事记、征文集，录制VCD。

2003年7月，由上海市精神文明办公室、中共南汇区委宣传部、康桥工业区管理委员会、康桥镇人民政府、上海东方电视台联合举办的“走到一起来”大型文艺演出在申花足球学校隆重举行。5000多名观众参加。郁钧剑、孙悦、罗中旭、韩磊、陈红等参加演出。同年，康管委被区委宣传部授予2003年度宣传思想工作和精神文明建设创新奖。

2007年3月29日，上海桃花节暨康桥工业区成立十五周年大型演唱会在工业区内的申花足球学校隆重举行，刘欢、周杰伦等两岸三地的众多知名歌手及著名相声表演艺术家姜昆等亲临现场，一百多名观众观看演出。

（四）文明单位创建活动

康管委在艰苦创业、发展经济的同时，积极开展文明单位创建活动。创建活动由党工委直接抓，精神文明办公室具体负责。文明办以做出成绩、树立榜样、把创建活动落到实处为目标，将精神文明建设与工业区开发紧密结合起来，与提高员工思想道德和文明程度结合起来，取得很好的成效。1997 年 4 月 15 日，县委、县政府召开精神文明工作会议，会上，康管委被命名为县级文明单位。1999 年 3 月 28 日，经上海市农村党委批准，康管委升格为市农口级文明单位。2001 年 4 月 16 日，康管委又被市政府评为市级文明单位。

在文明单位创建过程中，康管委多次开展检查评比和交流活动，以丰富多彩的创建活动加强员工的思想道德建设，举办了“我们身边的共产党员”主题报告会，组织党团员和青年听取市委党校教授的辅导报告。为纪念“五四”运动，开展了《青春、激情、火焰》的征文活动，每年清明节前往周浦烈士陵园扫墓。康管委还积极倡导员工参与社会公益事业，每年康管委全体员工都积极参与红十字会、慈善基金会、区总工会和民政局组织的各种募捐活动。2001 年 4 月 16 日，在县精神文明建设工作会议上，市文明委为康管委颁发了市级文明单位的铜牌和证书。

（五）基层单位的精神文明建设

工业区 26.88 平方公里区域内，有将近 300 家外资企业和近 1600 家内资企业。整个工业区基层精神文明建设任务面广量大。康桥工业区基层精神文明创建活动主要体现在文明单位的创建上。至 2008 年底，康桥工业区共创建成功 3 家区级文明单位和 3 家市级文明单位，其中中钞油墨有限公司和上海尚德实验学校在文明单位创建过程中表现尤为突出。

中钞油墨有限公司于 2006 年正式启动文明单位创建工作。公司领导对创建工作高度重视，于 6 月成立“文明单位创建”领导小组，设立创建工作办公室。公司把文明单位的创建落实到基层，融入企业文化中。通过开展劳模评选、创建“文明班组”、“文明员工”等活动和员工喜闻乐见的文体活动，推进企业的精神文明建设。为了丰富员工的精神生活，公司开展了以“凝聚·创造”为主题的系列庆典活动，举办职工文化作品、收藏品展，举办题为“一起走过的日子”职工摄影作品评选活动，开展质量擂台赛、青工技能月、中秋联谊会等活动。2007 年和 2008 年，为迎接奥运盛会，公司除了组织“每月一赛”活动外，还举办了首届职工运动会。2008 年四川汶川大地震后，公司集体及全体员工共捐款 27 万余元。同年下半年公司又为都江堰“职工书屋”进行捐书活动。在中国印钞造币总公司、南汇区文明办和康管委的指导下，经过两年努力，2008 年公司被评为区级“文明单位”。2009 年，公司又先后被评为中国印钞造币总公司“文明单位”及上海市“文明单位”。

上海尚德实验学校于 2005 年开始文明单位的创建工作。针对尚德实验学校刚成立不久，各项工作尚待完善，基础工作薄弱的特点，工业区党工委和康管委帮助学校组建以校长、书记、副校长为核心的精神文明建设领导小组，并在师德建设、文化建设、环境建设和科学民主管理等方面为他们出谋划策，取得了良好成效。学校为达到文明单位评选要求，积极开展学习型、魅力型教师培养活动。先后实施了“青蓝工程”、“爱心工程”、“烛光工程”，还开展了以磨炼意志为目的的禹州“苦旅励志”夏令营、志愿者服务、心系灾区爱心捐助、“蓝天下的挚爱”义捐、“送给孤老一个最美的春天”——爱心传给横沔敬老院、“大手牵小手，关爱更长久”等系列活动。学校还组织师生参加社区文娱活动，开展教师一日捐，为灾区人民献爱心、捐冬衣、送图书，到敬老院慰问孤老，为民工子弟学校的同学送去帮助，在东方早新闻为家长和学生做“尚德提醒您”的公益广告。3 年不懈努力取得显著成果，2008 年，尚德实验学校被评为南汇区文明单位。

三、康桥精神

康桥精神，是康桥工业区在开发过程中形成的优秀精神结晶，也是工业区精神文明建设的重要成果。1994 年春节前，康管委在总结全年工作、部署第二年开发思路的全体职工会议上，把康桥精神概括为“全局的观念，奉献的精神，创新的意识”。

（一）全局的观念。共同的使命、共同的目标把康桥工业区领导和所有的员工连在了一起，大家同呼吸，共命运，不管发生什么样的情况，都要克服困难，共同把工业区的事业不断向前推进。在这一信念的指导下，康管委自创业初期的数十个人发展到了 2008 年的 100 多人，集团资产大大壮大。各处室、各部门、各条块之间都能够很好地配合，主动把自己的工作做好。

（二）奉献的精神。康桥人的奉献精神主要有三层含义：一是热爱康桥，扎根康桥，长期献身康桥的坚定信念。许多人到了康桥，就做好了奋斗终生的准备，把一生交给开发事业；二是职务不分高低，报酬不计多少，人人讲奉献，讲成果；三是责任不分轻重，时间不分长短，工作不分难易，人人都是康桥的主人，建设康桥等同于建设自己的家园。

（三）开拓的意识。康桥工业区的开发，没有现成的路可走。在工业区开发过程中，新问题新矛盾层出不穷。但工业区的领导和员工就像邓小平说的那样："看准了的，就大胆地试，大胆地闯"，逢山开路，遇水搭桥，没路也要闯出路来。就是凭着这样的创新精神，经过一代又一代人的艰苦奋斗，工业区的基础设施基本完善，项目一个个地落实，经济指标快速攀升。

创业难，守业更难。工业区开发建设取得了一些成绩，有些干部员工便产生了自满、懈怠的情绪。针对这种思想，康管委又提出了两次创业的口号，其主要精神是："励精图治，一以贯之；艰苦创业，一如既往；无私奉献，一腔热忱。"

第二节　精神文明典型事例选编

一、爱心，在康桥奉献

1995年和1996年对于营房村四队村民王宝文来说是不幸的，因为这两年他家里灾祸接踵而至。1995年他本人因胃溃疡住院手术。年底，爱人王凤仙下班回家途中，被一辆外地车撞成粉碎性骨折。1996年，他75岁的老父亲患脑血栓又在医院住了一个月。

消息传到康管委，领导和员工都十分同情这户不幸的村民。1996年春节到来之前，康管委派人送去500元生活补助费。在王宝文无法付清父亲的治疗费时，康管委又借给他1万元钱，让他父亲顺利出院。面对组织的关怀，王宝文感慨地说："还是共产党好，人民政府好"。（摘自1996年8月12日　《东方城乡报》）

二、韩国客商丢失钱款，聂明锋专程送还

2001年7月31日晚，韩国MIK公司的柳章铉先生等一行8人在康桥工业区考察结束后，乘坐康桥（集团）有限公司驾驶员聂明锋开的金杯车回到上海银河宾馆，柳章铉在整理皮包时，发现皮夹不见了。皮夹里有6000多元人民币，还有银行信用卡。柳先生通过市外商投资促进中心的邵自红与康桥集团公司联系，但康桥集团的员工查遍了柳先生坐过的办公室、接待室，都没有发现皮夹。

第二天早晨，聂明锋在整理金杯车时，发现第二排座位上有一只皮夹。他立即与邵自红联系，证实是韩国客商丢失的。小聂立即开车直奔银河宾馆，把皮夹送还给柳先生。柳先生感激地拿出一张百元人民币，酬谢聂明锋，但被小聂婉言谢绝。事后，康桥集团公司给予聂明锋500元的奖励，以表彰他拾金不昧的精神，并号召康桥集团公司全体员工向聂明锋学习。(摘自2001年8月《南汇报》)

三、小学生遭遇车祸，众员工热心相助

2000年3月2日下午，南汇县康桥镇中心小学四（3）班学生黄昭聪放学回家，在沪南公路上被一辆货车撞倒，当场昏迷不醒。肇事司机趁无人之际驾车逃逸。交巡警闻讯赶来，将黄昭聪急送周浦医院进行抢救。

小昭聪因伤势过重，被转送至华山医院急救。一个多星期过去了，小昭聪父母交给医院的押金很快就用完了，而继续抢救还需几万元。小昭聪家中因新建房屋，已背下了沉重的债务，邵聪父母面对几万元的抢救费一筹莫展。无奈之际，他们只好向工业区康管委送去了求救信。

康管委党总支立即发动全体员工，为抢救孩子献上一份爱心。大家你一百，我两百，纷纷解囊相助，员工张绍良一人就捐了300元。3月10日，康管委领导将总共11500元捐款交到了小昭聪的父亲黄立功手中。(摘自2000年3月13日 《东方城乡报》)

四、为了延锋江森落户康桥

1997年9月15日，由上海延锋汽车饰件有限公司与美国通用汽车公

司、美国江森座椅有限公司合资，投资总额达6600万美元的“上海延锋江森座椅有限公司”在康桥工业区康管委签约创办了，这一消息轰动了整个南汇。而更让人惊讶的是，为该项目牵线搭桥到南汇的，只是一对普普通通的侨眷杨振敏、童火根夫妇。

1996年秋末，在上海延锋汽车饰件有限公司工作的杨一峰来探望表姐杨振敏时，无意中谈起了他们公司与美国江森公司达成一项协议，准备合资创办一家生产坐椅及内饰件的新公司。听到这一消息，杨振敏立即意识到这是一次为南汇引资的好机会，就将该信息转告在康管委工作的丈夫童火根，童火根赶紧收集有关资料，把介绍康桥投资环境、优惠政策等资料整理后传真到延峰公司。从此，康桥工业区与延锋公司之间的线牵上了。

为了这一项目落户康桥，夫妻俩整日忙碌着。多少次电话、传真，多少个晚上上门拜访，多少回陪同中方和外方代表实地考察康桥工业区。放弃了休息天，放弃了节假日，无怨无悔地做了大量的宣传工作，终于使延锋公司开始考虑康桥这块热土了。但是，好事多磨，不久传来消息，说这个项目准备放在其他园区了。他俩听到这消息，虽然吃惊，但于心不甘。他们说，只要有百分之一的希望，就要做百分之百的努力。他们在分析了情况，研究了对策后。通过翻译，向美国福特公司和江森公司进行宣传，从康桥的地理位置、交通便捷情况，到康桥的地价、劳动力价格等优势，一一列举，进行比较。同时也跟延锋公司的中方代表保持经常的联系，一次不行，两次；两次不行，三次，这样执著地追求，终于赢得了中方和美方代表的青睐。功夫不负有心人，该项目又重新定在康桥工业区了。1997年9月，投资金额达6600万美元的延锋江森座椅项目在康桥工业区落户签约。听到这一喜讯，他俩心里说不出有多开心。

他们没有报酬，放弃休息，日日夜夜地奋力拼搏，人们不禁要问，他们想得到什么呢？每当问及此话，他俩只是微笑地说，为家乡经济发展出力，是我们侨眷应尽的义务。（摘自1998年5月17日　《上海侨报》）

五、众员工热心捐助，帮助四川灾民渡难关

2008年5月12日，汶川地震牵动了全国人民的心，“一方有难，八方支援”，康桥工业区康管委在关注抗震救灾的同时，积极行动，组织爱心

捐助活动。落户康桥工业区的各企业积极响应，纷纷慷慨解囊踊跃捐款、捐物，为灾区人民送去同胞的温暖与问候。

至5月26日，通过康管委捐献至红十字会的康桥集团公司、尚德学校、海莎纺织等32家单位的捐款共计87万元；另据不完全统计，其他捐款的工业区企业，还有宏和电子材料有限公司、延锋江森汽车坐椅有限公司、施耐德配电电器有限公司、江森自控国际蓄电池有限公司、正阳集团公司等，合计捐款597036元；正隆集团上海中隆纸业有限公司捐款500万元，员工自发捐款32988元；来自英国的挖掘机生产企业杰西博工程机械（上海）有限公司在第一时间将捐赠的6台挖掘装载机和相关操作人员投入到灾区第一线。（摘自2008年《康桥工业区信息》）

第十三章　荣　誉

1992～2008年，康桥工业区从机关到基层，从干部到群众，上上下下齐心协力，勤奋工作，开拓创新，攻坚克难，取得很大成果，得到社会的称赞和上级的肯定。

康桥工业区在精神文明建设方面所获荣誉

表13-1

单位、荣誉名称	颁奖单位	颁奖日期
南汇县文明单位	南汇县人民政府	1997年4月15日
康管委党支部获1997～1998年度南汇县精神文明优秀组织者称号	中共南汇县委员会	1999年4月28日
南汇区宣传思想工作创新奖	中共南汇区委宣传部	2000年1月30日
南汇“三五”法制宣传教育先进集体	中共南汇区委宣传部	2001年1月1日
上海市尊师重教先进集体	上海市教育委员会	2001年1月1日
“迈向新世纪的上海工业摄影大赛”组织奖	迈向新世纪的上海工业摄影大赛组委会	2001年3月11日
南汇“一日捐”献爱心活动先进单位	南汇区总工会	2001年12月1日
南汇县2000～2001年度精神文明建设优秀组织者	中共上海市南汇区委员会	2002年3月23日
2003年度宣传思想工作和精神文明建设创新奖	中共南汇区委宣传部	2004年1月30日
党工委被评为2002～2003年度区精神文明建设优秀组织者	中共南汇区委员会	2004年4月8日
话剧小品《贵客临门》获2004年南汇区社会治安综合治理文艺汇演一等奖	中共南汇区委政法委员会	2004年7月2日
捐赠慈善事业伍万元	慈善基金会南汇区分会	2005年1月27日
2003～2004年度上海市文明单位	上海市人民政府	2005年5月1日
区首届运动会足球获综合组第二名、乒乓球女子综合组第一名、男子综合组第二名	南汇区首届运动会组委会	2005年11月1日
2004～2005年度区社会治安综合治理先进集体	南汇区社会治安综合治理委员会	2006年1月1日
2006年南汇区保持共产党员先进性教育活动知识竞赛优胜奖	中共南汇区委组织部	2006年2月1日

康桥工业区管理委员会荣誉录

表 13-2

序号	荣誉名称	颁奖单位	颁奖日期	类别名称
1	全国乡镇企业示范区	国家农业部	1995.1.9	证书
2	沪南公路拓宽工程通车典礼文艺队伍表演贡献奖	南汇县群众文化工作委员会	1995.1.12	证书
3	奉献杯	浦东国际机场南干线工程指挥部	1998.5.1	证书
4	“人道救助爱心关怀”称号	上海市红十字会	1999.1.1	奖牌
5	上海市环城绿带工程建设先进集体	上海市环城绿带建设指挥部	1999.1.1	奖杯
6	农口级文明单位称号	上海市农口系统精神文明建设委员会	1999.4.1	证书
7	工业区内沪南路被命名为 1997～1998 年度南汇县文明路段	南汇县人民政府	1999.4.1	证书
8	南汇县一九九八年度利用外资出口拨交额、出口创汇企业“排行榜”出口拨交值、利用外资双第一名	南汇县对外经济委员会	1999.5.1	证书
9	全国乡镇企业科技园区	国家农业部	1999.12.1	证书
10	上海市爱国卫生工作先进单位	上海市爱国卫生运动委员会	2000.1.1	证书
11	奉献杯	浦东国际机场南干线指挥部	2000.1.1	奖杯
12	上海市环城绿带工程建设 1999 年度先进集体	市外环线环城绿带建设指挥部	2000.2.1	证书
13	1999～2000 年度上海市文明单位	上海市人民政府	2001.4.1	证书
14	小合唱：“党的光辉照我心”获市社区歌咏大赛决赛三等奖	上海市精神文明建设委员会、上海市文化广播影视管理局	2001.9	奖牌
15	南汇区“改进服务年”活动先进集体	南汇区人民政府	2002.1.1	证书
16	上海市重点工程实事立功竞赛优秀集体	上海市重点工程实事立功竞赛领导小组	2002.1.1	奖牌
17	2001 年度优秀集体称号	上海市重点工程实事立功竞赛领导小组	2002.1.20	证书
18	2001 年度南汇区吸引外资先进单位	南汇区人民政府	2002.3.1	奖牌
20	2001 年度南汇区工业系统 50 强企业、招商引资先进单位	南汇区人民政府	2002.3.1	证书
21	上海市红十字人道救助基金	上海市红十字会	2003.5.1	证书
22	“万众一心抗非典”捐赠纪念	上海市民政局	2003.5.1	奖牌
23	2001～2002 年度上海市文明单位	上海市人民政府	2003.8.1	证书
24	人才工作先进单位	中共上海市委员会、上海市人民政府	2004.1	奖牌
25	“刊日招商”竞赛活动优秀组织二等奖	南汇区人民政府	2004.4.1	奖牌
26	上海市安全单位	上海市精神文明建设委员会办公室	2005.1.1	奖牌

续表13-2

序号	荣誉名称	颁奖单位	颁奖日期	类别名称
27	上海市质量与环境双优园区	上海市经委、市质量技术监督局	2005.5.1	奖牌
28	2003～2004年上海市文明单位	上海市人民政府	2005.5.1	证书
29	"人道救助爱心关怀"称号	上海市红十字会	2006.1.1	奖牌证书
30	南汇区先进基层党组织	中共上海市南汇区委员会	2006.6.1	证书
31	2006年上海市开发区统计工作先进集体	上海市经济委员会	2007.7.1	奖状
32	上海市品牌建设优秀园区	市开发区协会、市商标协会	2008.9	证书

康桥工业区党工委荣誉录

表13-3

序号	荣誉名称	颁奖单位	颁奖日期	类别名称
1	南汇县机关事业单位"四好"党支部	中共南汇县委员会	2001.7.1	奖牌
2	人才工作先进单位	中共上海市委员会、市人民政府	2004.1.1	奖牌
3	南汇区"四好"机关企事业党支部	中共南汇区委员会	2004.7.1	证书
4	南汇区"四好"机关事业单位党组织	中共南汇区委员会	2004.7.1	奖牌
5	2004～2006年度"三级联创"活动先进基层党组织	中共南汇区委员会	2007.6.1	证书

上海浦东康桥（集团）有限公司荣誉录

表13-4

序号	荣誉名称	颁奖单位	颁奖日期	类别名称
1	全国第三次工业普查二等奖	南汇县工业普查领导小组办公室	1999.6.1	奖状
2	上海市尊师重教先进集体	上海市教育委员会	2001.1.1	证书
3	"迈向新世纪的上海工业摄影大赛"组织奖	"迈向新世纪的上海工业摄影大赛"组委会	2001.3.11	证书
4	"党的光辉照我心"上海市社区歌咏大赛决赛三等奖	上海市精神文明建设委员会	2001.9.1	奖牌
5	"人道救助爱心关怀"称号	上海市红十字会	2001.12.1	奖牌
6	改进服务年活动先进集体	南汇县人民政府	2002.1.1	奖牌
7	2001年度南汇区吸引外资先进单位	南汇区人民政府	2002.3.1	奖牌
8	2001～2003年度南汇区先进集体	南汇区人民政府	2004.4.1	证书
9	"漕河泾杯"首届上海市开发区运动会比赛获足球比赛第二名	上海市首届开发区运动会组委会	2005.7.1	奖杯证书
10	2006上海桃花节特别贡献单位	上海桃花节组委会	2006.3.26	奖杯
11	2004～2006年南汇区先进生产者和先进集体	南汇区人民政府	2007.4.1	证书

康桥工业区管委会个人荣誉录

表 13-5

序号	获奖者	荣誉名称	颁奖单位	颁奖日期	类别名称
1	沈季良	市规划工作先进个人	上海市规划局	1995.5	证书
2	童火根	沪郊程控杯征文一等奖	上海市郊县邮电局、东方城乡报	1995.9	证书
3	邱学国	1997～1998年度获南汇县精神文明优秀组织者称号	中共南汇县委员会	1999.4.28	证书
4	邱学国 倪志军 汪　铭	市环城绿带工程先进个人	市外环线环城绿带建设指挥部	2000.2.1	证书
5	盛宝珊等	盛宝珊等121人捐款万元救助车祸致伤学生被评为2000年度南汇县精神文明“百件好事”	南汇县人民政府	2001.4.2	证书
6	王仲德	南汇县优秀共产党员	中共南汇县委员会	2001.7.1	证书
7	童火根 聂明锋	南汇县2000～2001年度精神文明建设优秀组织者	中共南汇区委员会	2002.3.23	证书
8	夏　多	抗击“非典”斗争中的先进共产党员	中共南汇区委员会	2003.7.1	证书
9	倪志军 闵伟强 陈　鹰	2003年度南汇区重点工程实事立功竞赛区建设功臣、优秀建设者	重点工程实事立功竞赛南汇区领导小组	2004.1.1	证书
10	舒国华 赵金荣	2001～2003年度南汇区先进个人	南汇区人民政府	2004.4.1	证书
11	陈　鹰	2002～2003年度南汇区精神文明建设优秀组织者	中共南汇区委员会	2004.4.8	证书
12	张剑平	2004年度南汇区重点工程实事立功竞赛先进个人	市重点工程实事立功竞赛领导小组	2005.3.1	证书

康桥工业区部分单位获奖荣誉录

表 13-6

序号	获奖单位	荣誉名称	颁奖日期
1	上海耀皮康桥汽车玻璃有限公司	上海市级新产品－桑塔纳2000型轿车玻璃（前后风挡/侧窗玻璃总成）	1998.1
2	上海耀皮康桥汽车玻璃有限公司	国家重点新产品－桑塔纳2000型轿车玻璃（前后风挡/侧窗玻璃总成）	1999.11
3	上海宏和电子材料有限公司	上海市外商投资双优企业	2000
4	上海周康房地产有限公司	2001年度市先进集体	2002.2
5	上海耀皮康桥汽车玻璃有限公司	国家重点新产品－上海赛欧轿车整车玻璃	2002.7
6	上海康桥半岛（集团）有限公司	国家建设部“建设创新奖”	2002
7	上海康桥半岛（集团）有限公司	建设创新奖	2002
8	上海周康房地产有限公司	上海市先进集体	2002～2004

续表 13-6-1

序号	获奖单位	荣誉名称	颁奖日期
9	上海周康房地产有限公司	2002 年度市先进集体	2003.2
10	中钞油墨有限公司（生产制造部）	2001～2003 年度上海市劳动模范集体	2003
11	中钞油墨有限公司（生产制造部团支部）	2002～2003 印制系统先进团支部	2003
12	中钞油墨有限公司（生产制造部成品装桶作业组）	2003 年印制系统青年文明号	2003
13	上海宏和电子材料有限公司	上海市外商投资先进技术企业	2003～2007
14	上海周康房地产有限公司	2003 年度市先进集体	2004.2
15	上海耀皮康桥汽车玻璃有限公司	国家重点新产品证书－澳大利亚福特独木舟轿车“SWB、SW、LWB、OSPREY 车型”整车玻璃	2004.7
16	上海耀皮康桥汽车玻璃有限公司	国家重点新产品奖－上海大众帕萨特轿车（3.2mm）后风挡玻璃	2005.6
17	中钞油墨有限公司	上海市高新技术企业	2005.10
18	上海康桥半岛（集团）有限公司	上海房地产 18 年十大外资企业	2005
19	延锋百利得（上海）汽车安全系统有限公司	上海市外商投资先进技术企业认证	2006
20	上海中豪纸业有限公司	中国印刷企业 100 强	2006
21	延锋百利得（上海）汽车安全系统有限公司	上海市劳模集体	2007
22	延锋百利得（上海）汽车安全系统有限公司	全国机械工业职工技术创新示范班组	2007
23	昌硕科技（上海）有限公司	上海市进出口额前 20 名外商投资企业	2007
24	昌硕科技（上海）有限公司	上海市外商投资双优企业	2007
25	昌硕科技（上海）有限公司	上海银行 VIP 客户	2007
26	中钞油墨有限公司（设计研发班组）	上海市新长征突击队称号	2007
27	上海周康房地产有限公司	中国最具社会责任感企业	2007.8
28	上海耀皮康桥汽车玻璃有限公司	“中国建材杯”全国建材行业技术革新奖一等奖－上海大众帕萨特轿车全型面控制后风挡玻璃	2007.12
29	上海周康房地产有限公司	2007 年度市先进公司	2008.1
30	上海汇宝房地产有限公司	上海市红十字会荣誉证书	2008.5
31	上海汇宝房地产有限公司	上海市红十字会荣誉证书	2008.5
32	昌硕科技（上海）有限公司	5.12 汶川地震抗震救灾杰出贡献奖	2008.10
33	上海耀皮工程玻璃有限公司（可钢化低辐射镀膜玻璃）	上海市科技进步三等奖	2008.12
34	上海耀皮工程玻璃有限公司	上海市专利工作培育企业	2008.12
35	上海宏和电子材料有限公司	上海市高新技术企业	2008.12

续表 13-6-2

序号	获奖单位	荣誉名称	颁奖日期
36	上海耀皮康桥汽车玻璃有限公司	上海市高新技术企业	2008.12
37	延锋百利得（上海）汽车安全系统有限公司	上海市外商投资双优企业	2008
38	延锋百利得（上海）汽车安全系统有限公司	上海市高新技术企业	2008
39	上海中隆纸业有限公司	上海市外商投资先进技术企业	2008
40	上海保利建霆房地产有限公司	中国最具投资价值房地产开发企业	2008
41	上海保利建霆房地产有限公司	上海合同信用促进会“守合同重信用AAA级企业”	2008
42	上海康桥建设工程有限公司	守合同重信用AAA级企业	2008
43	昌硕科技（上海）有限公司	上海市外商投资先进技术企业	2008
44	上海中豪纸业有限公司	中国印刷企业100强	2008
45	上海保利建霆房地产有限公司	中国最具投资价值房地产开发企业品牌	2008
46	上海保利建霆房地产有限公司	上海房地产十大品牌房企	2008
47	上海中豪纸业有限公司	上海市外商投资双优企业	2008

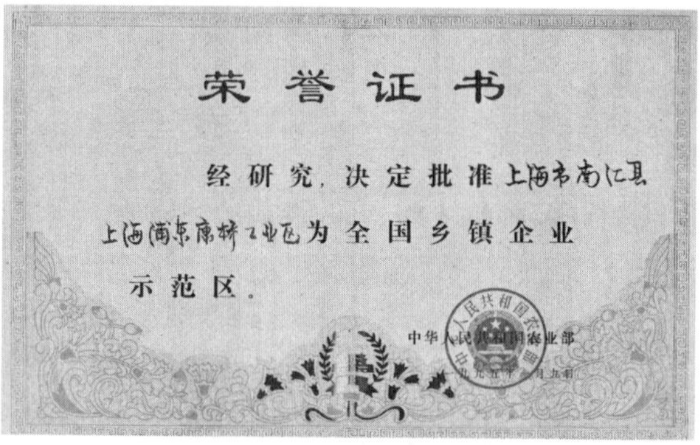

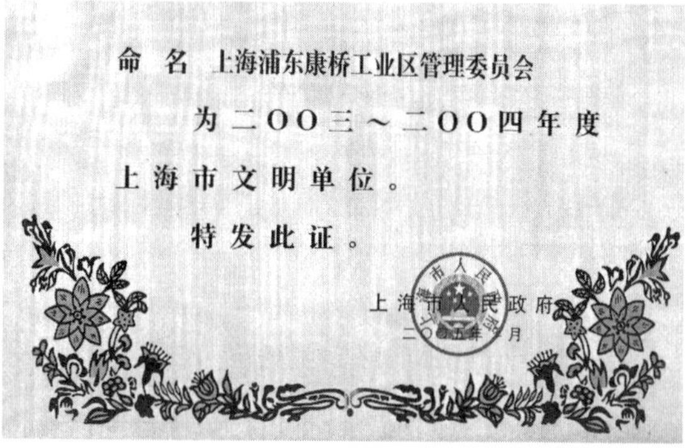

第十四章　宣传报道

1992～2008年，康桥工业区的建设者在做好日常工作的同时，与有关媒体记者一起，在报纸、杂志、广播、电视中宣传康桥，发表了200多篇新闻、论文、照片。管委会原主任徐江、井剑平也亲自写文章，在市、区广播、电视中演讲，宣传推介康桥。这些新闻和照片，真实、生动地记录了康桥发展的历史轨迹，扩大了康桥的社会影响。这里选录的是大量宣传报道中的一部分。

一、报纸新闻

表14-1

序号	发表年月	媒体名称	新闻标题	作者
1	1992年6月25日	解放日报	横沔乡将崛起纺机城	范桂国
2	1992年7月4日	文汇报	康桥工业区建设拉开序幕	记者：于沛华
3	1992年11月6日	解放日报	康桥工业区已吸资25亿，三周地区将成后花园	记者：张伟光
4	1992年12月15日	新闻报	长江联合发展公司与康桥工业区喜结良缘	记者：鲁家松
5	1992年12月20日	解放日报	浦东新区康桥小区一万平方米土地招商	
6	1992年12月20日	新闻报	康桥工业区将成为浦东后花园	记者：鲁家松
7	1992年12月25日	新民晚报	康桥工业区首批标准厂房今奠基	
8	1992年12月27日	解放日报	浦东的南大门——康桥工业区开发区纪实	记者：张伟光、庄品华
9	1993年4月18日	解放日报	南汇康桥工业区崛起	记者：张伟光
10	1993年11月6日	解放日报	康桥工业区主干道通车	秦昌桂、童火根
11	1993年11月6日	文汇报	康桥路竣工横贯浦东南大门	
12	1993年11月30日	东方城乡报	通向腾飞之路	童火根
13	1994年5月21日	东方城乡报	康桥工业区切实保护农民的经济利益——沪郊首家土地股份制公司成立	童火根
14	1994年8月27日	文汇报	南汇康桥工业区列为市级工业区	
15	1994年9月20日	上海侨报	康桥工业区形成投资新热点	童火根
16	1994年10月27日	东方城乡报	崛起的浦东南大门	童火根
17	1994年11月22日	东方城乡报	围绕经济抓党建——康桥工业区坚持民主集中制	童火根

续表 14-1-1

序号	发表年月	媒体名称	新闻标题	作者
18	1995 年 5 月 22 日	文汇报	外国客商看好浦东康桥工业区	童火根
19	1995 年 7 月 4 日	新民晚报	南大门的变迁	童火根
20	1995 年 7 月 15 日	东方城乡报	康桥工业区形成四大行业集团	童火根
21	1995 年 8 月 12 日	解放日报	二十个项目同日落户康桥工业区	童火根
22	1995 年 8 月 12 日	文汇报	康桥工业区吸引市区百分之六十五大中型企业前往投资	童火根
23	1995 年 8 月 12 日	香港商报	沪康桥工业区一日引进 20 个项目	童火根
24	1995 年 7 月 11 日	新闻报	康桥工业区迅速崛起	童火根
25	1995 年 8 月 28 日	《解放日报》中国经济版	康桥——浦东南大门	
26	1995 年 8 月 29 日	新民晚报	康桥成为大中型企业投资的乐园	童火根
27	1995 年 10 月 13 日	文汇报	走近康桥	戚翎惠
28	1995 年 10 月 16 日	解放日报	大校迷途记	童火根
29	1995 年 12 月 20 日	新闻报	康桥，上海第二汽车城	童火根
30	1996 年 1 月 2 日	《解放日报》中国经济版	浦东康桥汽车工业成龙配套	童火根
31	1996 年 1 月 15 日	《解放日报》中国经济版（香港）	康桥中药王国，产品远销海外	童火根
32	1996 年 1 月 19 日	解放日报	团地开发三大好处——康桥工业区企业集中建设出效益	童火根　记者：顾伟
33	1996 年 2 月 12 日	解放日报	康桥工业区形成四大支柱产业	童火根
34	1996 年 1 月 24 日	文汇报	和合村里的中药材王国	童火根
35	1996 年 2 月 28 日	东方城乡报	OK，康桥工业区——国外投资者谈上海浦东康桥工业区	童火根
36	1996 年 4 月 15 日	文汇报	外商青睐康桥	记者：管瑞智
37	1996 年 6 月 14 日	解放日报	四个侨眷一颗心	童火根
38	1996 年 8 月 12 日	东方城乡报	爱心，在康桥奉献	童火根
39	1996 年 12 月 2 日	解放日报	康桥工业区人气旺、客商涌	记者：张伟光、毕岚
40	1997 年 3 月 19 日	上海科技报	康桥工业区牛年气象新	童火根
41	1997 年 4 月 2 日	新闻报	建设好浦东南大门——访浦东康桥工业区管委会主任徐江	记者：季龙妹
42	1997 年 5 月 14 日	东方城乡报	康桥工业区五年开发成果辉煌	童火根、禾木
43	1998 年 1 月 12 日	东方城乡报	康桥工业区经济总量占南汇六分之一	童火根
44	1998 年 2 月 7 日	东方城乡报	工业区开发资金的融通与使用	童火根
45	1998 年 4 月 10 日	新民晚报	康桥崛起一个汽车城	
46	1998 年 9 月 14 日	解放日报	康桥工业区进入收获期	童火根

续表 14-1-2

序号	发表年月	媒体名称	新闻标题	作者
47	1998年5月17日	上海侨报	为了江森落户康桥……	记者：杨忠根
48	1998年12月9日	东方城乡报	在康桥这片热土上……	童火根
49	1999年5月17日	东方城乡报	康桥工业区步入产出期	童火根
50	1999年6月4日	南汇报	康桥工业区迎来新一轮大建设	周林军
51	1999年8月12日	解放日报	温州私企康桥办学	童火根
52	1999年8月28日	新民晚报	“红蜻蜓”投资5000万元进驻康桥	童火根
53	1999年9月3日	东方城乡报	康桥工业区形成汽车工业“大家族”	童火根
54	1999年10月26日	新民晚报	南汇县横沔镇汤巷中心村见闻	记者：秦武平
55	1999年12月10日	解放日报	“康桥园”内好读书	童火根　记者：刘斌
56	2000年3月13日	解放日报	小学生遭遇车祸，众员工热心相助	童火根
57	2000年7月27日	东方城乡报	康桥工业区社会事业配套成龙	童火根
58	2000年8月29日	上海经济报	康桥工业区勇挑再就业重担	童火根
59	2000年9月27日	东方城乡报	康桥工业区“三讲”出新貌	童火根
60	2000年11月28日	上海经济报	康桥崛起综合性工业新镇	童火根
61	2001年2月1日	新民晚报	康桥工业区引资逾110亿元	童火根
62	2001年3月4日	解放日报	“康桥”定位高科技	童火根　记者：郚晶晶
63	2001年8月	南汇报	韩国客商丢失钱款，康桥员工专程送还	周正康、童火根
64	2001年10月2日	新民晚报	康桥工业区加速招商引资，花开三朵添金色	记者：秦武平
65	2001年10月11日	东方城乡报	康桥工业区驶上快车道	童火根
66	2002年1月15日	南汇报	中科大花落康桥	记者：杨晓春
67	2002年2月20日	新民晚报	康桥工业区为引外资加强基础建设	童火根
68	2002年2月26日	南汇报	康桥工业区快马加鞭迎发展	
69	2002年5月14日	南汇报	康桥工业区十年建设硕果满枝	
70	2002年6月9日	解放日报	开了“申花”，秀了“康桥”	童火根
71	2006年5月24日	上海科技报	先进制造技术在康桥孵化	记者：耿挺
72	2006年6月23日	南汇报	华硕电脑上海南汇科技园一期如期投产二期顺利开工——康桥信息产业集群又添基石	记者：唐同轨
73	2006年12月19日	南汇报	产业体系日臻完善　经济增速一路高歌——周康综合经济区凸现南汇实力	记者：潘承军
74	2007年1月20日	文汇报	Kangqiao on a progressive path	
75	2007年1月22日	解放日报	建设技术研发平台　发展生产性服务产业——“康桥”打造“智慧谷”	记者：黄勇娣

续表 14-1-3

序号	发表年月	媒体名称	新闻标题	作者
76	2007年1月22日	文汇报	做大电子信息产业 发展生产性现代服务业——浦东康桥崛起“智慧谷”	记者：薄小波
77	2007年1月22日	东方网	做大电子信息产业 浦东康桥崛起“智慧谷”	记者：薄小波、陈书达
78	2007年1月23日	SMG电视新闻中心	浦东康桥工业区打造上海“智慧谷”	
79	2007年1月23日	中新上海网	上海“智慧谷”显山露水	记者：褚婷婷
80	2007年1月23日	解放网	南汇打造康桥“智慧谷”	
81	2007年1月24日	上海科技报	做大电子信息产业 发展生产性现代服务业——康桥全力打造“智慧谷”	记者：张秀华 区委宣传部：郭根明
82	2007年1月24日	解放日报	浦东康桥打造“智慧谷”	记者：黄勇娣
83	2007年1月24日	上海商报	浦东康桥工业区产值目标超千亿	记者：季龙妹
84	2007年1月24日	SMG广播新闻中心	康桥全力打造“智慧谷”	
85	2007年1月24日	东方网	浦东康桥打造“智慧谷”	记者：黄勇娣 顾卓丹
86	2007年1月25日	东方城乡报	做大电子信息产业 打造总部基地基础服务经济——康桥“智慧谷”点燃腾飞引擎	区委宣传部：郭根明
87	2007年1月25日	新浪网	发展生产性服务业 康桥欲打造上海“智慧谷”	
88	2007年1月26日	南汇报	打造总部基地 发展服务经济——康桥工业区举办“2007年环境投资说明会”	记者：唐同轨
89	2007年1月26日	中国新闻	中外客商青睐上海“智慧谷”	记者：褚婷婷
90	2007年1月26日	城市导报	浦东康桥全力打造上海“智慧谷”	
91	2008年1月4日	南汇报	康桥工业区跻身市级工业区前列	记者：唐同轨
92	2008年2月19日	南汇报	康桥工业区生产性服务业发展提速	记者：唐同轨
93	2008年5月9日	南汇报	康桥工业区：创新+“转身”实现跨越	记者：唐同轨

2 年 12 月 27 日　星期日　　解放日报

浦东的“南大门”

——康桥工业开发区纪实

与浦东新区东南部接壤的南汇县康桥工业区，正以勃勃雄姿吸引国内外客商。今年 5 月份以来，有 400 多批海外人士到这里参观考察，签约项目216个，吸引资金41．6亿元，其中外资2837万美元。具有相当规模的“华东乡镇企业城”、“中国纺机城”和“恒通和合工业基地”等纷纷到这里落户，中国东风汽车公司、长江经济联合发展有限公司和南泰电子有限公司等也来此搭台唱戏。市委书记吴邦国专程到该工业区视察，对小区的建设发展给予高度评价，并欣然题词“建设好浦东南大门”。

开发、建设康桥工业区，是南汇县九十年代经济发展的战略重点。今年春，在邓小平同志视察南方的重要讲话精神鼓舞下，南汇县委、县政府审时度势作出决定，紧紧把握机遇，在濒临浦东新区的康桥地区辟建 8 平方公里的工业区，打好浦东开发的边缘战。

康桥工业区有着地理优势，北连浦东新区，南靠上海城市外环线，西接浦三公路至南浦大桥，东通规划中的浦东国际航空港。从浦东新区通往南汇、奉贤、金山及至杭州湾的沪南公路贯穿其中。此外，工业区三面有水道环绕，并连接周浦塘、川杨河直通黄浦江，水陆交通十分便捷。县委、县府还发挥政策优势，规定在康桥工业区投资项目，享受浦东新区的优惠政策；企业到区内投资给予10多项优惠政策。南汇县委、县政府还对康桥工业区进行认真规划，提出了“统一规划，合理布局，配套建设，综合开发，分步实施”的指导思想。整个工业区分为康桥、和合、横沔三个工业小区和沪南路、杨南路 2 个公建区。工业区将着力引进技术密集型的高新技术项目和外资项目，逐步形成以高新技术为导向，以技术密集的外向型经济为主体的产业布局，使之成为南汇最大的科技工业密集区和出口创汇基地。同时把康桥工业区开发的规划范围延伸到素有“小上海”之称的周浦镇，逐步将该地区建设成为一个人口达 15 万至20万，面积达 22 平方公里，外向型、多功能、城乡一体化的现代化卫星城镇。到本世纪末，这一地区将要实现国民生产总值 10 亿元，社会总产值30亿元。

近几个月来，工业区正在抓紧基础设施建设，投资环境日臻完善。投资1．2亿元，长9．1公里，宽33米的区内骨干工程——康桥路正在紧张施工之中，明年将竣工通车；投资2200万元的万门程控电话工程今年安装 800 门，明年全部完成投人使用。投资3400万元，日供 3 万吨自来水的水厂，投资 4000 万元，4座3．5万伏的变电站将先后建设并于94年全部完成。

康桥工业区的建设、发展，产生了很大吸引力。最近以来，海内外客商纷至沓来，日均 20 多人次前来考察洽谈。国家农业部、纺织部也纷纷前来投资。目前已引进建设项目 51 个，投资额 13．7 亿元，商业项目 107 个，注册资金 3.5 亿元，工业项目58个，投资额24．4亿元。现代化、多功能的高层海东大厦、汇丽大厦也相继拔地而起。

康桥工业区必将成为浦东的“南大门”。

张伟光　庄品华

康桥工业开发区

康桥工业区形成四大行业集团

本报讯 经过三年多的开发建设，四个市级工业区之一的浦东康桥工业区已初步形成了颇有特色的四大行业集团。这些行业中的许多企业，科技含量高，外资企业比例大，在工业经济发展中占了很大比重。

——汽车行业集团。有组建红旗牌轿车的中国一汽、生产汽车转向器的中国二汽，有生产汽车传动轴的中德合资纳铁福有限公司第四期扩建项目，总投资达4570万美元，有组装整车的旅游客车厂，还有与汽车相关的联农驾驶员培训中心，上海交通处第三考验场。

——新型建材行业集团。有生产彩色钢板的澳大利亚BHP公司上海建筑钢品有限公司，有用先进技术和设备生产浮法玻璃的中英合资耀华皮尔金顿玻璃有限公司，投资额达2165万美元，还有上海阿姆斯壮——汇丽地板制品有限公司，生产高品质的块状地板和卷材地板。

——药物保健行业集团。集中在和合工商园区的上海保康中药厂、南和药物保健厂、海考斯蜂产品实业公司、上海涵春保健品厂等 7 家企业，生产的银杏叶浸膏粉、中药饮片、脱水蔬菜等产品，远销日本、东南亚、德国等地，为国家争取外汇。

——电子、电器行业集团。建有中美合资南泰电子有限公司、西安黄河电子有限公司、中法合资波洛莱介质材料有限公司、中法合资上海梅兰日兰人民电器有限公司，投资 1800 万美元，生产低压空气断路器。 （童火根）

摘自 1995.7.15《东方城乡报》

外资内资并举　本市外埠同上

康桥工业区人气旺客商涌

已批准、引进内外资项目总投资一百十四点二八亿元

本报讯　步入南汇县康桥工业区，卷扬机、搅拌机和打桩机声此起彼伏。工业区管委会负责人告诉记者，由于采用“外资内资并举，本市外埠同上”招商引资新举措，工业区再度呈现出人气旺、客流涌的景象，到目前为止，累计批准、引进内外资项目825个，总投资114.28亿元，其中吸引外资5.61亿美元，汽车配件、新型建材、医药保健、电子电器和轻工服装五大生产基地已基本形成。

创建于1992年5月的康桥工业区，位于浦东新区南端，距市中心10公里，拥有水、陆、空立体交通组合优势，交通地理环境得天独厚。几年来，工业区管委会先后投资5亿多元，全区基础设施实现“七通一平”。然而，近几年来由于周边地区的工业区纷纷崛起，造成客商分流，南汇利用外资的增势有所趋缓，而市区产业实施布局调整，一批环线内的工厂企业需向外转移，落户郊区，另外，外地企业看好上海，想来沪搭台唱戏。为此，他们将招商引资从原来注重外资的单向型变为“外资内资并举，本市外埠同上”的多向型。管委会专门建立5个招商组，分赴各国驻沪领事馆、外省市驻沪办事处，以及本市各部委办局和有关工厂企业等宣传康桥，推销康桥，并请他们到康桥实地参观考察。今年以来，康桥平均4天就引进一个大项目，吸引项目和金额均名列市级工业区前茅。

以高效率的办事质量，促使落户企业快速建设、快速投产、快速见效，增强对外吸引力，是康桥工业区营造开发建设新强势的又一举措。管委会主动将土地、建设、劳动、税务、银行、环保等部门引进区内，设立窗口，以便实行一门式服务，现在内资项目只要在两周内就可办妥全部手续，外资项目一般不超过一个月。上海服装总公司与意大利英杰拉米集团共同投资组建圣人梦服装有限公司，项目审批只用了半个月，9000平方米的厂房及配套设施也在半年内完成，工厂提前投产，客商十分满意。

随着客商大量云集，康桥工业区管委会认真搞好产业布局，建立发展基地，让每一产业相对集中，集约生产。近几年来，康桥工业区以板块形式，辟建汽车配件、新型建材、医药保健、电子电器和轻工服装五大生产基地。今年以来，美国、日本、澳大利亚、德国等10多个国家以及安徽、宁夏、陕西、浙江等省市自治区都到康桥投资办业。　（记者　张伟光　毕岚）

摘自1996.12.2《解放日报》

访谈录

建好浦东南大门

——访浦东康桥工业区管委会主任徐江

□/季龙妹

康桥，是一个富于诗意的地名。在英国，有一个令现代诗人徐志摩留恋万分的康桥，他笔下的康桥风韵曾倾倒无数人。无独有偶，在中国上海也有一个康桥，这就是地处浦东新区南大门的市级工业开发区——浦东康桥工业区。

经过数次相约，康桥工业区管委会主任徐江从百忙中腾出时间接受了记者的专访。今年48岁的徐江敦厚老成却不乏机智敏捷，这位曾当过南汇县计委主任、现在仍然是南汇县委常委的实干家侃侃而谈，从容自若。他向记者介绍说，康桥工业区是距市中心城区最近的市级工业区之一。这几年，康桥工业区进行高起点规划，高标准建设。如今，区内的道路、供电、供水、通讯等基础设施已配套完善，工业、商业、科贸等功能园区以及文化、教育、医疗等公用事业设施布局合理，一个现代化工业城区已初见端倪。

康桥工业区是自费开发的成功典范，“康桥”员工的创业创新精神令人十分敬佩。徐江告诉记者，康桥工业区的开发没有向政府伸手要钱，为解决工业区基础设施建设的大笔资金，他们一是率先组建具有现代企业操作规范的康桥（集团）公司，吸引了县供销合作社、县建筑总公司等市、县14家经济实力较强的单位投资入股，股本金达3400万元，解决了开发之初的启动资金。二是吸引一些大企业搞成片开发。另外，利用土地批租和向银行贷款也筹集了一些资金。迄今，区内已投入建设资金达40亿元人民币。如果象过去那样由县财政承担的话，全县人民积聚这笔经费要花上十年。

康桥工业区取得了令人瞩目的成就，据介绍，几年来，康桥引进工业项目270多项，投资总额72亿元，其中“三资”项目84个，协议引进外资5.6亿美元。美国通用汽车公司、英国皮尔金顿公司、法国施耐德集团、澳大利亚BHP公司等许多跨国公司都先后落户康桥。中国一汽、东风汽车集团、西安黄河等国内大型企业也在康桥投资置业。工业区内已形成了汽车配件、新型建材、电子电器、医药化工四大支柱行业。九六年，区内工农业总产值29.7亿元，约占全县的七分之一。国内生产总值7.13亿元，约占全县九分之一。实现税收1.1亿元，约占全县七分之一。徐主任特别强调，康桥地处浦东的南大门，已与浦东融为一体，她得浦东开发开放的天时地利，实行与浦东一样的优惠政策，投资者肯定会得到丰厚的回报。

听罢徐主任掷地有声的话语，看到康桥工业区一幢幢拔地而起的高楼，一条条宽敞整洁的大道和一座座建成投产的工厂，记者想，要是徐志摩再现，定会到此一游，并写下中国康桥新的壮丽诗篇。

摘自1997.4.2《新闻报》

40多家相关企业组成"大家族"

"康桥"崛起一个汽车城

本报讯（通讯员童火根　记者秦武平）不到5年的时间，毗邻浦东新区的康桥工业区就驶出一个由40多家相关企业组成的汽车"大家族"：从零配件生产到整车组装，从汽车检验、修理、拆车直至驾驶员培训考核，可谓"人丁兴旺"。

为大众桑塔纳等车辆配套的等速万向节传动轴是中德合资上海纳铁福传动轴有限公司的"强项"，去年的产值高达5.2亿元。汽车转向器和拉杆的市场由中美合资企业"掌舵"，而中意合资企业在汽车仪表及传感器的生产上领先一步。上海机电股份有限公司与美国通用汽车公司零部件集团"联姻"，使各类免维护的车用蓄电池在康桥工业区也能找到合适"对象"。此外，投资达6600万美元的上海延锋江森座椅有限公司，在美国福特汽车公司等共同努力下，正准备坐上各类车用座椅生产的"头把交椅"。

中国一汽的"红旗"轿车同样是当地的"明星"。新辟建的"小红旗"组装流水线成了国产轿车走向市场的"黄金通道"，去年组装和销售的"红旗"轿车突破了1000辆。康桥也是本市最大的微型车销售市场。在当地13家汽车销售公司的"帐下"有金杯、桑塔纳、红旗、奥迪、昌河、长安、五菱、汉江等10多个"伙伴"，去年共售出各种汽车逾1万辆，销售额达8.2亿元。

在这个汽车"大家族"中．不仅汽车的生产、检验、维修可以得到周到的服务，还有一个专门培育"车夫"的课堂。工业区内的上海联农机动车驾驶员培训中心在不到一年时间里就培训了5500名合格驾驶员。

本版执编
吴迎欢

摘自1998.4.10《新民晚报》

1999年12月10日 星期五

『康桥园』内好读书

一群着装统一的幼儿在草地上嬉戏，初冬的阳光洒落在他们身上，给人一种其乐融融的感觉，其中两位黄发蓝眼的小女孩特别引人注目。一旁的上海儿童文学幼儿园的老师告诉说：这是一对姐妹，大的叫王青灵，小的唤王曦麟。她们的母亲凯瑟琳来自德国汉堡，今年5月她来康桥工业区考察，为这里洁净、美丽的居住环境所吸引，决定把公司和家都安在这里。

走进康桥工业区，我们都有一种感受：这里的决策者不仅重视工业项目的建设，而且关注教育文化事业的发展。除了上海儿童文学幼儿园外，大、中、小学校也陆续创办起来，吸引大批莘莘学子前来就读。一座设施一流的学校展现在我们面前，工业区管委会同志介绍说，这是浦发中学，由中国浦发集团成浦企业有限公司投资兴建，浦东建平中学输出管理，全国教育界20多位学科权威和管理专家在此诲人不倦。到目前为止，学生总数已达1128人。在他的引领下，我们又来到一个占地205亩的建设工地，原来温州民营企业家在此投资兴建上海建桥大学。

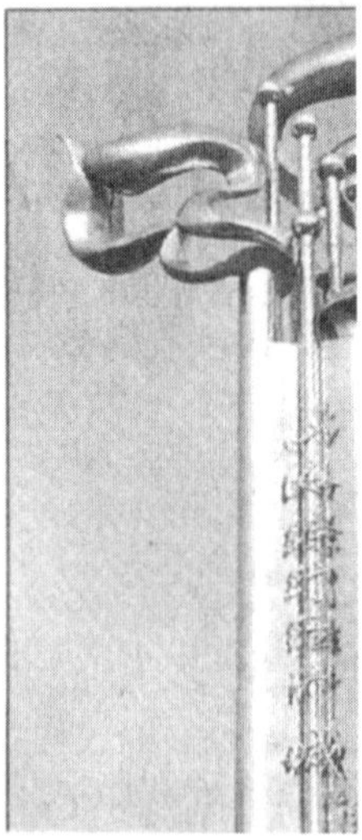

大手笔一个接一个。今年8月，上海申花足球俱乐部有限公司与康桥（集团）有限公司签订协议，在此合作建办上海申花足球训练中心暨申花足球学校，作为向国内外各级职业足球俱乐部输送优秀足球人才的基地，这个训练中心明年9月可望正式启用。工业区内的孙徐春艺术工作室，是由本市企业界和文化界携手创建的，目前工作室已制订出未来几年的发展计划：在工业区创办新世纪业余艺术学校，策划举行"桃花婚典"等具有民俗风情的婚礼活动。

迅速发展中的教育文化体育事业，犹如一片片绿叶，将康桥工业区这朵红花烘托的格外迷人。

本报通讯员 童火根 本报记者 刘斌

压题照为上海儿童文学幼儿园的孩子 王仲德 摄

摘自1999.12.10《解放日报》

园区

4 上海经济报

“软”“硬”兼施 多元发展

康桥崛起综合性工业新镇

热点追踪

市级工业开发区应建成什么模样？浦东康桥工业区建设者的指导思想是：以工业为主导产业，积极发展房地产、金融、贸易、餐饮等第三产业以及教育、文化、卫生等社会事业，形成外向型、多功能、综合性的行业格局。围绕这个目标，八年多来，康桥工业区投入巨资抓配套，热忱服务抓软件，取得显著成果，一个综合性的工业新镇在浦东新区南端迅速崛起。

这几年，康桥工业区先后投入8亿元人民币，抓市政配套建设。如今，康桥路、杨高南路延伸段、康花路、秀康路等主干道和支路的修建，使工业区形成网格形的交通网。一座220万伏和两座35千伏变电站的竣工，保障了区内各单位的正常用电。两座新建的邮电支局，为各用户提供便利的邮政和电讯服务。东海平湖油气田的管道天然气，方便了企业和居民的生活。九公里长的环南一大道和百米宽的绿化带，使工业区的投资环境锦上添花。

康桥人的热忱服务，为客商所称道。去年，温州民营企业家周星增等人决定建办一所民办大学。他考察了杭州、温州等许多地方，都不满意。是康桥人的热情与诚恳，使他下决心把大学建在康桥。项目签约后，工业区有关部门帮他解决办理项目审批、用地以及动迁安置等问题，为大学的建设专门成立了指挥部。如今，一年不到，一所现代化的大学——上海建桥学院已正式开学。

杉达大学为了扩大办学规模，也看好康桥。今年五月，与康桥工业区签订了建立杉达大学康桥校区的协议。签约以后，工业区有关部门在一个多月内帮投资方办完了项目立项、用地批文、规划许可等建设的手续。在两个月内，完成了35户农户、22个征地工的动迁安置手续，先后投入资金1337万元。

如今，落户康桥的工业项目达到430家，协议总投资110亿元人民币；“三资”工业项目157家，引进外资10亿美元。美国通用公司、福特公司，英国的皮尔金顿公司，法国施耐德集团以及澳大利亚的BHP公司等世界著名企业都先后落户康桥。全年该区工业产值预计可达90亿元。与此同时，第三产业和社会事业也同步发展。康桥花园、绿宝苑、康桥半岛等38万平方米的商品房，汇聚了大量人气。中行、建行等四大银行为各单位提供金融服务。浦发中学、儿童文学幼儿园、建桥学院形成了大、中、小齐全的教育体系。由著名沪剧演员孙徐春与康桥（集团）有限公司建办的“康桥·孙徐春艺术工作室”已正常运作。占地300亩、投资1亿元的上海申花足球训练中心和申花足球学校正紧锣密鼓地施工，明年3月可投入使用。届时，学校将为全市乃至全国输送优秀的足球人才。

（童火根）

康桥工业区加速招商引资

“花开三朵”添金色

本报讯（通讯员童火根 记者秦武平）科技园、IT园、加工区这“三朵金花”，使九大市级工业区之一的康桥工业区今年步入招商引资的全盛期。到9月底，全区引进外资2.52亿美元，内资项目58个。

去年底兴建的康桥工业区高科技园区，投资7200万元建立的15幢标准厂房至今已有12家外资公司租用，其中瑞士德特威勒电缆系统有限公司投资达2500万美元。祝桥临港出口加工区作为第二朵“金花”也毫不逊色，投入1亿元抓基础设施建设，引进了投资超过2.4亿元的8个工业项目。康桥（集团）有限公司与瓦屑镇政府联手开辟的IT配套园区，在投资5443万元的申江路竣工后，就吸引了台湾宏普集团等信息产业项目。据悉，康桥IT园首期开发面积383.4公顷，总投资约1亿美元。

开了“申花” 秀了“康桥”

上海申花足球学校，位于南汇区康桥镇。前国际足联主席阿维兰热称这里的设施“国际一流”，康桥人更把它当作“心肝宝贝”。

康桥人建设申花足校，可谓倾心尽力。他们在中心地段划出300多亩土地，投入近2亿元，建起的9块常青草皮足球场和1块进口人造草皮足球训练场，一座看台3000席位的标准草皮足球比赛场。还有室内5人制足球场、温水游泳池、健身房等综合训练场馆，教学楼、餐厅、图书馆、电脑房、语音室等。目前，300多名球童已入校学习。

康桥工业区招商办主任奚志勇说，申花在国外有一定知名度，许多客商不知康桥，但知道申花。他们一听申花，都乐意先到康桥看看再说，一看基础设施条件这么好，投资落户的兴趣就上来了。申花足球学校如今已成为招商引资的一大品牌。今年6月3日，美国伊顿汽车发动机零部件公司一名项目主管在考察康桥投资环境时，仔细察看了申花足球学校，高兴地说：“我乐意把投资3000万美元项目放在康桥，休息时还可到这么好的地方踢球呢。”已经投产的50家外资企业老总，大多爱好体育，爱好足球，休息时常到足球学校踢一回球过过瘾。去年，康桥引进外资项目50个，吸纳外资3.15亿美元。今年头5个月，招进外资项目234个，协议投资14亿美元，更是大幅跃升。这其中，半数项目的成功，得益于申花的知名度。

康桥的其他产业，同样因申花而得益，受惠最大的是房产。去年至今，别墅和公寓房的销量，跃居全市第一。以申花球员作形象代言人的“康桥半岛”，一、二期1091幢别墅销售一空，目前正在建设的140幢小别墅，尽管价格涨幅不小，购买的市民仍十分踊跃。市区到康桥看房购房的人流中，不少是足球迷和足球爱好者。童火根

摘自2002.6.9《解放日报》

NANHUI WEEKLY

南汇报

追/求/新/闻/影/响　关/注/百/姓/生/活

2006 年 6 月 23 日 星期五
本期 8 版
第 50 期 总期数 822 期
网址：www.nanhuibao.com
沪 B 字第 0184 号

本期推荐

我创业，我快乐 ▶▶▶P2
104 艘渔船放“暑假” ▶▶▶P3

住房公积金缴存基数 7 月 1 日起调整 ▶▶▶P3
五十六个兄弟在阿克苏 ▶▶▶P8

“泥腿子”建家园 大家来出金点子

南汇举办推进郊区新农村建设论坛

□本报记者 张匀初

【本报讯】“文凭握在手，证书样样有，那个公司要，快步朝前走。”6 月 21 日，当芦潮港镇芦潮港村党支部书记陈宝清对如何提高农民素质提出自己的见解时，博得台下阵阵掌声。讨论中，与会的农民代表提出了新农村建设与城市化建设的关系、“1860”体系建设中的具体措施、如何提高农民素质、农民就业有何新举措等大家关心的问题。

当天，由区政协和上海市政协

华硕电脑上海南汇科技园一期如期投产二期顺利开工

康桥信息产业集群又添基石

□本报记者 唐同轨

【本报讯】康桥信息产业集群又添基石。华硕电脑在全球最大的生产基地——上海南汇科技园的一期项目（包括 30 万平方米的厂房及配套设施），经过一年的建设，6 月 21 日正式竣工投产。自此，这一投资总额达 15 亿美元的生产基地，正式加入到华硕全球制造链中，开始向全球市场供应笔记本、液晶电视和手机等丰富产品。与此同时，华硕电脑上海南汇科技园二期项目也顺利开工。包括两座厂房和研发中心，占地面积 263 亩，建筑面积 25.8 万平方米，建成后年产值可达 500 亿元。

华硕电脑上海南汇科技园坐落于上海浦东康桥工业区。上海浦东康桥工业区是上海的市级工业区，位于大浦东之中心区域，紧靠张江高科技园区，东邻浦东国际机场，区位优势明显，交通十分便捷，是上海市以申江路为轴线，以张江为中心的微电子产业带的重要组成部分。随着工业区中电子信息产业园的开辟和中国电信信息园的落户，康桥工业区将以 IT 产业为第一支柱产业，立足构建电子信息产业链。华硕项目的投产，为康桥工业区信息产业链的构筑以及 IT 产业集群的形成奠定了良好基础。

据华硕董事长施崇棠介绍，华硕电脑选择在上海南汇布局该科技园，主要基于将其打造成为区域运营总部的考虑。南汇科技园除承担一部分制造外，更将涵盖研发、业务及运筹中心等功能。施崇棠表示，在上海市、南汇区以及康桥工业区各级领导的深切关心和大力支持下，将努力把南汇科技园打造成全方位的营运中心，以促进地区繁荣；华硕也将充分发挥制造、运筹等优势，提供具有更高价值、令客户更加满意的产品，创造双赢乃至多赢的策略伙伴关系。

副市长周禹鹏出席了当天的庆典。区委书记戴海波在致词中对华硕电脑上海南汇科技园一期如期投产二期顺利开工表示祝贺。他希望更多的高科技产业来康桥、来南汇一展身手、开发创业，并表示，将一如既往地给予关心和支持。

▶▶▶相关报道见 4 版

康桥，向着“十一五”迅跑

——写在华硕电脑一期投产、二期动工之际

□杨骅／文　□王仲德／摄

6月21日，台湾华硕电脑在全球最大的生产基地——上海南汇科技园一期项目竣工投产、二期项目开工建设的庆典活动在康桥工业区举行。自此，这一投资总额达15亿美元的生产基地，将正式加入到华硕全球制造链当中。

借此机会，让我们走进华硕上海科技园，走进科技园的所在地——上海浦东康桥工业区。

以电子信息产业为引领——做大第一主导产业

有“浦东南大门”之称的上海浦东康桥工业区坐落在“大浦东”的中心位置，位于上海城市外环线浦东段的南北两侧。近年来，随着上海经济重心的东移，市政府作出了浦东新区和南汇区联动发展的重大决策，凭借着得天独厚的区位和交通优势，康桥工业区在这一世纪性的战略转变中积极发挥着桥头堡的作用。

依托华硕、日月光、中国电信等大项目的支撑，康桥工业区的电子信息产业区已成为浦东微电子产业带的重要组成部分。康桥工业区以电子信息产业为第一主导产业的发展战略，也在同华硕的强强联手中取得初步的成功。

华硕集团是全球领先的3C解决方案提供者，产品包括服务器、笔记本电脑、主板、宽频通讯及光学储存设备等。除上海外，目前主要制造基地坐落于苏州、台湾、捷克及墨西哥。华硕拥有世界级工程技术研发团队，全球员工58000余人，年营业额超过106亿美元，并不断将“做到各领域全球第一”的“巨狮论”演绎为现实。2005年，除了继续稳坐主板、显卡全球出货量第一的宝座外，华硕还一举创下了笔记本电脑全球出货量第四、ADSL Modem全球第一、无线网络产品全球第一、Cable Modem（缆线宽带数据机）全球第一的骄人业绩。1998至2005年，华硕集团连续八年被美国商业周刊（Business Week）列为全球IT100强。

为接纳华硕等巨子落户，康桥工业区专辟宝地，规划推出了电子信息产业区。电子信息产业区东至申江路以东400米、南至周邓路、西至罗山路、北至环城绿带，规划面积为6.5平方公里。华硕、日月光，以及随之而来的相关配套企业，将逐渐搭建起工业区电子信息产业的基本框架，形成日趋完备的产业链结构。康桥工业区的电子信息产业区，也被列为上海市重点特色产业示范区。走过了14载风风雨雨的康桥，已然在二次开发的号角声中先声夺人。

“雄关漫道真如铁，而今迈步从头越”。“十一五”期间的康桥工业区将目标瞄准了国家级开发区的标准，力争在不久的未来，打造出与张江高科技园区相呼应的新兴电子信息产业高地。

为了实现这一宏伟目标，康桥工业区着力完善电子信息的产业链结构，促进产业集聚和能级提升。目前，电子信息产业区核心位置的800亩发展备用地已隆重推出，作为专为进驻该区域的各大企业提供的生产用地。该地块各项配套设施齐全、交通便利，主要出入口分别连通周邓公路、创业路，可直达高速公路——A20公路和罗南大道，内依电子信息产业区之势，外与上海总部湾比邻，在新一轮的发展中优势凸显。

在电子信息产业区内，还专门为华硕等大企业的上下游配套企业度身定制了30万平方米的标准厂房，其中一期10万平方米已全部落成。区内还将设立7000平方米左右的公共保税仓库，可为企业提供报关、保税仓储、原材料分包等便利服务。

与此同时，工业区南端的先进制造业园区目前可开发的1.5平方公里地块，也将积极吸纳电子信息产业的上下游配套企业落户。

从电子信息园区一路向西至杨高南路，在1.55平方公里的土地上建设着生机勃勃的中国电信信息园。园区按照“一轴三区、组团串珠”的布局建设，包含系统集成、数据加工、信息服务、信息终端制造，以及商务办公、会议中心、通讯保障、教育培训等多项功能。建成以后的中国电信信息园，将主要发展网络通信和信息处理业务，集聚新技术开发的高端企业，并借2010年上海世博会之机，形成信息化社会的客户体验中心，在康桥工业区未来电子信息产业的版图中发挥举足轻重的作用。

预计到2010年，康桥工业区内电子信息产业的产出将达到800亿元左右，占工业区总产出的70%以上。以电子信息产业为第一主导产业的康桥，也必将建设成为上海信息产业的重要基地。

康桥工业区内上海总部湾第一个项目——上海康桥先进制造技术创业园孵化基地奠基动工。

建设好“上海总部湾”——做强总部经济航母

为了在“十一五”期末真正体现“国家级”的水准，康桥工业区开始了由“量”向“质”的转变，提升产业能级、拓展产业内涵、打造园区品牌，成为当务之急。纵观康桥工业区的经济发展历程，14年的经济增长主要依靠的是第二产业，第三产业尚有广阔的增长空间。为了不断拓展园区功能，提高土地利用价值，切实贯彻科学发展观，走可持续发展的道路，康桥工业区在今后若干年内，还须寻找新的发展模式，而打造楼宇经济，大力发展生产性现代服务业，不失为是一种明智的选择。

随着华硕、日月光及中国电信等大型企业的落户，康桥工业区的产业结构逐渐完善，产业规模逐年扩张，日趋完备的产业链不断向两端延伸，使得现代服务业面临着极佳的发展契机。位于“大浦东”中心位置的康桥工业区，也是唯一可享受浦东新区优惠政策的市级工业区。同时，新形势下的工业区还具有优越的周边环境和良好的发展前景：北侧是未来国际金融中心之一的陆家嘴金融贸易区，南侧是洋山深水港，西侧是世博会规划用地，东侧是即将建设的大型旅游项目，这给康桥工业区带来了极为可观的商贸和旅游资源，未来将充满着无限的商机。

康桥工业区“上海总部湾”便是在这样的背景下应运而生的。

“上海总部湾”位于电子信息产业区的西面，布局于罗南大道两侧，占地约2000亩，规划总建筑面积约150万平方米，可分为A、B、C三大功能区——研发产业区、总部商务区、高档生活区。建成后的总部湾将拥有200多幢独栋商务楼，每幢建筑面积3000–6000平方米不等。同时还将拥有综合会议厅、星级酒店、休闲健身等种种配套设施。可吸纳约200家以上国内外大中型企业的总部及总部机构，成为国内外顶尖企业的研发中心、运营中心、结算中心、物流中心、采购中心、培训中心等总部机构的集聚地。

作为未来重要经济增长点的“上海总部湾”，将努力打造成为上海市乃至国家级的生产性现代服务业示范基地，以及全面代表中国总部经济发展水平的总部商务区。建成以后，该区域的税收产出率将是一般工业用地的3到5倍，同时作为代表未来产业发展趋势的时代弄潮儿，“上海总部湾”还将是康桥工业区产业结构调整和产业能级提升的完美展现。

目前，位于总部湾A区的上海市先进制造技术专业孵化基地已经启动，B区的总部服务大楼也将于下半年开工建设。“上海总部湾”的面纱正逐渐被掀起，一个更为璀璨夺目的康桥将靓丽登场，她舒怀展臂、笑迎四海宾朋。

区委书记戴海波视察康桥工业区内正隆（台资）纸业有限公司。

区委副书记、区长张建晨视察康桥工业区内华硕一期生产线。

目标指向上海“五强”——抒写更加绚丽篇章

“十一五”的上海，将优先发展现代服务业和大力发展先进制造业作为产业发展的指南；“十一五”的康桥，将电子信息产业和生产性现代服务业当作培育和发展的主导产业。雄厚的经济基础，准确的功能定位，强劲的发展势头，康桥的未来已隐约显出锐不可当的恢弘气度。

6月初，区委副书记、区长张建晨在康桥工业区调研时指出，康桥工业区的发展对南汇经济的发展至关重要，这种作用近几年是不可动摇的。未来五年，康桥工业区仍将是南汇经济发展最重要的区域。对此，康桥的同志要有责任感，区里各个部门要倾全力来支持康桥。他同时强调，康桥工业区产业发展和结构调整思路清晰、目标明确，要坚持走下去，争取在“十一五”期末，康桥工业区的经济总量占到南汇全区的半壁江山。

今年1–5月，康桥工业区各项主要经济指标均保持较快增长，而随着华硕电脑一期项目的竣工投产和二期的开工，康桥跨越式发展的时机已经到来。根据“十一五”期间“扩张规模、调整结构、增强实力”的指导思想，康桥工业区将积极向国家级开发区看齐，围绕主导产业、依托龙头企业建成电子信息产业、汽车及零部件产业的“特色示范区”和“生产性服务业功能区”，努力把康桥工业区建设成为上海重要的电子信息产业基地、企业总部基地和先进制造技术的孵化基地，建成一个和谐优美的工业社区。

作为南汇区的首家市级工业区，尽享天时地利人和的康桥工业区将“十一五”的规划目标浓缩为“两年翻一番，五年超千亿”，力争成为全市五个工业总产值超过千亿的工业区之一。假以时日，腾飞的康桥工业区必将走出南汇，成长为上海市经济增长的重要一极，抒写出更为绚烂夺目的篇章！

摘自2006.6.23《南汇报》

NANHUI WEEKLY
南汇报
追求新闻影响 关注百姓生活
2007年1月26日 星期五
本期8版
第8期 总期数883期
网址:www.nanhuibao.com
沪B字第0184号

打造总部基地 发展服务经济

康桥工业区举行'2007投资环境说明会

□本报记者 唐同轨

【本报讯】以"打造总部基地,发展服务经济"为主旨的'2007上海浦东康桥工业区投资环境说明会,1月23日在上海国际会议中心举行。市委常委、副市长周禹鹏出席并发表了重要讲话。戴海波、张建晨、郭天成、吴岭、戴群华等区领导出席了会议。张建晨代表区政府致词。

本次说明会邀请了海内外知名企业、驻沪领事馆及商务机构近千人参加。会上,华硕、宏仁、中国电信、上海港机等22家国内外知名企业与康桥工业区签约,投资金额分别累计达12.4余亿美元和近21亿元人民币。这是康桥工业区成立15周年之际,在先进制造业蓬勃发展的基础上,注重发展以总部经济和研发产业为主的生产性服务业,以良好投资环境吸引高新技术产业,打造上海"智慧谷"取得的丰硕成果。

顺应目前国际产业转移正呈现出从以制造业为主,逐步向以研发中心、运营中心和总部等为主的现代服务业延伸的态势,"十一五"期间,康桥工业区在积极发展先进制造业的同时,将大力发展总部经济和研发产业,努力建设生产性服务业集聚区,不断促进经济结构的优化升级。

开发建设15年来,康桥工业区已累计引进外资企业300多家,其中世界500强企业12家,包括通用、本田、华硕等在内的企业总部和研发机构20多个,其中亚太区总部3个,中国区总部6个,市级以上研发机构5个。

为促进生产性服务业的发展,康桥工业区规划了占地300公顷的生产性服务业集聚区,分为上海总部湾、康桥智慧谷、花墙商务岛三大板块,以吸引国内外企业共谋发展。IBM、威盛、朗讯等多家知名企业看中工业区良好的投资环境,也有意向在此建立企业总部和研发机构。此外,工业区内还将建立上海港机的国家级技术中心和受到国家领导人高度重视的中科大太阳能研究中心。

据悉,位于中国电信信息园南侧占地40公顷的信息服务配套区,是目前康桥工业区内较为成熟的生产性服务业基地。依托中国电信信息园所形成的亚太信息枢纽中心的优势,该区域可吸引众多信息服务业产业链的上下游企业入驻,并着力打造成为现代综合信息服务业的集聚区。在国际医学园区内,建立了列入国家火炬计划的医疗器械产业基地,引进了先声集团国际药物研发和营销中心等,以推动医疗器械和医疗服务产业的发展。此外,工业区内已建成的康桥国际广场、瑞景商务公寓等10万多平方米的办公楼宇,也将成为生产性服务业蓬勃发展的重要载体。

根据"十一五"规划,至2010年,康桥工业区将实现工业总产值1000亿元以上、生产总值250亿元、税收50亿元,发展成为上海五家工业总产值超千亿元的工业区之一。

贯彻区二次党代会精神

良好的投资环境,吸引国内外一批知名企业与康桥工业区签订落户协议。 □王仲德/摄

摘自2007.1.26《南汇报》

NANHUI WEEKLY
南汇报
追求新闻影响　关注百姓生活
2008年1月4日 星期五
第2期　本期8版
总第979期
沪B字第0184号
新闻热线
58000312　27200908
网址：www.nanhuibao.com

南汇天气预报

1月4日	-3℃—11℃	晴间多云
1月5日	2℃—12℃	晴间多云
1月6日	3℃—11℃	多云到阴

温馨提醒

受高空弱脊和地面高压的共同影响，未来三天南汇区天气以晴好为主，风速不大，气温缓慢回升，6日受高空的弱低压槽影响，天空云系将有所增加。（南汇气象台）

市人大与新渤村结对帮扶送温暖

□本报记者　浦寨军

【本报讯】元旦前夕，市人大常委会机关党委与泥城镇新渤村党总支举行结对帮扶签约仪式，通过联系基层、服务基层，促进社会主义新农村建设。市人大常委会机关党委同时向新渤村送上了第一笔捐款，用于慰问帮助困难村民。市人大常委会党组成员、秘书长孙运时，副秘书长唐国才、朱言文，南汇区人大常委会主任董仁义，副主任赵永清等出席签约仪式。

新渤村是本区贫困村，为了临港新城建设，该村有1015户村民动迁，村办企业全部关停并转，2006年村可支配收入仅为11.8万元。根据帮扶协

2007年实现工业总产值500亿元，上缴税收30亿元，万元产值能耗同比下降48%

康桥工业区跻身市级工业区前列

□本报记者 唐同轨 通讯员 杨骅

【本报讯】2007年，康桥工业区坚持以科学发展观引领，努力推动经济社会又好又快发展。全年实现工业总产值500亿元，同比增长68.3%。其中规模以上工业总产值480亿元，同比增长68.1%；上缴税收30亿元，同比增长27.1%；出口创汇18.8亿美元，同比增长137%；万元产值能耗降至0.106吨标煤，同比下降48%。“十一五”规划关于工业总产值“两年翻一番”的目标顺利完成，其他各项主要经济指标也均走在了全市市级工业区的前列。

康桥工业区去年良好的发展，既得益于以昌硕科技为龙头的电子信息产业的规模扩张和产业链完善，也是顺应国际产业转移趋势和上海“四个中心”建设规划，大力发展生产性服务业的结果。去年，继昌硕之后，全球芯片研发和智能手机设计生产的知名企业威盛电子、宏达电子也先后落户康桥，为未来产业发展奠定了良好基础。

特别可喜的是，世界500强企业——瑞士ABB公司的全球机器人事业部亦已签约落户康桥。市外国投资促进中心提供的数据显示，截至去年11月15日，落户上海的全球总部仅Inter、ABB、Honeywell三家。ABB项目的引进，标志着工业区质的提升，将带动康桥生产性服务业向纵深与高端迈进。

党的十七大和中央经济工作会议关于科学发展、和谐发展的理念，为康桥工业区下阶段发展指明了方向。根据南汇区“1221”发展战略的部署和康桥工业区“十一五”规划的要求，未来的康桥，将进一步向国家级开发区看齐，并延续近年来的良好态势，继续保持较快的发展速度。2008年，力争完成规模以上企业产值650亿元，税收38亿元。同时积极优化产业结构，提高发展质量，全面启动以“上海总部湾”为代表的生产性服务业集聚区的建设，促进经济社会的全面协调可持续发展。

在新的一年里，一方面，康桥工业区将继续努力培育电子信息产业的发展，不断释放昌硕产能。

（下转2版）

康桥工业区跻身市级工业区前列

（上接1版）同时，为威盛、宏达、日月光等核心企业做好服务工作，推动其早日落地投产，做大做强电子信息业，使其产业规模所占工业区的比重上升到50%以上。同时，积极围绕上述龙头企业开展有针对性的招商引资工作，并向价值链高端延伸，不断完善工业区电子信息产业链，加快形成产业集聚，产生规模效应，提升工业区产业集聚度至65%以上。

另一方面，康桥工业区将立足现有的产业基础，大力发展总部经济和研发产业，形成包括ABB全球机器人事业部、上海港机总部、华硕研发中心等在内的20万平方米以上的建筑体量，为以外高桥、金桥、张江等国家级开发区为主的浦东微电子产业带提供服务。同时，积极引进电信服务价值链上游的高端服务型企业为其配套，逐步形成电信信息服务的外包基地。依托“上海先进制造技术创业园孵化基地”的优质平台，与复旦大学、上海交大等知名院校紧密合作，年内引进50家左右科技孵化类项目，将工业区建设成为科技创新的载体。

为保证上述发展蓝图由构想成为现实，工业区还积极转变招商思路，从大力发展二产向招引二、三产并重转变，在队伍和平台建设上狠下工夫，不断引导和支持创新要素向园区集中，并进一步梳理现有土地资源，高标准编制完善规划，制定阶段性开发战略，努力实现可持续发展。

摘自2008.1.4《南汇报》

为以外高桥、金桥、张江等国家级开发区为主的浦东微电子产业带提供服务

康桥工业区生产性服务业发展提速

□本报记者 唐同轨 通讯员 杨骅

【本报讯】经过前两年的准备，康桥工业区生产性服务业加快发展的条件已经成熟。最近，上海康桥生产性服务业集聚区正式揭牌，这不仅标志着康桥工业区生产性服务业集聚区的全面启动，并预示康桥将真正成为企业总部与研发机构的“上海总部湾”。

围绕主导产业，加速形成亮点。根据南汇区“1221”发展战略的部署和康桥工业区“十一五”规划要求，未来的康桥，将进一步向国家级开发区看齐，并延续近年来的良好态势，继续保持较快的发展速度：2008年，力争完成规模以上企业产值650亿元，税收38亿元。为实现这一目标，康桥工业区将积极依托现有的产业基础，大力发展总部经济和研发产业，为以外高桥、金桥、张江等国家级开发区为主的浦东微电子产业带提供服务。今年第一季度，康桥工业区将有ABB、上海港机、迈大研发楼等7个总部和研发项目共计19.2万平方米开工建设；年内还将推进艮信研发中心、康月高层研发楼、“上海总部湾”服务中心大楼等18万平方米的5—6个项目开工。全年竣工上海港机总部、华硕研发中心、孵化基地等9个项目，形成20万平方米以上的规模。其中“总部湾”A区10万平方米以上的建筑体量，将在罗山路一带形成亮点。即将进入全面建设阶段的“总部湾”B区，将推动康桥工业区逐步形成以总部商务办公、IT&IC研发设计等为主导的生产性服务业发展格局。

依托核心资源，造就集聚效应。截至目前，中国电信信息园B区已建成中国电信运营管理中心、数据存贮中心、网管备份中心、干部培训中心，以及上海电信网管、传输、数据中心等核心机构，该区域其余所有中心项目也将在今年全部开工建设，并进一步发挥辐射作用。

整合研产功能，打造创新高地。借助市科委优质资源，康桥工业区还将依托“上海先进制造技术创业园孵化基地”这一公共服务平台，与复旦大学、上海交大等知名院校紧密合作，共同开发孵化基地项目。今年力争引进50家左右科技孵化类项目，实现25%的入驻率。待基地全部建成后，预计将可累计引进科技型企业200家，实现税收1000万元。

摘自2008.2.19《南汇报》

二、杂志文章

续表 14-2

序号	发表年月	杂志名称	文章标题	作者
1	1992年	《浦东开发》杂志第九期	配合浦东开发，积极打好边缘战	徐　江
2	1993年	《现代农村》杂志第三期	康桥，浦东新区又一方热土	童火根
3	1993年	《上海农村经济》杂志第九期	利用浦东开发的时间差，抓紧建设好康桥工业区	徐　江
4	1994年	《现代农村》杂志第二期	大路歌	童火根
5	1994年	《上海农村经济》杂志第十二期	抓住历史机遇，建设好浦东南大门	徐　江
			股份结同心，开发结硕果	顾绍根
			努力提高农民的开发积极性	童火根
6	1995年	哈尔滨《文明村镇》杂志	康桥，浦东的一方宝地	童火根
7	1996年	《上海人大》杂志第一期	腾飞吧，康桥	童火根
8	1996年	《上海工商》杂志第十二期	“风景这边独好”	
			上海浦东康桥工业区开发记实	
9	1997年	《现代农村》杂志第一期	依托浦东开发，建设新型工业园区	童火根
10	1997年	《上海农村经济》杂志第五期	康桥工业区资金融通与使用的探讨	童火根
11	1998年	《上海农村经济》杂志第三期	康桥工业区重视处理农民问题	童火根
12	1998年	《现代农村》杂志第六期	康桥，正在崛起！	童火根
13	2000年	《现代农村》杂志第十一期	花儿为什么这样红	童火根
			康桥工业区开发建设精神巡礼	
14	2003年	《南汇经济》杂志第三期	浅谈工业区开发与农村城市化建设的特征和客观必然性	童火根
15	2004年	《郊区论坛》第四期	始终把开发区农民的利益放在首位	童火根
16	2004年	《南汇经济》第七期	闯出一个新康桥	童火根
17	2004年	《南汇论坛》第四期	主动适应　积极应对　继续发展	井剑平
18	2005年	《南汇经济》第六期	加大骨干企业引进力度　加快形成主导产业	管委会
19	2006年	《南汇论坛》	学习贯彻十六届五中全会精神，实现经济增长方式的转变	管委会
20	2007年	《上海开发区》第一期	二次开发中腾飞的康桥工业区	管委会
21	2008年	《上海开发区》第一期	风雨如歌十五载　激情跨越续辉煌 ——康桥工业区十五周年巡礼	管委会

配合浦東開發 積極打好邊緣戰

徐 江

南匯縣地處浦東，緊靠浦東新區的南側，是浦東開發的遼闊腹地，如何爲浦東開發這一跨世紀的偉大工程作出我們應有的貢獻，是南匯70萬人民共同關注的問題。5月8日，南匯縣委審時度勢地作出決定，成立南匯縣康橋工業區管理委員會，全權負責康橋工業區的開發、建設與管理，以康橋工業區開發的實際行動，服從、服務浦東開發，配合、參與浦東開發，積極打好浦東開發的邊緣戰。

康橋工業區，位于南匯縣的西北角、與川沙縣接壤，在浦東新區二環綫以内，是南匯縣與浦東開發區的結合部。面積約8平方公里，涉及南匯縣周西鄉的康橋、和合、花墻、秀南、三角5個村和横沔鄉的沿北、湯巷、人西、高西、沔青5個村，是浦東新區政策的輻射區。

康橋工業區，作爲浦東開發區的南大門而引人注目，其開發建設有三大優勢：

1. 地理優勢：康橋工業區北接川沙縣、南靠二環路，西至南浦大橋的浦三路，東通規劃中的國際航空港。從浦東新區通往南匯、奉賢、金山及至杭州灣的滬南公路貫穿其中，3公里外的周浦鎮與之一綫相聯。楊浦大橋下來的高速公路與二環綫將在區内匯合。康橋小區三面水道環繞，并連接周浦塘、川楊河，直通黄浦江。水陸交通尤爲便利。

2. 政策優勢：康橋工業區除享受浦東新區的優惠政策外，對企業在區内的投資項目還有相應的優惠政策。

3. 開發優勢：康橋工業區是南匯縣688平方公里中很小的一塊，其開發可相對集中全縣的人、財、物。借浦東開發開放之東風，聚南匯經濟之雄厚實力，康橋工業區的開發速度將相對較快。

康橋工業區的開發，既填補了浦東開發區川楊河與二環綫之間的一塊空白，使之與外高橋、金橋、陸家嘴、張江等開發區聯成一體，又爲浦東新區的開發提供了一塊擴散地，使整個浦東開發區更具吸引力。

同時，康橋工業區的開發也將對南匯縣的産業結構調整和經濟發展起到十分重要的作用。南匯縣的鄉、鎮企業起步較早，但發展步履艱難，究其原因是：行業以輕紡、服裝等勞動力密集型産業爲主，産品以加工爲主，加之設備更新不快，采用先進工藝不多，從産業結構看，第三産業在國民生産總值中的比例僅爲21%，低于全市的平均水平。這些都嚴重制約着全縣經濟的較快發展。現在，通過康橋工業區的開發，更多地引進外資，引進高、新技術的産品與項目，增强出口創匯的能力，造就一個企業密集型、技術密集型、建築密集型的，以工業爲主，工貿結合的現代化的工業園區，使之成爲全縣工業經濟乃至整個經濟發展的一個新的生長點，以進一步推動全縣經濟結構的調整和發展，無疑是十分必要的。

同時，借助康橋工業區的開發，帶動周浦的老集鎮改造，使新老鎮、區聯成一片，相得益彰，共圖繁榮。

康橋工業區管理委員會成立一月余來，已初步完成了康橋工業區的總體規劃，成立了參與康橋工業區開發的實體公司，形成了緊張、有序、高效的運行機制，并在市和浦東新區有關部門的支持、幫助下，使康橋工業區的開發、建設有了些實質性的進展。康橋工業小區將張開熱情的臂膀歡迎中外客商來投資開發。

（作者單位：南匯縣康橋工業區管理委員會）

摘自1992年第9期《浦东开发》杂志

改革开放的浩荡春风，吹拂着神州大地，吹遍了浦江两岸，1990年4月18日，浦东开发开放，宛如一声春雷，响彻大江南北，五湖四海。浦东，这片地处长江金三角，却沉寂无声的土地顿时名扬天下。

在浦东新区南端，一个新兴的工业园区正在迅速崛起，这里，就是上海市级工业开发区——浦东康桥工业区。

中共中央政治局委员，中央书记处书记吴邦国称康桥是“浦东南大门”，因为这里是新区南部的一块宝地。

有人说康桥像金桥，因为“二桥”同样生机勃勃，各业兴旺。

两年多来，康桥人抓住浦东开发契机，艰苦奋斗，谱写了感人的篇章。

目标：二十一世纪

1993年初召开的南汇县第六次党代会上，对康桥开发的前景作了明确的描绘：“大力引进技术密集型的高新技术项目和外资项目，形成以高新技术为导向，以外向型经济为主体的产业布局，经过10多年的开发，将康桥地区建设成为外向型、多功能、城乡一体化的卫星城镇。”

县委制定的目标十分明确，21世纪的康桥，不是一般的乡镇工业小区，而是一个现代化的新型工业城。开发康桥，是一项跨世纪大业。

如何实现这宏伟工程，工业区管委会的指导思想是：开发建设，规划先划。过去，一些市政建设中，“张书记开河，李书记填河”的教训，实在太多了，康桥开发，决不能再走过去的老路。

他们请来市、县规划部门、建设部门的专家。经过二个多月的规划编制，一个崭新的总体规划终于绘就。这个规划，得到市政府的批准。1994年8月5日，上海市人民政府批准南汇康桥工业区升格为市级工业开发区。

新的规划区，开发面积达26平方公里，涉及周浦地区二镇一乡的17个自然村。全区分为康桥工业园区、沿北科贸园区、周浦商贸园区等8个功能区。区内工业、商业、住宅、文化、教育、卫生等功能俱全，道路、供电、供水、通讯、排污等基础设施布局合理、科学、全面。

对农民新村设计的高水准，反映了康桥作为跨世纪工程的一个侧面。现在规划的农民新村，一改过去只有居住功能的兵营式的造型，而是设计新型、造型别致、功能齐全的新村。撤队的农户住进漂亮宽敞的公寓房，部分征地的动迁户按指定地点，规定的式样自建别墅房。新村里还对道路、学校、商业网、娱乐场所进行统一布局。建成后的农民新村与周围的工业区，鳞次栉比的高楼交相辉映，一个现代化的工业城将展现在我们面前。

可贵的“康桥精神”

康桥工业区距杨浦大桥12公里，南浦大桥8公里，离城市内环线只有6公里，地理位置得天独厚，无与伦

○时代潮音○

·4·

比。但建设工业城，这里却似一张白纸。东西九公里长的土地上，没有一条像样的道路，也没有通迅设施，供水条件。一次，有位美国客商看了沿北村七组的一片土地，这里地势平坦，很适宜办厂，但走进去要跨过一座小桥，走过200米田埂，美国客商只能望田兴叹。

开发工业区，市政是基础。管委会慎重决定，加快四大工程建设，创造一流的投资环境，吸引中外客商。康桥路，被列为四大工程的第一号工程。

1992年9月1日，南汇市政工程公司，南汇公路管理所的20支队伍、1600多人，在9公里长的康桥路上，拉开了道路建设的帷幕。

动迁棘手吗！他们耐心地向农户作宣传解释，晓之以理，动之以情，终于让沿线农民全部搬离了原来的住地，为道路全面建设扫平了障碍。

作业艰难吗！他们没有困难而退，想方设法，保质保量，一丝不苟。为了填平57条河道，工人们把水抽干，把河底淤泥挖走，然后一层干土，一层砾石，层层压实，再埋设管线，浇捣路面，保证康桥路能经受几十吨大卡车的重压。

为了修成康桥路，全县有关部门上下总动员，交通、供电、供水、邮电等部门以主人翁的姿态，与筑路单位密切合作，谱写了一曲新时代的“大路歌”。

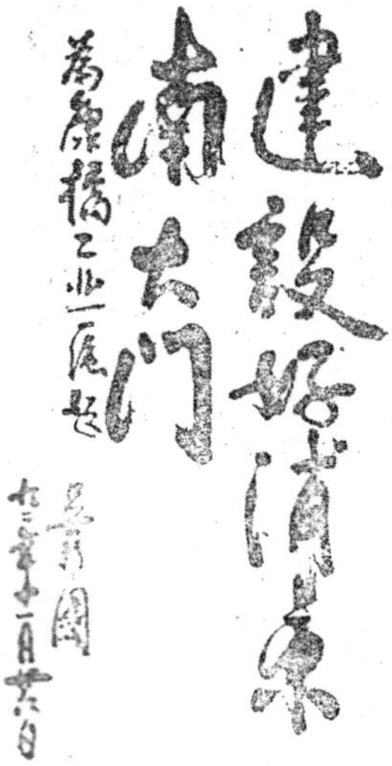

▶中共中央政治局委员中央书记处书记　吴邦国题词

困难，一个个被克服；大路，一段段在延伸。经过13个月的昼夜奋战，南汇最高标准的康桥路通车了。康桥建设者们用自己的行动创造了全县筑路史上三个第一：建筑工程量第一，建筑标准第一，建设速度第一。

在修筑康桥路的同时，供水、供电、通讯三大工程也在同时进行。

总投资9600万元，与航头水厂相配套的康桥自来水泵站1993年3月动工，同年10月竣工。

康桥、横河两个小区内的2座13.5万伏变电站自94年1月投入土建，当年11月开通供电。

康桥小区内新建的万门程控电话工程1993年年底完成土建，如今完成设备安装，实现通话。横河小区内一座万门程控电话工程也在年内完成扩建增容。

四大工程，总投资4亿多人民币，市、县不给一分钱。这巨额投资怎么解决？困难难不倒康桥的建设者，他们通过土地转让收一点，组建集团公司筹一点，向银行贷一点，“三个一点”解决了大部分资金。

康桥人何以有这样的勇气和智慧，解决了一个又一个困难，创造了一个又一个胜利。原南汇县委书记许德明作了高度概括：这就是：艰苦奋斗、奋力拼搏的精神；团结协调，通力合作的精神；精心组织，精心指挥，科学求实的精神，归结起来，可称之谓“康桥精神”。

是啊，人是要有点精神的。康桥人正因为有这种精神，才能使这片极为平常的土地，成为一块充满希望的热土。

花香引蝶来

康桥工业区优越的地理位置，便捷的交通，优惠的政策，加上一流的服务质量，使中外客商纷纷走向这片名不见经传的土地。

1993年6月的一天下午，工业区来了一位来自美国洛杉机名叫张曼的女士。这位美籍华人从台湾大学毕业后，长期在美国工作，担任加州汉堡食品公司董事长。管委会领导热情地向客人介绍了康桥的投资环境和基础设施情况。听完介绍，张女士带着几分信任，几分疑惑，离开了康桥。想不到一个星期后，这位女士又重返康桥。她坦诚地说：这次回美国，一定向朋友宣传康桥，让他们也到这里投资开发。

○时代潮音○

这位华商客商，说出了许多投资者的心里话。

上海钢球厂落户康桥，似闪电在一瞬间写下的故事。

这个厂的领导原来从未听说浦东还有个康桥。1993年11月5日，厂长应邀参加了康桥路通车典礼，亲眼看到工业区良好的投资环境，第二天就派人去洽谈迁厂事宜。一周后，双方就签订了用地协议，一个月内办完了立项手续。当年12月20日，钢球厂就在新征的土地上举行奠基仪式。这个项目，从接触洽谈到立项奠基，前后才一个半月。从此，这家国家二级企业，全厂搬迁到康桥工业区。

澳大利亚BHP公司下属的布罗肯希尔建筑钢品有限公司最终能落户康桥，足见康桥建设者对客商的诚意和一流的服务质量。

BHP公司是澳大利亚最大的企业，有100多年历史，在世界500家大型企业中排名66位。

外国客商观看康桥工业区规划模型

1994年1月，经上海对外服务中心介绍，公司经理安德臣来到康桥考察，对工业区的投资环境感到满意，不久就签订了合作意向书。管委会为这家公司办理立项选址、环保、消防、卫生防疫的批准书。对康桥工业区能否享受浦东新区的优惠政策，虽然管委会领导已明确表态，县政府已有声明，但公司总部总有怀疑。甚至副市长沪建桂在衡山宾馆专门约见安德臣，向他讲清康桥的优惠政策，公司总部仍不放心。这也不难理解，外国企业是十分讲究书面法律依据的，他们怕口说无凭。最后，管委会专门找市税务局、浦东新区管委会的领导，专门与BHP公司发了批件，公司最后才放心在康桥投资。

这个投资1800万美元的外商独资企业，从洽谈到[illegible]今动工建设，前后半年，管委会专门到市、县有关部门[illegible]手续，跑了64次，最后终于感动了“上帝”。

除了引进经济实体外，康桥还吸引了一些著名文化[illegible]。著名导演谢晋和珠海置业有限公司合作创办“上[illegible]——恒通影视有限公司。”公司按照国际影视业[illegible]运作，利用康桥的优惠政策和有利的地理环[illegible]创作高品位、高效益的影视艺术产品，造就一批[illegible]创作经营管理人才。

[illegible]安，为中外客商在康桥投资提供了极为有利的条件，许多中外客商纷纷落户康桥，成为康桥的第一批客人。投资800万美元的中意合资圣人梦服装有限公司来了，投资518万美元的上海智尚显示设备有限公司来了，中国二汽、西安黄河等国内著名企业也来了，……如今，在康桥办理注册登记的项目有73个，投资额达10.6亿元人民币和6064万美元。

时间就是金钱。一些捷足先登的在办完手续后，立即投入基建和设备安装，西安黄河电子工业公司和中美合资南泰电子有限公司，一面利用旧厂房生产，一边筹建新厂，做到生产基建两不误。三角衣支架厂，海考斯蜂产品公司，中日合资齿科材料厂都是开发后引进的新项目，如今都在新厂区生产，成为工业区的“资深企业”。

工业区内的高层商住楼，全部竣工的就数海东大厦了。这幢投资3000万元的大楼，已被一位台商买下了大部分产权，另外6幢20层左右的大楼也将在近两年内先后矗立在工业区内。

初期开发取得了可观的经济效益。1993年，全区实现工农业总产值4.74亿元，国民生产总值2.31亿元，税收1300万元。1994年1至8月，完成工农业总产值4.48亿元，国民生产总值1.3亿元，税收2200万元。

开发，不能损害农民利益

康桥开发逐步走向成熟的过程，也是不断处理好农民问题的过程。

康桥地区属于上海近郊，农民大多以种植蔬菜及进乡镇企业务工为生，生活水平比较高。康桥开发后，农民成了居民，工作重新作了安排，原来的住宅拆迁了，住进比较紧凑的公寓房，千百年形成的生活方式的改变，使他们观念上一时不能适应。他们产生这样那样的想法，

○时代潮音○

完全在情理之中。

如何处理好农民问题，管委会的认识是一致的：加强宣传教育，解除思想疑虑；严格执行国家政策，决不损害农民利益；开发不断深入，农民逐步受益。农民问题的妥善处理，形成了较好的开发氛围。

管委会成立了征地事务科、劳动服务管理中心，专门处理征地过程中农民利益问题，征地工的安置等事务。他们紧紧依靠乡、村干部，共同做好农民的工作。

1993 年春节前，第一批 549 亩土地办完了征地手续，农民要求按政策兑现各种补偿，征地工安置要有明确的说法。这无疑是合理要求。为了让农民过个愉快的春节，管委召开乡、村主要领导会议，介绍征地情况，宣传国家政策，同时讲清，该给农民的青苗费、撤队养老人员的生活费，待安置征地工的生活补偿费，节前全部发到农民手里。通过村干部的宣传，经费的按时如数发放，管委会赢得了农民的信任。

开发过程中涉及农民的问题，有些国家虽有规定，但还不完善，需要具体化，有些则要制订新的规定。在这种情况下，管委会报请县政府制订地方法规，既保护农民利益，又不停止开发的进行。

1992 年 7、8 月间，康桥路开工在即，沿线近百户农房必须搬迁。市建委虽然颁发了房屋拆迁管理办法，但有的问题尚无具体规定，有些不适应农村开发地区的情况。面对这种情况，管委会申报县政府以市基委文件为原则，结合康桥实际专门制订了《康桥工业区房屋拆迁管理暂行办法》，对拆迁补偿，拆迁安置，拆迁诉讼等问题作了明确规定。

文件颁发后，管委会通过各种渠道向农民进行宣传，同时请县房屋估价所对拆迁农房一一进行评估作价，并如数作了补偿，对搬迁的住地作了安排。由于政策明了，工作细致，近百户农民在一个月内就搬出了原来的住地，保证了施工队伍按时进场施工。

如何让农民在土地开发中也得到好处，如何让中、老年征地工的生活长期得到保障，这是管委会领导们经常考虑，不断探索的课题。

1993 年年底，管委会主任徐江就提出了土地入股，利益共享的思路。1994 年 2 月，吴邦国同志看到中央书记处下发的广东搞土地股份制，解决农民问题的材料，受到启发。邦国同志派农村党委书记范德官组团赴广东，考察广东的经验。考察团返沪后，向邦国同志作了详细汇报，邦国同志指示先搞四个试点，再逐步推开，康桥的花墙村就是四个试点之一。

按照市委、市农委的指示，工业区建立了有县政研室、管委会、村委会三方组成的试点领导小组，紧锣密鼓地开展工作。从起草章程到清土地、清人口、清资产，从宣传发动到成立董事会、监事会，经过三个多月的筹备，上海第一家以土地为中心的股份制企业——南汇花墙股份实业总公司终于在 1994 年 6 月 16 日正式成立了。市农村党委书记范德官，市委研究室吴振兴等有关领导都到会祝贺。

正在运作的花墙股份实业公司是一家"复合型"公司。公司既有村办经济实体的资产，又有康桥集团公司在土地开发中转让的收益。征地农民工入股花墙股份公司，既可享受村办经济实体税后利润的红利，又可得到土地开发的好处，生活长期得到保障，这就解决了农民失去土地后最关心的生活问题。

历史赋予康桥难得的机遇。在今后的开发过程中，康桥还将面临三次极为有利的推动：一是上海城市外环线浦东段工程的上马，对沿线两侧开发建设的推动；二是浦东铁路工程建设的推动；三是浦东国际航空港工程带来综合效应的推动。这三项工程，将为康桥工业区发展提供了天赐良机。

1992 年 11 月 26 日，吴邦国同志在视察康桥时曾指出："内环线上马和外环线、铁路线的提前上马，将使康桥开发区进入腾飞的时代。"

是的，康桥就像金桥，她在浦东开发中诞生，也必将在浦东开发中腾飞。

摄影 王仲德（责任编辑　董文忠）

管委会领导向花墙村农民宣传国家政策

· 7 ·

摘自 1995 年第 1 期《文明村镇》杂志

腾飞吧康桥

○童大根

1992年5月，在邓小平同志南方讲话的精神鼓舞下，南汇县委、县政府审时度势，抓住浦东开发、开放的历史机遇，作出了辟建康桥工业区、参与浦东开发的战略决策。三年多来，康桥开发建设取得了可喜的成果，昔日名不见经传的康桥，如今成了希望的热土。

康桥工业区位于浦东新区南沿，上海城市外环线浦东段南北两侧。全区开发面积26平方公里。

康桥的开发建设，有着十分有利的条件：

一是水陆交通十分便捷。工业区距南浦大桥8公里，杨浦大桥12公里，离市政府大楼14公里。区内的沪南公路可直通陆家嘴与南浦大桥。水路有咸塘港、梓康河连通大沿河、川杨河，通向黄浦江。横贯工业区的外环线连接虹桥机场和国际航空港。浦东铁路可通向外高桥港口和地段2号线终点站。

二是投资政策优惠。工业区的城市外环线内侧，属浦东新区政策覆盖范围，投资区内的中外资项目，在所得税、关税、土地开发等方面都能享受浦东新区的优惠政策，加上县内制定的各项政策，使工业区更具吸引力。

三是集聚效应强。作为全县经济发展的主战场，南汇县各行各业都怀着高度的使命感与责任感，竭力支持康桥的开发建设。县政府各职能部门提高办事效率，为康桥开发提供方便与服务。

康桥开发还得到中央和市、县领导的关心支持。1992年11月和1994年7月，中共中央政治局委员、国务院副总理吴邦国两次到康桥视察，并为工业区题词："建设好浦东南大门。"1992年2月和1995年4月，中共上海市委书记黄菊也兴致勃勃地考察了康桥，对工业区的总体规划提出了新的思路。1993年6月，市人大常委会副主任孙贵璋考察康桥时，称赞康桥是浦东新区南端的蓝宝石。领导的重视，给康桥建设者增添了信心和力量。

康桥工业区开发三年多来，在规划编制、基础设施建设，以及项目开发等方面取得了实质性的可喜进展：

1、认真编制规划。工业区管委会请来市规划院的专家，进行总体设计。经过反复论证，多次调整形成的总体规划，已得到市、县政府的批准。

2、抓紧基础设施建设。三年多来，工业区管委会狠抓基础设施的建设，使工业区基础设施日趋完善。如今，长9.13公里，宽32米的康桥路已胜利通车。2座3.5万伏变电站已运行供电。新建的日供水12万吨的水厂，从大沿河引来优质水，保证了工业区的用水。2座万门程控电话的竣工，使通讯实现了程控化。

3、努力招商引资。工业区管委会组织精兵强将，抓紧项目开发，取得显著成果。截至95年6月，区内已引进工业项目150个，其中外资项目30个，协议投资29亿元人民币，400多个贸易公司和90个房产仓储项目也已落户康桥。国际上一些著名跨国公司先后成了康桥新主人。国内一些颇有知名度的大集团公司也先后落户康桥。

康桥开发建设三年多来，已取得了可喜的经济效益。1994年，全区实现社会总产值19.39亿元，其中工业产值13.47亿元，完成国内生产总值9.3亿元，税收3348万元。康桥工业区已成为全县经济发展的新增长点，成为国内外投资者的一方热土，市区大工业扩散的重要基地。

本世纪末，康桥还将面临三次极为有利的推动：一是上海城市外环线浦东段工程的上马，对沿线两侧开发建设的推动。二是浦东铁路工程建设提前上马的推动。三是国际航空港工程所带来的综合效应的推动。这三项重大工程的上马，将为工业区开发创造更为有利的条件。正如吴邦国同志视察康桥时所说的那样："内环线上马和外环线、铁路线的提前上马，将使康桥开发区进入腾飞的时代。

康桥在浦东开发中诞生，康桥必将在浦东发展中腾飞。□

摘自1996年第1期《上海人大》杂志

依托浦东开发　建设新型工业园区

□　童火根

历史性的机遇

1990年4月18日，李鹏总理代表党中央、国务院宣布浦东开发开放。不久，中央又确定了浦东开发的各项优惠政策。党中央的重视和支持，给浦东的经济发展带来了勃勃生机。陆家嘴、金桥、外高桥、张江，这些国家级的开发区纷纷启动。浦东，这片几千年沉寂的土地，顿时名扬天下。

如何参与浦东开发，服务浦东开发？人们思索着，行动着。同属于大浦东的南汇县，迅速组建了浦东开发办公室，力图借浦东开发的春风，探索发展全县经济的新路。与浦东新区仅一河之隔的康桥首先闻风而动。康桥镇政府抽调专门人员，具体着手康桥开发的事宜。1991年春天召开的县人代会与政协会议上，周浦康桥地区许多代表联名提案，开发康桥，振兴南汇。会后，县、乡有关部门又积极争取，得到海关和市税务局的支持、认可。康桥地区约8平方公里地区位于上海城市外环线以北，属浦东新区规划红线范围内，投资该区的中、外资项目，可享受浦东新区的优惠政策。浦东的开发开放，使康桥如在弦之箭，蓄势待发。

机遇对于人是均等的，问题看你能不能抓住。1992年，南汇人民又面临一次千载难逢的历史机遇。这一年的一、二月份，邓小平同志视察了南方的武昌、深圳、珠海、上海等地，作了不少重要讲话。小平同志说："改革开放胆子要大一些，敢于试验，不能像小脚女人一样。看准了的，就大胆地试，大胆地闯。"他老人家还说："能发展就不要阻挡，有条件的地方要尽可能快一点，只要是讲效益、讲质量，搞外向型经济，就没有什么可以担心的。低速度就等于停步，甚至等于后退。要抓住机会，现在就是好机会。"

小平同志在南方视察的这个谈话要点通过市、县各级组织，通过新闻媒体迅速传达到南汇干部群众，引起极大的反响。在县委召开的干部会议上，小平同志的三个一点，即：思想再解放一点，胆子再大一点，步子再快一点，深深印入每个人的脑海。昔日那种固步自封，小富即安、畏首畏尾的思想状况受到很大冲击。如何抓住机遇，解放思想，加快发展南汇经济？成了干部会议讨论的热点话题。康桥地区，成了首选的目标。

促成康桥开发的更重要的因素，是南汇经济长期发展的客观需要。

南汇属于中远郊，长期以种植粮食、棉花、油菜、水果为主。但是，十一届三中全会以后，聪颖的南汇人，在务农的同时，大力发展乡镇企业，使全县经济有了迅猛发展。1984年，全县工农业总产值、国内生产总值、财政收入等5项经济指标名列郊县第一。南汇经济的发展，给兄弟县[illegible]，他们纷纷采取有力措施，发展本县经济，全郊区掀起你追我赶的热潮。

南汇如何保持经济领先的地位？如何在八·五、九·五期间经济能持续稳定地发展？结论是：必须培育新的经济增长点。

小平同志南方讲话精神的巨大推动、浦东开发开放政策的幅射，南汇经济长期持续发展的客观要求，使万事俱备的康桥的开发，又借来了强劲东风。1992年5月8日，南汇县委常委会专题讨论后作出决定：辟建康桥工业区，组成康桥工业区管理委员会，全面负责工业区的开发建设与管理。一星期后，从机关和各局行抽调的十几位干部就奔赴康桥进行工作。从此，康桥迎来了经济建设的春天。

事实证明，县委、县政府的这项决策十分及时和准确。半年后，即1992年11月26日，时任中共上海市委书记的吴邦国同志视察康桥后高兴地说："康桥是个好地方，要抓住机遇，加快发展。"

经济纵横　MODERN COUNTRYSIDE

并欣然为工业区题词："建设好浦东南大门。"中共中央政治局委员、中共上海市委书记黄菊同志也曾三次考察康桥，对工业区总体规划提出了新的思路，称赞康桥的开发建设搞得好。

不懈地探索

不管是创业之初的十几个人，还是后来陆续引进的80多名员工，都没有搞过工业区的开发。开发建设者是在新的领域，从事的是新的工作，碰到的是新的矛盾和问题。

开发建设的事业一定搞好，然而又没有现成的经验可供借鉴，怎么办？

是小平同志的南方讲话为我们指明了方向。他说："看准了的，就大胆地试，大胆地闯。深圳的重要经验就是敢闯。没有一点闯的精神，没有一点"冒"的精神，没有一股气呀、劲呀，就走不出一条新路，就干不出新的事业。"

小平同志的这些话语给我们极大的鼓舞。在开发建设的实践中，我们就是用这种精神，不断探索，解决了一个个的难题。

康桥开发是自费开发，五年来，工业区没有向市政府、县政府以及地方政府要过一分钱。筑路、造电站、水厂、邮电通讯、拆迁，都需要大笔资金，怎么解决这笔数额巨大的资金？富有创新精神的干部、员工采用卓有成效的办法：一是组建符合现代企业制度规范的康桥(集团)公司。这个股份制形式的公司，一开始就吸引了县建筑总公司、县供销合作社等市、县13家经济实力较强的单位投资入股，股本金达3400万元，解决开发之初的启动资金。市级工业区搞股份制形式的开发公司，康桥是第一家，目前集团公司已发展到15家股东单位和5258万元股本金。

二是吸引一些大企业搞成片开发。例如珠海恒通置业股份有限公司是一家实力很强的公司。他们在工业区内承包开发一平方公里土地，其基础设施建设和征地、动拆迁安置等均由他们负责，目前在区内投入了近2亿的资金。另外，利用土地批租和向银行贷款也筹集了一些资金。目前，工业区内投入的基础设施资金已超过五亿元。

建设高标准的工业园区要靠一支高素质的员工队伍。员工素质的高低影响着工业区开发的成败。在员工队伍的建设方面，康桥作了两个方面的探索：

一抓人事管理。工业区管委会从班子的组建到工作人员的配置，以及工资报酬等方面都实行大胆的改革。领导班子由徐江主任自主组阁，工作人员全部招聘，不论所有制性质，唯才是举。各处、室从负责人到工作人员经考核后，一律实行聘用上岗。在工资方面，打破了"大锅饭"、"干好干坏一个样"的平均主义，严格按岗位责任、业绩、贡献的大小来支付报酬。这些做法，十分有效地调动了每个人的工作积极性。

二抓思想教育。讲政治、讲学习、讲正气，工业区管委会把员工的政治思想教育作为一件大事来抓。每年年初，党支部都制订政治理论学习计划，组织员工学习《邓小平文选》，学习中央和市、县重要会议精神和领导的重要讲话。开展文明单位的创建活动，努力提高员工的文明程度。康格(集团)公司所属的欣康物业管理公司建立了学徐虎服务队，为入住康桥花园的业主提供优质的服务。

一个民族应有民族精神，一家企业也有企业精神。康桥工业区的建设者也有自己的精神。工业区管委会主任徐江根据几年来的实践，总结的康桥精神是：全局的观念、开拓的意识、奉献的精神。这三句话深深地印在全体员工的心上和落实在各自的工作中。

灿烂的前景

五年来，曾被称为南汇"西伯利亚"的康桥地区发生了巨大的变化，一座新兴的工业城镇正在迅速崛起。如果有机会你沿着东西向的康桥路走走，可以看见一幢幢高楼拔地而起，一座座工厂已建成投产。如今，区内已投入建设资金达30亿元人民币。这相当于南汇县好几年的财政支出。几年来，康桥已引进工业项目250多个，投资总额达68亿元，其中"三资"项目85个，协议引进外资5.23亿美元。美国通用汽车公司、英国皮尔金顿公司、法国施耐德集团、澳大利亚BHP公司等许多跨国公司都先后落户康桥。中国一汽、东风汽车集团、西安黄河等国内大型企业也在康桥投资置业。工业区已形成了汽车配件、新型建材、电子电器、医药化工四大支柱行业。1995年，区内工业产值已达20个亿，国内生产总值4.57亿元，新增税收5200万元。一个新的经济增长点的功能已充分显示出来。

在经济发展的同时，另一笔宝贵财富——用邓小平建设有中国特色社会主义的理论培育的员工队伍正在成长壮大。员工们都有一个坚定的信念：康桥是浦东的康桥，南汇的康桥。把康桥建设好，就是服务浦东，振兴南汇。因此，干群之间、处室之间密切协调，互相支持，上下一心，争为康桥作贡献。他们不论职务高低，不计报酬多少，放弃了许多休息娱乐时间，全身心投入康桥建设。用他们的话说：康桥兴盛我高兴，乐为康桥作奉献。

康桥开发具备了天时、地利、人和的条件，使工业区前五年的开发取得了丰硕的成果。可是，我们并没有理由自满自足。面对浦东和全市飞速发展的经济形势，工业区管委会又制订了新的宏伟目标。具体是：

经济总量稳步增长。以1994年为基础，每年要以50%以上的幅度递增。1997年，全区社会产值100亿元，新增利税7亿元。

产业结构更趋合理。继续以吸引工业项目为主体，形成一批新型工业支柱行业。在此同时，发展相配套的第三产业，如建立建材市场、汽车市场、药材市场、房地产市场、劳动力市场。

基础设施更趋完善。按照现代工业城镇的要求，进一步深化、细化规划，逐步发展多功能多层次的综合服务系统，完善教育、文化、卫生、体育、交通等方面的配套设施。

九十年代后四年，是康桥工业区进入大发展大推进的四年。历史为康桥再次提供了难得的机遇。离工业区仅12公里的浦东国际航空港第一期工程将于1999年竣工使用，西侧的徐浦大桥将于1997年通车，东西向纵贯工业区全境的上海城市外环线将开工建设。

这些都使康桥人充满了信心：不久的将来，一个外向型、多功能、城乡一体化的卫星城镇必将矗立在浦东新区南沿，成为康桥人献给二十一世纪的一份厚礼。

编辑/杨德安
摄影/王仲德

摘自1997年第1期《现代农村》杂志

● 调查研究 ●

康桥工业区重视处理农民问题

童火根

浦东康桥工业区，规划面积为26.88平方公里、涉及康桥、横沔、周浦3个镇的17个自然村。当地农民原来主要种植粮棉、蔬菜和果树，每年收入颇丰，过的是小康日子。自1992年浦东开发开放以来，工业区先后征用了9000多亩土地，撤销了215个生产队的建制、动迁农户794户，拆除房屋11万平方米，安置了2221名征地工，农户生活安定，保证了开发区建设的顺利进行。

康桥工业区管委会“一班人”清醒地认识到：农民问题是开发建设中需要处理好的头等大事。凡涉及农民利益的重大问题，都提交管委会反复研究，慎重决策，务求既要保证开发区建设，又要保护农民利益，让农民从开发中受益。在管委会中，设立了社会发展处，统一处理有关农民的问题。5年多来，康桥工业区主要采取了以下四项措施：

一是制定恰当的政策。康桥工业区管委会根据上级有关精神和本地实际情况，制订符合实际的政策，既不损害国家利益，又不损害农民利益，在实践中切实可行，受到农民群众的欢迎与拥护。

1. 关于征地安置政策。他们制订了为征地工提供自谋职业、自找门路、单位吸劳、提前养老四种方式，供征地工根据自己的情况自愿选择。暂时没有选择的，作待安置处理，每月按县政府规定发192元生活费。待安置时间最长不得超过两年。对中老年征地工，又增辟了“一补二保险”的安置方式，除一次性给征地工3000元到10000元的补助外，还给他们投保社会养老、社会医疗保险，解决了他们的后顾之忧。

2. 关于动拆迁政策。对农民原有的住房，请有资质的估价部门进行估价后给以补偿。对拆迁户，他们提供居民区内已建成的住房进行安置，或者提供土地让农民自行建房。安置给动迁户居住的新房，按1991年《上海市城市房屋拆迁管理实施细则》的规定办理，人均24平方米以内，只算三分之一的建房成本价。另外，对腾迁费、速迁奖励费等都作了明确的规定。

3. 撤销生产队建制后原集体财产处置办法。大面积征地后许多生产队按规定撤销了生产队建制，对原有生产队积累的财产、资金，以及征地时建设单位付给生产队的补偿款、赔偿集体的资金的处置，他们规定成立集体财产处置领导小组，将有关生产队的财、物集中收缴、清点，在弄清帐目的基础上，按比例分配，一次性全部处置。集体与农民采用二、二、二、四比例分配。农民向前推算十年，每年一股，退休后，每年半股，按股分配，农民比较满意。

此外，管委会还对开发区内新建房屋、安置征地工、养老人员的医药费管理等制订了相应的规定，取得了很好的成效。

二是做好农民的思想政治工作。一件好事，一个好的政策，要让农民了解、理解，才能变为农民的自觉行动。康桥工业区为了做好对农民的宣传工作，（转第34页）

（接第 31 页）

他们不厌其烦，不怕辛苦，努力把管委会的各种政策精神宣传到每家每户。通过举办镇、村、队三级干部培训班，让干部弄懂安置政策后，再向农民作宣传；召开征地工代表座谈会，向他们宣传政策，通过这些代表再向其他征地工宣传。还编印了《告征地工书》，发到每个征地工手里，让大家都了解征地安置政策，使安置工作走上良性循环的道路。

三是关心好困难户。关心工业区内的困难户，是党的优良传统，也是管委会思想政治工作的主要内容之一。三个党支部和一个团支部，分别联系了营房、康桥、花墙、秀南四个村的四户困难户，经常抽空去关心看望他们。经济上有困难，大家凑点钱，送上门去。逢年过节给予一定的补助。困难户对此都很感动。

四是建立联络员队伍。为了做到上情下达，下情上通，密切与开发区内农民的联系，从 1995 年起，他们组织了一支联络员队伍，一共 16 个人，有镇的副镇长、副书记、土地所长、村干部和部分农民组成。他们都是一些热心、正派、在群众中有一定威望的人。他们负责把开发区的形势、政策和存在的困难，向群众作宣传解释，又把群众中的意见要求和问题向管委会反映，以便及时得到解决。

由于康桥工业区重视解决了农民问题，使开发区进展顺利，发展迅速，已投入资金约 45 亿元人民币，1997 年工业总产值达 50 亿元，国内生产总值 12 亿元，税收 1.5 亿元，经济总量约占南汇全县的六分之一。展望未来，充满信心，不久的将来，一个外向型、多功能、城乡一体化的卫星城镇必将矗立在浦东新区南端，成为康桥人献给二十一世纪的一份厚礼。

（作者单位：浦东康桥工业区）

34

摘自 1998 年第 3 期《上海农村经济》杂志

三、书籍文章

表 14-3

序号	书籍名称	作者
1	康桥工业区开发十年的回顾与展望	康桥工业区管理委员会综合处
2	不断加快康桥工业区开发建设的步伐	中共浦东康桥工业区工作委员会　周正康
3	康庄大桥是康桥	康桥镇人民政府　梁广伦　周林军
4	纳铁福的成功之路	上海纳铁福传动轴有限公司　陈佩玲
5	新高潮高潮迭起	上海新高潮（集团）有限公司　顾忠华
6	一个新康桥人的追求	上海建桥集团董事长周星增的故事　俞晓光
7	创业、创新、创造未来	上海康桥半岛房地产发展有限公司　王韶颖　卢屹
8	人间正道是沧桑	康桥工业区管理委员会　张剑平
9	我的康桥情结	康桥实业发展有限公司　沈玉蓉
10	康桥工业区规划的行政管理雏议	康桥工业区管理委员会　葛海沪

注：以上文章均选自 2002 年工业区开发十周年征文选。

附　录

上海康桥实业总公司章程

第一章　总　则

第一条　根据国家有关法律、法规及《有限责任公司规范意见》，特制定本章程。

第二条　名称和住所

名称：上海康桥实业总公司（以下简称本公司）。

地址：上海市浦东沪南线康桥车站北首。

第三条　本公司为有限责任公司。各股东以各自认缴的股份金额对公司的债务承担有限责任。

第四条　本公司股本总额为全体股东认缴股本的总和。

第二章　宗旨和经营范围

第五条　本公司宗旨是：积极贯彻国家开发、开放浦东决策，为康桥工业区的综合开发创造良好的环境，促进南汇经济的加速发展，为社会创造效益，为企业和股东获取满意的经济效益。

第六条　本公司的经营范围及方式：

一、康桥工业区市政公用基础的规划、勘察、设计、施工承包等开发建设；

二、营造、出租、出售厂房、写字楼、仓库、公寓、住宅以及其他建筑物；

三、参加项目投资，兴办各种经济实体；

四、兴办批发、零售商业、贸易机构、经营建材、物资、燃料、原材料、设备；

五、兴办旅游、广告、旅馆、餐厅、商场、仓储、运输、文化体育、娱乐设施等生活服务和其他第三产业。

六、信息、技术、劳务输出的咨询、代理业务。

经营方式：组织、开发、施工、生产、咨询、服务、批发、零售、代购代销、进出口贸易。

第三章 股份和股东

第七条 股东是公司的出资人。有权代表国家投资的政府部门或机构、企业法人，具有法人资格的事业单位和社会团体、自然人均可依照本章程，成为本公司股东。股东各自以持股的比例分享公司的利益，承担经营风险。

第八条 本公司的全部资本划分为等额股份。

第九条 股东可以用货币出资，也可用实物、工业产权、非专利技术、土地使用权出资。本公司发起人首次认股均以人民币出资，以后增股及其他股东认股、参股的出资方式由董事会决定。

第十条 股东享有下列权利：

一、参加或推选代表参加董事会并根据其出资份额享有代表权；

二、了解公司经营状况和财务状况；

三、选举和被选举为董事会成员、监事会成员；

四、依照法律、法规及章程的规定获取利息、红利，转让出资；

五、优先购买其他股东转让的出资或享受无偿配股；

六、优先认购公司新增的注册资本；

七、公司终止后，依法分得公司剩余财产；

八、本章程规定的其他权利。

第十一条 股东负有下列义务：

一、缴纳所认缴的出资；

二、依其所认缴的出资额承担公司债务；

三、不得抽回出资；

四、遵守公司章程和董事会有关决议，承担规定的其他义务。

第四章 董事会

第十二条 董事会是公司的最高权力机构，由股东委派董事，董事任期三年，可以连任。

第十三条　董事会由11～13个董事组成，董事会设董事长1人，副董事长1～2人，董事长、副董事长由董事会选举产生。董事长为本公司的法人代表。

第十四条　董事会会议每半年至少召开1次，由公司经理或三分之一以上董事提议，可以召开临时董事会。

董事会议由董事长召集和主持。董事长因特殊原因不能履行该项责任时，由副董事长主持。

第十五条　董事长、副董事长由董事会选举和罢免。董事长有权检查董事会决议的实施情况及章程规定的其他职权。

第十六条　董事会行使下列职权：

一、审定公司的发展计划、年度生产经营计划；

二、确定公司的经营方针和管理机构的设置；

三、修改公司章程、批准公司规章制度；

四、听取并审批总经理的工作报告；

五、审查公司的年度财务预、决算方案和利润分配方案；

六、对公司增加和减少注册资本、分立、合并、终止和清算等重大事项提出方案；

七、聘任、解聘以及奖惩公司总经理、副总经理和其他高级管理人员；

八、应当行使的其他职权。

第十七条　公司实行董事会领导下的总经理负责制。总经理对公司的生产经营和行政管理工作全面负责。

第十八条　总经理行使下列职权：

一、组织实施董事会决议；

二、制订公司的发展规划、生产经营计划草案；

三、提出公司经营方针和管理机构设置方案；

四、提出公司规章制度草案；

五、提出公司年度财务预、决算方案和利润分配方案；

六、决定职工的奖励和处分；

七、任免部门经理、分支机构负责人，决定公司员工的配备；

八、董事会授予的其他职权。

第十九条　董事、公司经理应当遵守公司章程，认真执行公司业务，维护公司利益。不得在公司外从事与本公司竞争或损害本公司利益的活动。

第五章　利润分配

第二十条　公司实现的利润采取以下分配方法：

一、依法向国家缴纳税款和费用；

二、提取税后利润35%作事业发展基金，13%作福利、奖励基金，2%作董事会基金；

三、税后利润的50%作股息、红利分配，本公司按各股东在注册资本中的出资比例进行分配。

四、公司在未弥补上一个会计年度亏损和未提取法定公积金公益金前，不得分配利润。

五、公司在每年会计年度结束后3个月内公布利润分配方案及各方应分的利润额。

第六章　财务、会计、审计及劳动工资制度

第二十一条　本公司按照国家规定，制订财务、会计制度。

第二十二条　本公司会计年度采用日历年制，即自每年公历1月1日至12月31日止为一个会计年度。本公司采用国际上通用的权责发生制和借贷记账法记账。

第二十三条　本公司按照财政部、国家统计局的规定向有关政府部门报送报表，会计报表需经注册会计师验证。

第二十四条　本公司按照国家规定制定审计制度，设立内部审计机构。

第二十五条　本公司根据业务发展的需要，在劳动人事部门有关规定的范围内，自行招聘职工。公司实行全员劳动合同制。

第二十六条　公司有权对违反规章制度和劳动纪律的职工，给予警告、记过、降薪等处分，情节严重可予以开除。

第二十七条　职工的福利、奖金、劳动保护和劳动保险等事宜，公司在各项制度中加以规定，确保职工在正常条件下从事生产和工作。

第七章　转让出资和变更注册资本

第二十八条　股东已缴纳的出资可以转让。股东转让出资，由董事会讨论通过，其他股东在同等条件下对转让出资有优先购买权。

第二十九条　股份转让或抵押时，以增值或贬值后的股值结算。

第三十条　公司增加注册资本由董事会作出决议，股东对新增注册资本有优先认购权。

第三十一条　公司因特殊情况必须减少注册资本时，需经通知和公告的90日以后未有债权人提出异议，由董事会决议，并经政府授权部门批准。

第八章　期限、终止和计算

第三十二条　本公司营业期限为30年。如需延长期限时，由董事会在营业期限届满前6个月作出决议，按原审批部门批准，向原登记机关申请变更登记、办理注册手续。

第三十三条　公司有下列情形之一的，应予终止：

一、营业期限届满或终止经营符合全体股东的最大利益时，并经董事会决议通过。

二、依法被撤销或全体股东决定提前终止。

三、破产。

第三十四条　本公司终止经营，应按规定成立清算组织，进行清算。

第三十五条　清算组织行使下列职权：

一、清理公司财产，分别编制资产负债表和财产清单；

二、处理公司未了结的义务；

三、收取公司债权；

四、向股东收取已认缴而未缴纳的出资；

五、清结纳税事宜。

六、偿还公司债务、解散公司从业人员；

七、处分公司的剩余财产；

八、代表公司进行民事诉讼活动。

第三十六条　公司决定清算后，不得从事与清算无关的经营活动，不得处分公司财产。

清算组织应当在支付清算费用、职工工资和劳动保险费用、缴纳所欠税款、清偿公司债务后，按股东出资比例分配剩余财产。

第三十七条　清算结束后，清算组织提出清算报告并造具清算期内，收支报告和各种财务账册，经注册会计师或执行审计师验证，报原审批部门批准。经核准注销登记后，公告公司终止。

第九章　附　则

第三十八条　本章程的修改，必须经董事会一致通过决议。

第三十九条　本章程的解释权归公司董事会。

第四十条　本章程于1992年6月18日，经董事会通过生效。

上海浦东康桥（集团）有限公司章程

依据《中华人民共和国公司法》（以下简称《公司法》），经全体股东讨论，共同制订本章程。

第一章　公司名称和住所

第一条　公司名称：上海浦东康桥（集团）有限公司

第二条　公司住所：上海市沪南公路2502号

第二章　公司经营范围

第三条　公司经营范围：设备安装，技术咨询，兴办各类经济实体，建筑材料，工业用原料，机械及电器设备，有关的工业产品，房地产开发，物业管理，从事货物及技术的进出口业务（以上项目国家有专项规定的按规定执行）（涉及行政许可的凭许可证经营）。

公司经营范围中属于法律、行政法规或者国务院决定规定在登记前须经批准的项目的，应当在申请登记前报经国家有关部门批准。

第三章　公司注册资本

第四条　公司注册资本：人民币 47500 万元

第四章　股东的姓名或者名称、出资方式、出资额和出资时间

第五条　股东的姓名或者名称、出资方式、出资额和出资时间如下：

附表 -1

股东姓名或者名称	出资额（万元）	出资方式
上海南汇投资发展有限公司	368.424	货币
上海市南汇县液化气管理所	362.232	货币
上海南汇建筑总公司	184.212	货币
上海浦东康桥工业区管理委员会	8689.932	货币
上海市南汇区康桥资产经营管理有限公司	37895.2	货币

股东应于公司登记之前一次足额缴纳所认缴的出资。

股东未按照出资表规定缴纳出资的，除应当向公司足额缴纳外，还应当向已按期足额缴纳出资的股东承担违约责任。

第六条　股东缴纳出资后，必须经依法设立的验资机构验资并出具证明。

第七条　公司成立后，应向股东签发出资证明书并置备股东名册。

第五章　公司的机构及其产生办法、职权、议事规则

第八条　公司股东会由全体股东组成，是公司的权力机构，行使下列职权：

（一）决定公司的经营方针和投资计划；

（二）选举和更换非由职工代表担任的董事、监事，决定有关董事、监事的报酬事项；

（三）审议批准董事会的报告；

（四）审议批准监事会或者监事的报告；

（五）审议批准公司的年度财务预算方案、决算方案；

（六）审议批准公司的利润分配方案和弥补亏损方案；

（七）对公司增加或者减少注册资本作出决议；

（八）对发行公司债券作出决议；

（九）对公司合并、分立、解散、清算或者变更公司形式作出决议；

（十）修改公司章程；

（十一）对公司对外投资或者为他人提供担保作出决议。

对前款所列事项股东以书面形式一致表示同意的，可以不召开股东会会议，直接作出决定，并由全体股东在决定文件上签名（法人股东盖章）。

第九条　首次股东会议由出资最多的股东召集和主持，依照公司法规定行使职权。

第十条　股东会会议分为定期会议和临时会议，并应当于会议召开15日以前通知全体股东。定期会议每半年召开1次。代表十分之一以上表决权的股东，三分之一以上的董事，监事会提议召开临时会议的，应当召开临时会议。

第十一条　股东会会议由董事会召集，董事长主持；董事长不能履行职务或不履行职务的，由副董事长主持；副董事长不能履行职务或者不履行职务的，由半数以上董事共同推荐一名董事主持。

董事会不能履行或者不履行召集股东会会议职责的，由监事会召集和主持；监事会不召集和主持的，代表十分之一以上表决权的股东可以自行召集和主持。

第十二条　股东会会议应对所议事项作出决议。股东会应当对所议事项的决定做出会议记录，出席会议的股东应当在会议记录上签名。

股东会会议由股东按照出资比例行使表决权。

股东会会议作出修改公司章程、增加或者减少注册资本的决议，以及公司合并、分立、解散或者变更公司形式的决议，必须经代表三分之二以上表决权的股东通过。

股东会会议作出除前款以外事项的决议，须经代表二分之一以上表决权的股东通过。

第十三条　公司设董事会，其成员为11人，任期3年。董事任期届满，可以连任。

董事任期届满未及时改选，或者董事在任期内辞职导致董事会成员低于法定人数的，在改选出的董事就任前，原董事仍应当依照法律、行政法规和公司章程的规定，履行董事职务。

董事会设董事长 1 人。

第十四条　董事会对股东会负责，行使下列职权：

（一）召集股东会会议，并向股东会报告工作；

（二）执行股东会的决议；

（三）决定公司的经营计划和投资方案；

（四）制订公司的年度财务预算方案、决算方案；

（五）制订公司的利润分配方案和弥补亏损方案；

（六）制订公司增加或者减少注册资本以及发行公司债券的方案；

（七）制订公司合并、分立、解散或者变更公司形式的方案；

（八）决定公司内部管理机构的设置；

（九）决定聘任或者解聘公司经理及其报酬事项，并根据经理的提名决定聘任或者解聘副经理、财务负责人及其报酬事项；

（十）制定公司的基本管理制度。

第十五条　董事会会议由董事长召集和主持；董事长不能履行职务或者不履行职务的，由副董事长召集和主持；副董事长不能履行或者不履行职务的，由半数以上董事共同推举 1 名董事召集和主持。

第十六条　董事会对所议事项作出的决定由二分之一以上的董事表决通过方为有效，并应作为会议记录，出席会议的董事应当在会议记录上签名。

董事会决议的表决，实行一人一票。

第十七条　公司设经理 1 人，由董事会决定聘任或者解聘。经理每届任期为三年，任期届满，连选可以连任。经理对董事会负责，行使下列职权；

（一）主持公司的生产经营管理工作，组织实施董事会决议；

（二）组织实施公司年度经营计划和投资方案；

（三）拟定公司内部管理机构设置方案；

（四）拟定公司的基本管理制度；

（五）制订公司的具体规章；

（六）提请聘任或者解聘公司副经理、财务负责人；

（七）决定聘任或者解聘除应由董事会决定聘任或者解聘以外的负责管理人员；

（八）董事会授予的其他职权。

经理列席董事会会议。

第十八条　公司设监事会，其成员为3人，监事任期每届3年，任期届满，可以连任。

监事任期届满未及时改选，或者监事在任期内辞职导致监事会成员低于法定人数的，在改选出的监事就任前，原监事仍应当依照法律、行政法规和公司章程的规定，履行监事职务。

监事会设监事长1人，由全体监事过半数选举产生。监事会会议由监事长召集和主持；监事长不能履行职务或者不履行职务的，由半数以上监事共同推荐1名监事召集和主持监事会会议。

董事、高级管理人员不得兼任监事。

第十九条　监事会行使下列职权：

（一）检查公司财务；

（二）对董事、高级管理人员执行公司职务的行为进行监督，对违反法律、行政法规、公司章程或者股东会决议的董事、高级管理人员提出罢免的建议；

（三）当董事、高级管理人员的行为损害公司的利益时，要求董事、高级管理人员予以纠正；

（四）提议召开临时股东会会议，在董事会不履行《公司法》规定的召集和主持股东会会议职责时召集和主持股东会会议；

（五）向股东会会议提出提案；

（六）依法对董事、高级管理人员提起诉讼。

第二十条　监事可以列席董事会会议，并对董事会决议事项提出质询或者建议。监事发现公司经营情况异常，可以进行调查；必要时，可以聘请会计师事务所等协助其工作，费用由公司承担。

第二十一条　监事会每年度至少召开1次会议，监事可以提议召开临时监事会会议。

监事会决议的表决，实行一人一票。监事会决议应当经半数以上监事通过，监事会应当对所议事项的决定作成会议记录，出席会议的监事应当在会议记录上签名。

第二十二条　监事会行使职权所必需的费用，由公司承担。

第六章　公司的法定代表人

第二十三条　公司的法定代表人由董事长担任。

第七章　股权转让

第二十四条　股东之间可以相互转让其全部或者部分股权。

股东向股东以外的人转让股权，应当经其他股东过半数同意。股东应就其股权转让事项书面通知其他股东征求同意，其他股东自接到书面通知之日起满30日未答复的，视为同意转让。其他股东半数以上不同意转让的，不同意的股东应当购买该转让的股权；不购买的，视为同意转让。

经股东同意转让的股权，在同等条件下，其他股东有优先购买权。两个以上股东主张行使优先购买权的，协商确定各自的购买比例；协商不成的，按照转让时各自的出资比例行使优先购买权。

第二十五条　转让股权后，公司应当注销原股东的出资证明书，向新股东签发出资证明书，并相应修改公司章程和股东名册中有关股东及其出资额的记载。对公司章程的该项修改不需再由股东会表决。

第二十六条　有下列情形之一的，对股东会该项决议投反对票的股东可以请求公司按照合理的价格收购其股权：

（一）公司连续五年不向股东分配利润，而公司该五年连续盈利，并且符合本法规定的分配利润条件的；

（二）公司合并、分立、转让主要财产的；

（三）公司章程规定的营业期限届满或者章程规定的其他解散事由出现，股东会会议通过决议修改章程使公司存续的。

自股东会会议决议通过之日起60日内，股东与公司不能达成股权收购协议的，股东可以自股东会会议决议通过之日起90日内向人民法院提起诉讼。

第二十七条　自然人股东死亡后，其合法继承人继承股东资格。

第八章 财务、会计、利润分配及劳动用工制度

第二十八条 公司应当依照法律、行政法规和国务院财政主管部门的规定建立本公司的财务、会计制度，并应在每个会计年度终了时制作财务会计报告，委托国家承认的会计师事务所审计并出具书面报告，并应于年度股东会上送交各股东。

第二十九条 公司利润分配按照《公司法》及有关法律、法规，国务院财政主管部门的规定执行。股东按照实缴的出资比例分取红利。

第三十条 公司聘用、解聘承办公司审计业务的会计师事务所由股东会（或董事会）决定。

第三十一条 劳动用工制度按照国家法律、法规及国务院劳动部门的有关规定执行。

第九章 公司的解散事由与清算办法

第三十二条 公司的营业期限为20年，从企业法人营业执照签发之日起计算。

第三十三条 公司有下列情形之一，可以解散：

（一） 公司营业期限届满；

（二） 股东会决议解散；

（三） 因公司合并或者分立需要解散；

（四） 依法被吊销营业执照、责令关闭或者被撤销；

（五） 人民法院依照公司法的规定予以解散。

公司营业期限届满时，可以通过修改公司章程而存续。

第三十四条 公司经营管理发生严重困难，继续存续会使股东利益受到重大损失，通过其他途径不能解决的，持有公司全部股东表决权百分之十以上的股东，可以请求人民法院解散公司。

第三十五条 公司因本章程第三十三条第一款第（一）项、第（二）项、第（四）项、第（五）项规定解散时，应依《公司法》的规定成立清算组对公司进行清算。清算结束后，清算组应当制作清算报告，报股东会或者人民法院确认，并报送公司登记机关，申请注销公司登记，公告公司

终止。

第十章　董事、监事、高级管理人员的义务

第三十六条　高级管理人员是指本公司的经理、副经理、财务负责人。

第三十七条　董事、监事、高级管理人员应当遵守法律、行政法规和公司章程，对公司负有忠实业务和勤勉义务，不得利用职权收受贿赂或者其他非法收入，不得侵占公司的财产。

第三十八条　董事、高级管理人员不得有下列行为：

（一）挪用公司资金；

（二）将公司资金以其个人名义或者以其他个人名义开立账户存储；

（三）未经股东会同意，将公司资金借贷给他人或者以公司财产为他人提供担保；

（四）未经股东会同意，与本公司订立合同或者进行交易；

（五）未经股东会同意，利用职务便利为自己或者他人谋取属于公司的商业机会，自营或者为他人经营与所任职公司同类的业务；

（六）接受他人与公司交易的佣金归为己有；

（七）擅自披露公司秘密；

（八）违反对公司忠实义务的其他行为。

第三十九条　董事、监事、高级管理人员执行公司职务时违反法律、行政法规或者公司章程的规定，给公司造成损失的，应当承担赔偿责任。

第十一章　股东会会议认为需要规定的其他事项

第四十条　本章程中的各项条款与法律、法规、规章不符的，以法律、法规、规章的规定为准。

第四十一条　公司登记事项以公司登记机关核定的为准。

第四十二条　本章程一式六份，公司留存一份，并报公司登记机关备案一份。

全体股东签字（盖章）：

二〇〇六年十二月六日修订

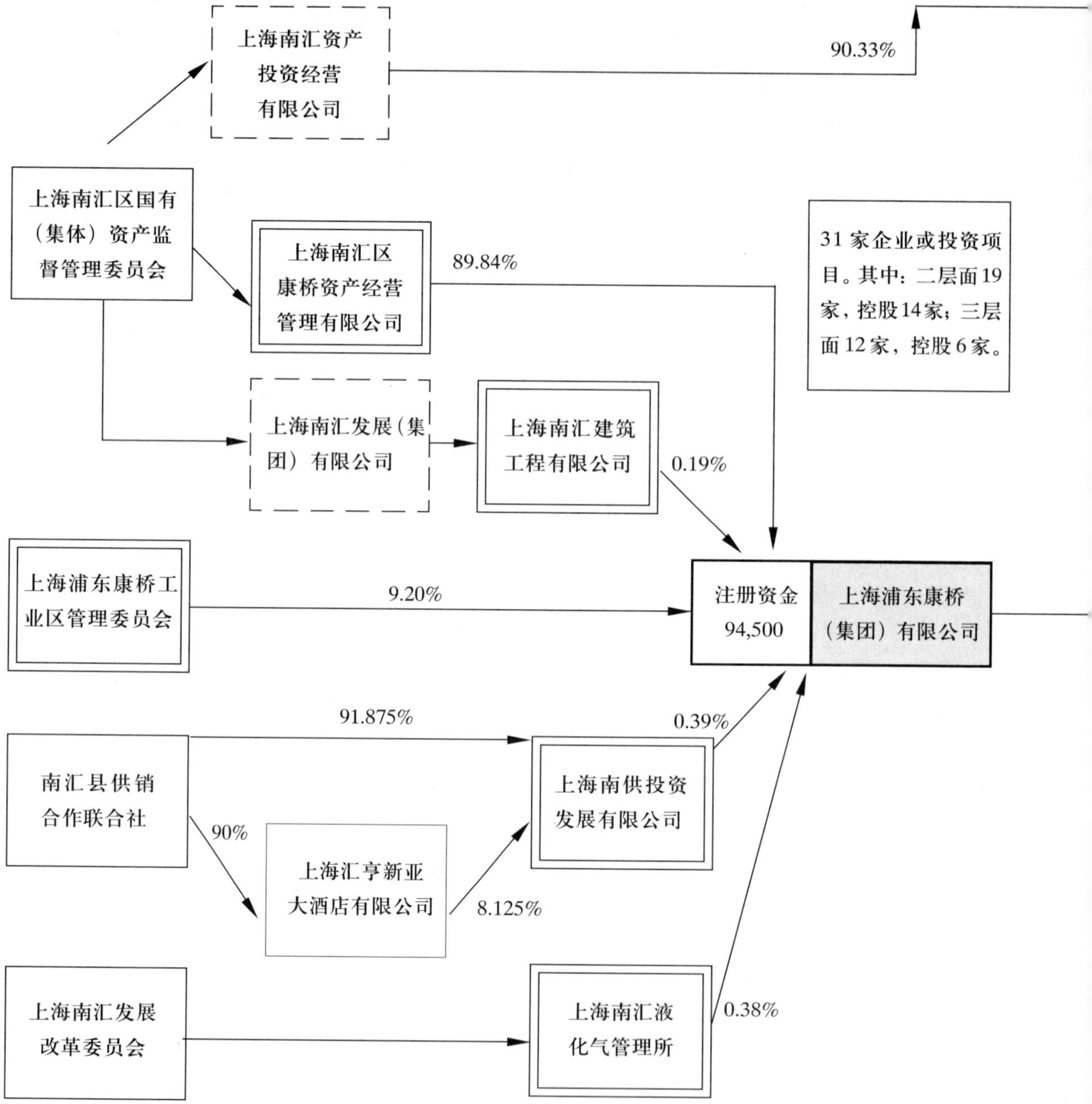
上海南汇资产投资经营有限公司
90.33%
上海南汇区国有（集体）资产监督管理委员会
上海南汇区康桥资产经营管理有限公司
89.84%
31家企业或投资项目。其中：二层面19家，控股14家；三层面12家，控股6家。
上海南汇发展（集团）有限公司
上海南汇建筑工程有限公司
0.19%
上海浦东康桥工业区管理委员会
9.20%
注册资金 94,500
上海浦东康桥（集团）有限公司
91.875%
0.39%
南汇县供销合作联合社
上海南供投资发展有限公司
90%
上海汇亨新亚大酒店有限公司
8.125%
上海南汇发展改革委员会
上海南汇液化气管理所
0.38%

持股比例	编号	注册资本	公司名称	其他股东	其他股东比例
91.43%	1-1	21,000	上海巨硕投资管理有限公司	1-4	8.57%
100%	1-3	2,500	上海康桥建设工程有限公司		
9.67%	1-4	15,000	上海康桥投资有限公司		
76.67%	1-5	10,000	上海周康房地产有限公司	1-3	20%
				1-4	3.33%
100%	1-6	500	上海新康桥投资咨询服务有限公司		
100%	1-7	300	上海欣康物业经营管理有限公司		
100%	1-8	200	上海汇康建设工程投资咨询有限公司		
100%	1-9	100	上海南康拆房有限公司		
80%	1-10	100	上海恒康企业发展有限公司	1-4	20%
50%	1-11	200	上海周康绿地有限公司	1-4	50%
40%	1-12	100	上海欣卫清运保洁有限公司	1-7	60%
50%	1-13	500	上海电信创世纪建设有限公司		
11.54%	1-14	1300	上海周康拆迁有限公司		
51%	1-15	USD15	上海振华重工钢结构有限公司		
35%	1-16	4000	上海康桥先进制造技术创业园有限公司		
6.67%	1-18	15,000	上海康桥高科创业发展有限公司		
30%	1-19	2,000	上海申花SVA康桥足球发展有限公司		
3%	1-20	10,000	上海南汇现代农业园区投资发展有限公司		
40%	1-21	500	上海临港经济开发实业有限公司		

持股比例	编号	注册资本	公司名称	其他股东	其他股东比例
70%	1-1-1	210	上海康硕废旧物资利用有限公司	1-7	30%
5%	1-4-1	BEF875.4	上海西贷尔电子有限公司		
60%	1-4-2	3,000	上海浦东康桥科技创业有限公司		
12%	1-4-3	10,000	上海康桥正阳投资有限公司		
50%	1-4-4	10	上海长平投资咨询有限公司	1-14	50%
49%	1-4-5	800	上海康及通物流有限公司		
100%	1-4-6	50	上海康秀企业管理咨询有限公司		
1.76%	1-5-1	USD6767	上海康桥半岛房地产有限公司		
8%	1-5-2	500	上海康御房地产有限公司		
100%	1-6-1	50	上海臻齐实业有限公司		
100%	1-8-1	58	上海汇康再生资源利用有限公司		
40%	1-10-1	200	上海康保实业有限公司		

图示如下：

——— 全资或控股

——— 参股

— — 参股且不委派参与管理

注：1. 公司名称前数字为注册资本，单位：万元；2. 本统计截止时间为2008年12月31日前。

2008年底康桥集团公司对外投资系谱图

中共南汇县委員会文件

南委（1992）25号

★

关于成立南汇县康桥工业区管理委员会的通知

各乡、镇、局，各部、委、办、群团：

为加快我县康桥工业区的建设，县委、县府决定：成立南汇县康桥工业区管理委员会，全权负责康桥工业区的开发、建设、管理事项，委员会由下列同志组成：

徐江、李德文、丁富灵、李国权、盛宝珊、邱学国、潘祥生、顾绍耕（兼）、吴惠平（兼）、陶国强（兼）。

由县计委主任徐江同志兼任县康桥工业区管理委员会主任。

特此通知

中共南汇县委员会

南汇县人民政府

一九九二年五月十二日

中共南汇县委办公室　　一九九二年五月十二日印发

（共印130份）

上海市人民政府（批复）

沪府〔1994〕34号

上海市人民政府关于同意将南汇康桥工业区列为市级工业区的批复

南汇县人民政府：

南府示(1994)24号文悉。市人民政府同意将南汇康桥工业区列为市级工业区，名称为“上海浦东康桥工业区”，规划控制面积为26.88平方公里。请你们按照国家产业政策和本市经济发展的总体目标，结合南汇县的整体经济功能定位，不断完善康桥工业区控制性详细规划，在开发建设中实现经济、社会和环境的协调发展。

002

（此页无正文）

一九九四年六月四日

主题词：工业　开发区　南汇　批复

抄送：市计委、市经委、市建委、市外资委、市农委、市政府法制办、市财政局、市规划局，市土地局。

上海市人民政府办公厅　　　　一九九四年八月五日印发

（共印12份）

— 2 —

001

上海市外国投资工作委员会
上　海　市　财　政　局

沪外资委办字(95)第1083号

关于康桥工业区外环线以北地区
享受浦东新区政策的通知

康桥工业区管委会：

根据国务院“国函(1992)146号”批复同意的“沪府(1992)28号”文的精神，康桥工业区中地处外环线以北约8平方公里的区域，属于浦东新区规划红线内，投资该地区的中、外资项目，可享受浦东新区的优惠政策。

特此通知。

上海市外国投资工作委员会
上海市财政局
一九九五年十月十六日

主题词：投资　工业区　浦东新区　政策　通知

抄送：浦东新区管委会、上海海关

后　记

《康桥工业区志》在原南汇区和浦东新区地方志办公室的关心以及有关部门的配合下，历时三载，成功告竣。这是康桥工业区文化建设领域又一丰硕成果，为各界人士了解工业区开发历史，研究工业区发展轨迹提供了一份宝贵资料。

《康桥工业区志》修编工作大致经历了三个阶段：

一是发动准备阶段（2009年1月至2009年10月）。根据地方志办公室的统一部署，康桥工业区管委会发文明确编委会成员，组建写作班子，开展工业区志编写工作。通过搜集素材、写作培训等方式对工业区志编写工作进行前期准备，讨论修订工业区志各部分章节的基本框架。

二是区志写作阶段（2009年10月至2011年2月）。按照分工，编写人员开展撰写工作，编辑成员对各章节反复修改。

三是讨论定稿阶段（2011年3月至2012年3月）。编委会对各部分内容集体讨论、分工修改，主编、副主编严格把关。

在《康桥工业区志》编纂过程中，原南汇区地方志办公室及浦东新区地方志办公室、康桥工业区领导和社会各界给予很大关心和支持。浦东新区地方志办公室副主任吴才珺等领导和专家对《康桥工业区志》编写工作给予热情指导和鼓励。康桥工业区领导听取编纂工作情况汇报，及时研究解决工作中的困难和问题。区档案局、统计局、地名办等单位及各界人士提供大量宝贵资料，工业区部分老同志对志稿的进一步完善、提高提出了重要的指导性意见。值此志书出版之际，谨向他们和所有关心支持《康桥工业区志》编修工作的单位和个人表示衷心感谢！

《康桥工业区志》时跨十六载，事涉千条线，内容纷繁，资料浩瀚，由于我们水平有限，疏漏和舛误在所难免，恳请各级领导、方志专家和读者批评指正。

《康桥工业区志》编辑部

2012年6月